Deuxième Année.   N° 4.   Samedi 24 Janvier 1880.

LA VIE MODERNE

ART   **SOMMAIRE**   **LITTÉRATURE**

La théâtre de la « Vie Moderne », Rideau, par H. Scott. — *Lettre ornée*, par Poirel. — *Maison de Flaubert à Croisset*, *Vue de Croisset*, deux encadrements, par Mme Commanville. — *Le Château des Cœurs*, quatre dessins de Daniel Vierge. — *Décor du 1er tableau : LE LAC DES FÉES*, par Chéret. — *Exposition des Aquarellistes : LES GRANDES MANŒUVRES*, par Edouard Detaille. — *La Chemise voyageuse*, par G. Rochegrosse. — *Arlequine*, par Mme Madeleine Lemaire. — *Théâtres*, six dessins d'Adrien Marie.

Le Château des Cœurs, Introduction, par Émile Bergerat. — *VARIÉTÉS : le Château des Cœurs*, grande féerie inédite, par Gustave Flaubert, Louis Bouilhet ét Charles D'Osmoy. — *La Chemise voyageuse* (suite). — *LE MONDE DES ARTS : L'Exposition des peintures à l'huile à la Société des Aquarellistes* (2e article), par A. Silvestre. — *Avis important.* — *Musique*, par V. Wilder. — *Notes diverses*, par L. Dépret. — *Vieux mots à rajeunir*, par Desmoulins. — *Le Livre.* — *Théâtre*, par Foucaud. — *Chronique financière*, par J. Conseil.

LE THÉATRE DE LA « VIE MODERNE »

LE CHATEAU DES CŒURS, GRANDE FÉERIE

PAR GUSTAVE FLAUBERT, LOUIS BOUILHET ET CHARLES

Rideau par H. SCOTT.

LE CHATEAU DES COEURS

Lettre de E. POIRÉ.

ERTES, il ne faut tromper personne. La féerie littéraire (ceci n'est pas un pléonasme par le temps qui court!) dont la *Vie Moderne* a l'honneur de commencer aujourd'hui la publication, n'est point absolument l'œuvre de Gustave Flaubert seul. L'illustre maître a eu des collaborateurs pour cet ouvrage, Louis Bouilhet, le poète de *Mélænis*, et M. d'Osmoy, tous deux ses amis, comme chacun sait. Il m'appartient moins qu'à personne de chercher à reconnaître pour quelle part Flaubert peut revendiquer la paternité du *Château des Cœurs*, attendu que d'abord je n'ai pas à faire valoir le prix artistique des travaux que j'offre aux lecteurs de la *Vie Moderne*, et ensuite parce que Louis Bouilhet fut un homme de talent et parce que M. d'Osmoy est un homme d'esprit. D'ailleurs ce sont là des questions oiseuses. Ou la féerie est belle ou elle ne l'est pas. Ce n'est pas parce que j'ai eu le manuscrit entre les mains que je sais à quoi m'en tenir, faites-moi l'honneur de le croire. J'estime simplement que si la Comédie-Française montait des féeries (et Corneille ni Molière n'en rougiraient), il serait digne d'elle de produire le *Château des Cœurs*. Le génie souffle là-dedans à chaque page. De qui souffle-t-il, c'est votre affaire, et vous en déciderez. Mon devoir est de vous dire que l'œuvre est signée de trois noms, et je remplis mon devoir, voilà tout.

Voici comment j'ai été amené à cette bonne fortune de publier le *Château des Cœurs* dans la *Vie Moderne*. Un jour de cet été que l'excellent maître était monté à la rédaction pour fumer un cigare et tailler une de ces bonnes bavettes littéraires qu'il aime tant, je lui demandai s'il n'avait pas quelque page inédite à donner au journal que je dirige. « Il serait peut-être assez exemplaire, lui dis-je, que la *Vie Moderne*, journal jeune, courageux et résolument artiste, reçût de vous un pareil coup d'épaule. — Mon cher ami, répondit Flaubert, je mets dix ans à écrire un livre, et quand je l'ai fini, je le publie chez Lévy ou chez Charpentier. En fait d'inédit, je n'ai que des notes, des monceaux de notes, mais qui n'ont d'intérêt que pour moi. Ah! si! pourtant, reprit-il en souriant, j'ai ma féerie avec Bouilhet et d'Osmoy ! — Je la prends ! m'écriai-je. — Ne faites pas ça, dit-il, c'est un ours ! un ours affreux, quoique très léché, je vous jure ! Mais personne n'en a jamais voulu. — Raison de plus; ah! mon cher maître, donnez-la-moi. Il me la faut, ou j'expire à vos pieds!

— Ma foi, repartit Flaubert, si vous y tenez tant que cela ! Mais c'est vous qui l'aurez voulu au moins. Maintenant écoutez-moi bien. Le *Château des Cœurs* a été écrit en 1866, c'est-à-dire dans la période de *Salammbô* à peu près. Je rêvais à ce moment-là de forcer les portes du théâtre, comme on dit dans le style bulozien. Je complotai la chose avec le bon d'Osmoy, qui avait une idée, et mon pauvre Bouilhet, lequel tournait le vers à miracle. Or sachez que la féerie avait été taillée de façon à offrir des situations musicales à un Gounod et des motifs de décors admirables à un Cicéri! D'ailleurs, apprenez-le, j'abandonne tout ce que vous voudrez, dans la féerie, mais je n'abandonne pas les situations musicales. Ça, c'est bien, je vous en donne ma parole d'honneur, et l'on ne m'en fera pas démordre. — Le scénario construit, nous nous abouchâmes avec feu Marc Fournier, de babylonienne mémoire, qui refusa net d'en prendre connaissance, sous couleur *que nous étions incapables*, Bouilhet et moi, de réussir une féerie. Dont un. Encouragés par ce premier succès, nous nous mîmes à la besogne sans désemparer. Le manuscrit n'était pas encore sec que le brave Gustave Claudin s'en saisit et courut le déposer, d'une main tremblante, dans le giron du sieur Jules Noriac, en ce temps-là directeur des *Variétés*. Enthousiasme dudit Noriac, qui parle *illico* de supprimer trois rangs d'orchestre, de machiner son théâtre, d'engager à prix d'or des comédiens inouïs ! Les répétitions devaient commencer le lendemain même. Tout à coup silence absolu ! Puis six mois de ce silence. Je réclame mon manuscrit qui ne m'est restitué qu'après des instances brutales de ma part. — Est-ce que ça vous amuse, interrompit Flaubert, mon histoire? Elle est encore longue, vous savez !

— Non seulement elle m'amuse, répondis-je, mais elle m'attendrit, car Noriac est l'auteur de la *Bêtise humaine*.

— A quelque temps de là la féerie fut portée à feu Hostein (car ils en sont tous morts !) qui présidait aux destinées du Châtelet. Je ne sais pas si Hostein avait jamais entendu prononcer mon nom; toujours est-il qu'après le laps de quarante-huit heures, laps selon moi insuffisant, il me renvoyait le manuscrit par son propre domestique ! « M. Hostein, me dit ce larbin héroïque, m'a chargé de dire à Monsieur que ce n'est pas du tout ce que Monsieur désire de Monsieur ! » — Et de trois !

— Un autre, directeur de la Gaieté, et Nantais de profession, vint jusque chez moi, rue de Murillo, entendre la lecture du *Château des Cœurs*, s'en déclara féru, — et ne reparut plus. — Puis ce fut le tour de l'acteur Dumaine, qui bientôt me rendit le manuscrit avec un dédain, dont je reste à la fois fier et honteux. Puis Raphaël Félix, orné de Michel Lévy : tous deux voulaient signer le traité séance tenante. Je les attends encore, quoiqu'ils aient rendu à Dieu ce qu'ils avaient d'âme. L'année dernière encore, M. Weinschenck... Enfin que vous dirais-je? Renoncez à votre projet, mon cher ami, car il est insensé. La malheureuse féerie est condamnée par tous les arbitres du goût français. On n'en appelle pas de pareils jugements.

— Mon cher maître, ripostai-je, je crois que je viens de trouver pour la publication une idée nouvelle et originale. Voici comme nous commencerons. D'abord pour le premier tableau....

— Mais malheureux ! Dalloz lui-même, s'il faut tout vous dire, Dalloz, entendez-vous ! a refusé de la publier dans la *Revue de France !* Non seulement elle n'est pas jouable, la féerie, mais elle n'est pas publiable ! Songez-vous à en remontrer à Dalloz ?

— Je disais donc que pour le premier tableau.... »

Alors Flaubert, qui ne mesure pas moins de six pieds, se leva dans toute sa hauteur et me posa gravement la main sur la tête. « Tu as la foi ! jeune catéchumène, fit-il, va ! Mais un dernier mot. Jadis j'ai reçu une lettre, dont je ne voulais pas te parler, car elle est définitive. Cette lettre émane d'une autorité considérable en matière de théâtre, de l'un de ces frères Cogniard devant qui eût pâli Shakespeare. Elle ne m'était pas adressée, mais je la possède ! Que dis-je ? je la sais par cœur. Il y est dit (c'est de la féerie qu'il s'agit) : « Ensemble ingénieux qu'on « ne peut détruire sans décolorer la pièce !... Otez une pierre de cette mosaïque et le mirage s'évanouit !... Otez à « une femme qui entre dans un bal une boucle d'oreille, un gant, une fleur de ses cheveux, et l'ange est incomplet !... « Dans le dictionnaire des Variétés il y a, hélas ! le mot impossible, et il m'apparaît en grosses lettres en ce moment !... « Si j'avais l'honneur d'être l'ami des auteurs, je leur dirais : « Vous êtes fous !... Attendez, s'il le faut, un nouveau « théâtre, pourvu qu'il soit vaste ; enfin n'espérez pas faire pousser un chêne dans un pot de fleur !... » C'est le seul rapport raisonné que j'aie jamais obtenu sur le *Château des Cœurs.* Il m'a à tout jamais fermé la bouche. Çà, et le dédain de Dumaine !! »

Et terminant par un geste, le maître se tut et se rassit. — Je dois avouer que je professe pour le génie de Gustave Flaubert un culte qui confine au fanatisme. Selon moi, les plus beaux livres qui aient été écrits en France depuis vingt ans sont signés de son nom. Puissance d'observation, de conception, d'imagination, profondeur de science, don du style et respect magnifique de son art, Flaubert possède tout cela et bien d'autres choses encore, grand Dieu !

Théophile Gautier et lui sont les véritables maîtres de la langue française au xixe siècle, et les plus illustres auprès de ces géants restent des nabots et des gnomes. *Salammbô, Bovary,* l'*Éducation sentimentale,* la *Tentation de saint Antoine,* livres immortels, et par lesquels un seul homme tient tête à la fois à Gœthe, à Balzac et à Chateaubriand. Il faut dire ces choses-là en France pour qu'on s'en doute, et beaucoup de gens s'étonneront d'apprendre que nous possédons un génie de cette envergure, grand entre les grands et modeste entre les modestes ; de telle sorte que le récit des tristes pérégrinations du *Château des Cœurs* ne produisit pas sur moi l'effet qu'aurait pu en attendre Dumaine ou Cogniard : bien au contraire.

VUE DE CROISSET. — Dessin par Mme COMMANVILLE

En ce moment encore, je bénis les précieuses inaptitudes qui m'ont valu et conservé la chance de pouvoir révéler au public un pareil ouvrage. J'en rends grâces aux mânes d'Hostein, j'en remercie M. Dalloz, le ciel et la terre. Un journal n'a pas deux fois, même en cent ans, une telle aubaine.

« Quelle est votre idée? me dit le maître.

— Voici. La *Vie Moderne* n'est point un théâtre, c'est un journal, et même un journal illustré; or la plus belle fille du monde...! Donc, mon cher patron, si je ne puis pas vous jouer votre féerie, je vous la publierai. Mais cette publication sera, vous pouvez m'en croire, sans précédents, et d'un caractère tellement original que nul ne pourra jamais la renouveler pour quelque ouvrage que ce soit.

— Allez, dites.

— Vous n'ignorez pas que les décorateurs de théâtre, les Chéret, les Lavastre, les Rubé, les Chaperon, les Daran, les Robecchi, les Carpezat, les Poisson, tous ceux enfin qui auraient composé les décors de votre féerie, sont, parmi les artistes de ce temps, des hommes d'une science et d'un talent incomparables?

— Hélas! à qui le dites-vous? C'était pour eux que nous avions travaillé!

— Il est donc juste qu'ils travaillent pour vous à leur tour. A chacun d'eux je confierai un tableau de la féerie et je leur en demanderai la maquette pour la *Vie Moderne*. Vous hochez la tête, vous dites ou vous pensez qu'ils sont les êtres les plus occupés de la création, qu'ils n'auront ni le temps ni le loisir! Laissez-moi faire. Le plus occupé d'entre eux tiendra à honneur d'avoir illustré un ouvrage de Flaubert. Ils ne sont pas aussi bêtes que les directeurs. Donc voilà vos décors, tels que vous les auriez eus au Châtelet ou à la Porte-Saint-Martin, ni plus ni moins. Maintenant vous faut-il un rideau? Je vous le ferai faire tout exprès pour vous, et rien que pour vous, par un artiste d'un goût consommé et expert en décoration, par Henry Scott, qui sait votre œuvre par cœur. Mais tout cela n'est rien encore!

— Diable! Est-ce que vous ferez jouer la féerie par la Rédaction?

— Il ne faudrait pas l'en défier! Mais il y a mieux. Je la ferai jouer, scène à scène, par un fantaisiste d'une verve prodigieuse, par un homme qui suffit à lui seul à incarner tous les personnages, à endosser tous les costumes, à prendre toutes les voix, à créer tous les rôles. J'ai le bonheur de posséder cet homme dans la rédaction artistique de la *Vie Moderne* et de pouvoir le mettre à votre disposition. C'est d'ailleurs un original qui vous plaira, car il vit dans le commerce familier de Cervantès, de Quevedo, de Victor Hugo, d'Edgar Poë et de tous les puissants évocateurs de tableaux pittoresques. Il passe sa vie à réaliser leurs conceptions dans des dessins, qui sont l'étonnement des peintres par leur science du caractère, leur intensité d'effet et leur couleur inimitable. Je vous le donne pour ce qu'il est, c'est-à-dire pour un maître, digne de vous. Il s'appelle Daniel Vierge.

— Ainsi, soupira Flaubert, le *Château des Cœurs* sera représenté sur le théâtre de la *Vie Moderne*? Et mes situations musicales? Car, il n'y a pas à dire, les situations musicales sont du premier ordre.

— S'il faut se jeter aux pieds de Gounod, on s'y jettera, pour les situations musicales.

— Recommandez-lui le *chœur des Brises*, une merveille! Elle est de Bouilhet. Allons! c'est entendu, mais à une dernière condition, c'est que vous ne publierez pas mon portrait. Je ne veux pas être portraituré. Mes traits ne sont pas dans le commerce. J'ai toujours été implacable sur cette question : pas de portrait, à aucun prix. J'ai mon idée là-dessus, et je veux être le seul homme du xixe siècle dont la postérité puisse dire : Il ne s'est jamais fait représenter, souriant à un photographe, la main dans le gilet et une fleur à la boutonnière! Pas de portrait! Adieu, jeune téméraire, qui m'avez ôté ce poids de la poitrine : le lourd dédain du gros Dumaine! »

Cela dit, Flaubert est retourné à Croisset, dans la charmante propriété qu'il y possède, sur les bords de la Seine, et qui sera un jour célèbre puisque le maître y a écrit et composé tous ses ouvrages. Nous avons demandé à sa nièce, Mᵐᵉ Commanville, l'un des élèves favoris de Bonnat, et qui expose tous les ans à nos Salons de remarquables tableaux, de vouloir bien dessiner pour la *Vie Moderne* l'habitation et le jardin de Flaubert. Qu'elle me permette de la remercier de son gracieux envoi.

ÉMILE BERGERAT.

MAISON DE FLAUBERT, A CROISSET. — Dessin par Mᵐᵉ COMMANVILLE.

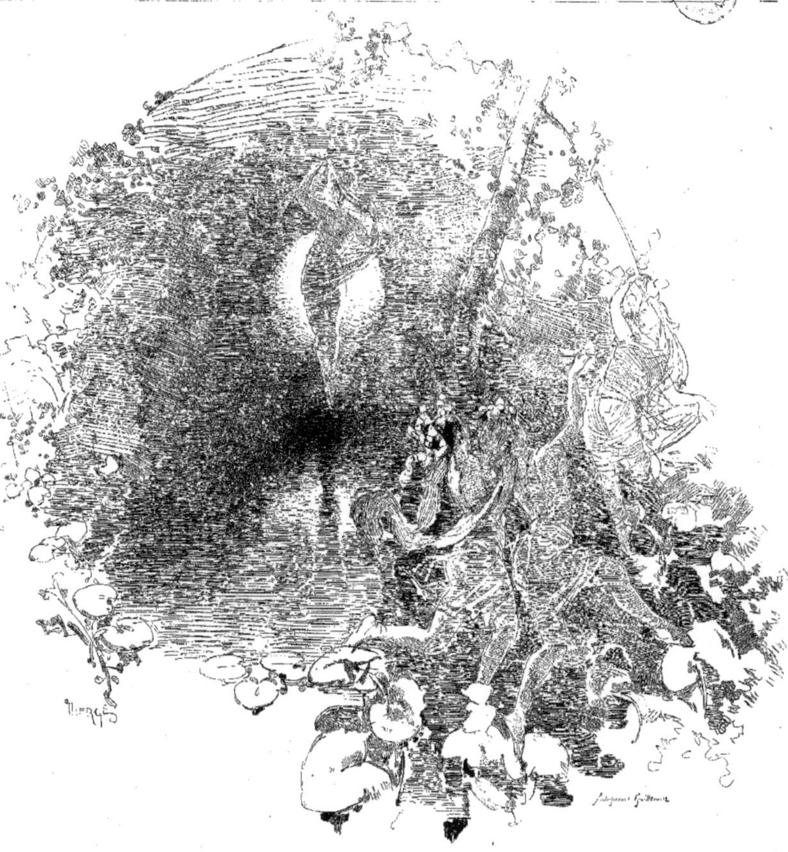

LE CHATEAU DES CŒURS. — SCÈNE PREMIÈRE : *LA DANSE DES FÉES*, par Daniel VIERGE.

LE CHATEAU DES CŒURS

PREMIER TABLEAU

Une clairière dans les bois. Il fait nuit complète. A la lueur exagérée des vers luisants, on distingue çà et là de grandes masses de verdure et parmi elles des blancheurs qui circulent. Au fond, à droite, un petit lac. Le rideau se lève. Silence. On n'entend qu'un bruit de pas.

SCÈNE PREMIÈRE

Du fond et des deux côtés de la scène débouchent des Fées, un doigt sur les lèvres. Elles sont coiffées de fleurs rustiques et de fleurs marines avec des roseaux, des épis de blé et des glaïeuls sur la tête, avec toutes les couleurs et tous les attributs des milieux où elles vivent : fées des bois, des fleuves, des montagnes. Elles se detournent pour regarder derrière elles, comme si elles avaient peur de quelque chose, se cherchent et s'appellent à voix basse dans les ténèbres.

PREMIÈRE FÉE.

Pstt! pstt!

DEUXIÈME FÉE.

Par ici!

TROISIÈME FÉE.

Attendez-moi : mon pied s'est pris dans un rayon de lumière. Un effort! (Elle bondit.) Et me voilà!

QUATRIÈME FÉE.

Sommes-nous toutes réunies?

TOUTES EN CHŒUR.

Oui. Toutes, toutes!

CINQUIÈME FÉE.

Il fait nuit, la terre dort! C'est notre heure! Allons! sautez, papillons!

D'énormes phalènes lumineuses, s'élançant des arbres, se mettent à voleter dans l'air en même temps que les Fées à danser, sur un rythme lent, avec un bourdonnement de flûte.

CHŒUR DES FÉES.

Puisqu'on nous chasse de partout, dans le jour, chez les hommes, prenons nos ébats en liberté, pendant la nuit, dans les bois.

Les hommes sont méchants, mais la nature est bonne. Le pavé des villes est dur, mais l'herbe des prairies est douce.

Ne souillons plus nos pieds dans leur fange, ne brisons plus nos cœurs contre leur poitrine.

Le suc de l'euphorbe est moins perfide que leurs tendresses, la feuille desséchée qui roule au vent d'automne plus constante que leurs serments…

Assez de fatigue! Tant pis pour eux! Débarrassées de tout soin humain, nous n'en serons que plus heureuses.

Nous ne quitterons plus nos régions natales, la liberté de l'air, des eaux et des bois.

Balançons-nous, suspendues aux lianes des arbres avec la rosée des nuits d'été; courons sur la surface des lacs bleus, cramponnées au dos des demoiselles; remontons vers le soleil, dans les rayons poussiéreux qui passent par le soupirail des celliers! Allons! vive la joie! en avant! Pétales des roses, palpitez! Ondes, murmurez! Lune, lève-toi!

La lune peu à peu s'est levée pendant le chœur des Fées. Elle brille maintenant sur le lac, et les Fées se livrent à une joie extravagante, quand tout à coup, au milieu d'elles, et du sein d'une grosse touffe de bruyères sauvages, occupant le milieu de la scène, apparaît la Reine des Fées. Stupeur générale. Toutes s'écrient: « La Reine! » et s'arrêtent.

SCÈNE II

LA REINE, LES FÉES.

LA REINE, *d'un ton courroucé.*

Comment! voilà le soin que vous prenez des hommes!

LES FÉES, *se récriant.*

Eh! nous n'y pouvons rien. Nous avons tout essayé.

LA REINE, *avec véhémence.*

Mais quelques minutes encore, songez-y! et nous retombons pendant mille ans sous la domination des Gnomes, puisque cette nuit est la dernière qui nous reste pour rendre aux hommes leurs cœurs volés.

UNE FÉE.

Ils ne se plaignent pas d'en manquer, ô Reine! Personne, jusqu'à présent, n'a redemandé le sien. Au contraire, il y a des parents qui enseignent à leurs petits…

LA REINE.

Qu'importe! Ignorez-vous donc que les Gnomes ne peuvent vivre sans les cœurs des hommes, car c'est pour s'en nourrir qu'ils les dérobent en leur mettant à la place, là *(Elle désigne sa poitrine)*, je ne sais quel rouage de leur invention, lequel imite parfaitement bien les mouvements de la nature.

UNE FÉE, *riant.*

En vérité, on s'y trompe!

LA REINE.

Et les pauvres humains se laissent faire sans répugnance. Quelques-uns même y trouvent du plaisir. Petit à petit, et par l'effet d'un accord mutuel, pendant que le cœur sort du dedans, les génies du mal le tirent du dehors; et c'est ainsi que leur race entière, ou presque entière, est vide de bons sentiments et de pensées généreuses.

UNE FÉE…

Et tu veux que nous vainquions les Gnomes?

LA REINE.

Oui! recommencez la lutte. Un ordre supérieur a partagé entre eux et vous l'empire du monde. Nous les avons vaincus autrefois; mais, depuis mille ans, ils triomphent. Les hommes, tyrannisés par eux, s'abandonnent aux exigences de la matière. L'esprit des Gnomes a passé dans la moelle de leurs os; il les enveloppe, les empêche de nous reconnaître et leur cache comme un brouillard la splendeur de la vérité, le soleil de l'idéal.

LES FÉES.

Eh! tant pis, les Gnomes ne peuvent rien contre nous.

LA REINE.

Mais à mesure qu'ils étendent leur pouvoir, le vôtre se rétrécit. On repousse vos consolations, on se moque de nos espoirs, on nie même notre existence, et quand ils auront conquis toute la terre, ils convoiteront des régions plus pures; ils se jetteront sur vous avec mille forces accrues, et vos cœurs, comme ceux des autres, seront dévorés! *(Les Fées poussent un cri d'épouvante.)* Rassurez-vous, écoutez-moi! *(Elles se rassemblent autour d'elle.)* Pour sauver le genre humain d'abord, et vous ensuite, il faut attaquer la puissance de vos ennemis dans son repaire, c'est-à-dire dans l'endroit inaccessible où ils tiennent en réserve les cœurs des hommes.

LES FÉES, *tumultueusement.*

Allons-y!

LA REINE.

Restez! L'entreprise ne peut réussir que par le complet accord de deux amants.

LES FÉES.

Oh! ce n'est pas rare, cela; et sur la quantité…

LA REINE.

Je veux dire deux amants d'une ardeur et d'une pureté plus qu'humaine et dont l'un soit capable de mourir pour l'autre, sans avoir même l'espérance d'une larme sur sa tombe.

LES FÉES, *se récriant.*

Oh! oh! oh! Et où les trouver?

LA REINE.

Je l'ignore. Ils peuvent être là, tout près, comme à l'autre bout du monde, sous des haillons ou sur un trône. Fouillez partout, dans les villes, les déserts et les bois, et du bord des plages au sommet des monts, ne négligez rien, allez! *(Bruit de pas dans la coulisse.)* On vient, cachons-nous! Des yeux mortels ne doivent pas nous voir.

Le soleil peu à peu s'est levé et, à travers le brouillard, il laisse voir à droite une cabane, au fond d'un massif d'arbres. Au bruit des pas qui se rapprochent, les Fées disparaissent, les unes dans les troncs des arbres voisins, d'autres plongent dans le lac, d'autres s'évanouissent dans le brouillard.

SCÈNE III

LE PÈRE THOMAS, LA MÈRE THOMAS, paysans des environs de Paris; DOMINIQUE, leur fils, avec une vieille livrée; M. PAUL, en costume de voyage fané, un crêpe à son chapeau; il a l'air fort accablé.

LE PÈRE THOMAS.

Du courage, mon bon monsieur Paul!

LA MÈRE THOMAS.

Allons, il faut vous mettre en route pour Paris et ne pas négliger vos affaires; quelques lieues de marche, ce n'est pas le diable!

PAUL.

Oui, je serai fort, je vais partir.

LE PÈRE THOMAS.

Oh! rien ne presse.

LA MÈRE THOMAS, à part, désignant son mari.

Imbécile, va!

PAUL.

Merci, mes braves gens; mais quant à user plus longtemps de votre hospitalité...

LE PÈRE THOMAS, à part.

Ah! enfin, il comprend!

DOMINIQUE.

Elle n'était pas digne de vous, c'est vrai! et je m'étonne que Monsieur ait consenti à la subir. Puisque l'ancien régisseur de Monsieur, ce misérable, n'a pas eu le cœur de vous offrir un appartement dans le château, c'était bien la peine de venir ici pour écouter la kyrielle de ses maudits comptes. En vérité, Monsieur n'est pas heureux depuis quelque temps.

PAUL, rêvant.

Oui, ç'a été comme une conjuration... un acharnement du hasard; la mort subite de mon père, des dettes anciennes qui se présentent, une ruine complète enfin, sans qu'on puisse en saisir la cause ni accuser personne.

DOMINIQUE.

Quel guignon! Nous menions une si belle vie à voyager ensemble tous les deux!

PAUL.

Calme-toi, bon Dominique, et ne parle plus du temps récent et déjà loin où nous vagabondions pour mon plaisir à travers les Indes et l'Orient. Plus de regrets! Il va encore falloir se lancer dans le monde, mais pour y chercher fortune. (Il rêve.)

LE PÈRE THOMAS.

Le difficile, c'est de l'attraper.

PAUL.

Bah! avec du courage! (Se tournant vers Dominique.) Et puis, tu ne m'abandonnes pas.

DOMINIQUE.

Oh! non, non! J'ai confiance en Monsieur; je l'ai vu à

l'œuvre. N'importe! Ce serait le cas, si Monsieur veut le permettre, d'avoir à notre service quelques-uns de ces génies bienfaisants dont vous étiez si curieux là-bas! En avez-vous consulté de ces magiciens de toutes les couleurs, en robe verte, en robe jaune, en robe bleue, en manteau bariolé, sans compter ceux qui n'avaient pas de chemise! Et on aurait dit, vraiment, que vous croyiez à toutes leurs fariboles.

PAUL.

Peut-être! pourquoi pas?... Mais je n'ai que trop tardé, adieu!...

SCÈNE IV

LES PRÉCÉDENTS, JEANNE.

LA MÈRE THOMAS.

Qu'est-ce que tu viens faire ici, toi, fainéante?

PAUL, affligé.

Oh! comme vous la traitez!

LA MÈRE THOMAS.

N'allez-vous pas la défendre, monsieur Paul? Après tout, vous avez raison, allez: elle a assez parlé de vous pendant votre voyage.

PAUL.

Comment, ma mignonne, tu ne m'avais pas oublié! Tu pensais à moi?

LA MÈRE THOMAS.

Si elle y pensait, bonté divine! Figurez-vous que depuis cinq ans elle parlait de vous continuellement : « Où est-il? Quand reviendra-t-il? » Elle demandait de vos nouvelles à tous les rouliers qui passaient, et quand le vent soufflait sur le lac, elle avait pour pour votre navire.

LE PÈRE THOMAS, voulant chasser Jeanne qui s'est rapprochée.

Ça ne te regarde pas. A l'ouvrage!...

PAUL.

Comme tu as grandi! Te voilà une belle fille, maintenant! Veux-tu que je t'embrasse? (Elle baisse la tête.)

DOMINIQUE.

Avance donc, nigaude!

JEANNE, présentant son front timidement, et d'une voix émue :

Vous allez partir?

PAUL.

Oui, chère petite. Il le faut! (Il l'embrasse.)

JEANNE, s'avançant vers son frère.

Adieu aussi, toi! (Se tournant vers le père et la mère.) Car il suit Monsieur! Il me l'a promis!

LA MÈRE THOMAS, à part, à Dominique.

Tout ruiné qu'il est?

DOMINIQUE, à part.

Nous attendons des héritages!... Et puis... et puis...

LA MÈRE THOMAS

Dessin de D. Vierge.

LE CHATEAU DES CŒURS. — Décor du 1er tableau : *LE LAC DES FÉES*, par CHÉRET.

EXPOSITION DES AQUARELLISTES. — *GRANDES MANŒUVRES*, par Edouard DETAILLE.

LA MÈRE THOMAS, à part.

Défie-toi !

DOMINIQUE, à part.

D'ailleurs, il sera toujours temps de le planter là, s'il ne réussit pas. On parlera de moi comme d'un serviteur modèle. Ça pose... ! Et avec une ou deux réclames dans les journaux... de sport... J'ai pour amis des auteurs !

LE PÈRE THOMAS.

Au moins, envoie-nous de temps en temps...

DOMINIQUE.

Impossible ! Mes capitaux sont... seront engagés. Nous connaissons des gens de Bourse !

LA MÈRE THOMAS, avec admiration.

Quel gaillard !

DOMINIQUE.

Mais dès que j'aurai une position sérieuse...

LE PÈRE THOMAS, s'épanouissant.

Ah !

DOMINIQUE.

Je vous donnerai de mes nouvelles !

LA MÈRE THOMAS.

Soigne-toi bien, au moins !

DOMINIQUE.

Moi avant tout ! C'est un principe !

LE PÈRE THOMAS.

Et ne te ruine pas le tempérament avec tes particulières en falbalas.

DOMINIQUE.

Allons donc ! On est revenu de ces folichonneries. Le positif ! Je ne sors pas de là !

LA MÈRE THOMAS.

A-t-il de l'esprit !

DOMINIQUE.

Et maintenant, les anciens, bonsoir, bon appétit et bonne santé ! (Il embrasse le père.) Et d'une ! (Il embrasse la mère.) Et de deux ! C'est fini ! Embarqué !

PAUL.

Malgré ma détresse, il veut me suivre : vous le voyez !

DOMINIQUE.

Oh ! tant qu'il y en aura pour vous, je me contente ! Vous ne pouvez pas vivre sans valet de chambre ! C'est indécent ! Je ferai retourner ma livrée, mettre un galon neuf à mon chapeau, et nous ferons encore belle figure, saperlotte ! Monsieur, à vos ordres !

JEANNE, sautant au cou de son frère,

Oh ! mon bon frère !

LE PÈRE THOMAS, à Dominique.

Prends garde.

DOMINIQUE.

Oui ! oui !

LA MÈRE THOMAS.

Écoute donc !

DOMINIQUE, s'éloignant.

N'ayez pas peur.

LE PÈRE THOMAS.

Reviens !

DOMINIQUE.

On se reverra !

LA MÈRE THOMAS.

Mon pauvre fils !

DOMINIQUE.

Je vous écrirai ! (Il a disparu.)

PAUL, au père et à la mère.

Je ne puis le retenir. Adieu ! Adieu ! Rassurez-vous. Nous allons faire fortune. (Il sort.)

SCÈNE V

LE PÈRE THOMAS, LA MÈRE THOMAS, JEANNE.

LE PÈRE THOMAS, rêvant.

Faire fortune !... devenir un gros monsieur... avoir de bons morceaux de terre... des prés... des bois... un moulin... et marcher sur le ventre à tout le monde... c'est ça qui est beau !

LA MÈRE THOMAS.

Je crois bien ! (A Jeanne.) Aussi, tu entends, toi, tu vas piocher, je t'en réponds, au lieu de passer des heures entières à regarder comme tu fais dans le blanc des nuages.

JEANNE.

Cependant, dès le petit matin...

LA MÈRE THOMAS.

Bah ! tout ça c'est de la paresse...

LE PÈRE THOMAS.

Écoute, il me vient une idée.

LA MÈRE THOMAS.

Ça rapportera-t-il ?

LE PÈRE THOMAS.

Peut-être. Si nous envoyions Jeannette à Paris ?

JEANNE.

Aller toute seule... là-bas... dans la grande ville...

LA MÈRE THOMAS.

Dame ! il y en a plus d'une qui est partie en sabots de son village... et qu'on a vue revenir... Qui sait ! (Regardant Jeanne.) Pas déjà si chiffonnée, la Jeannette !... Eh ! pourquoi pas ? C'est décidé. A partir de demain...

LE PÈRE THOMAS

Dessin de D. VIERGE.

JEANNE.

Je vous en supplie...

LA MÈRE THOMAS.

Oh! nous n'épargnerons rien. Ton père et moi nous saurons faire des sacrifices. N'est-ce pas, Thomas? Et pour commencer, je te donne ma capeline rouge... avec mes vieilles coiffes nous trouverons bien moyen... Seras-tu assez gentille?...Ah! vois-tu, Jeannette, il faut de la coquetterie... mais de la bonne, de la vraie... de celle qui fait pousser des gros sols... et assure l'existence des parents... des bons parents.

JEANNE.

Que devenir à Paris, toute seule?... Je ne saurai seulement pas me retrouver dans les rues...

LA MÈRE THOMAS.

Bah! il y a des gens polis... qui vous enseignent...

JEANNE.

Je n'y connais personne.

LA MÈRE THOMAS.

Eh bien! et Dominique? Il a de si belles connaissances! Des banquiers, des militaires... tout le gouvernement, quoi!

JEANNE.

Non, je n'oserai jamais!

LA MÈRE THOMAS.

Sans compter M. Paul qui se fera un plaisir...

JEANNE.

Lui!... Une pauvre fille comme moi!

LE PÈRE THOMAS.

Mais saperlipopette!...

LA MÈRE THOMAS, au père.

Tais-toi. Tu ne sais pas la prendre. (A Jeanne.) Paris et ma belle agrafe d'or... ou bien la maison et... (Elle fait signe de lui donner des gifles.)

JEANNE, avec résignation.

Eh bien! j'irai.

LA MÈRE THOMAS.

Enfin! Mais d'ici là tu ne vas pas te croiser les bras. A l'ouvrage, et vivement!

JEANNE.

Tout de suite.

LE PÈRE THOMAS.

Par ici.

LA MÈRE THOMAS.

Par là.

JEANNE.

Je ne sais plus...

LA MÈRE THOMAS, lui donnant un soufflet.

Voilà pour t'apprendre.

LE PÈRE THOMAS.

Piaule, sanglote, file! (Ils sortent en poussant Jeanne devant eux.)

SCÈNE VI

LES FÉES reparaissent.

TOUTES LES FÉES.

Ah! les sales vieux! Heureusement les jeunes sont meilleurs, ce qui nous fait déjà deux cœurs purs.

UNE AUTRE.

Sans doute. Mais, lui. comment pourra-t-il jamais s'éprendre d'une fillette aussi simple, aussi pauvre, aussi sale?

LA REINE.

Ah! il faudra bien que nous fassions naître cet amour, puisque notre succès en dépend. Mais comme nous ne pouvons avertir que l'un des deux, voyons, mes sœurs, décidez-vous, hâtez-vous!

LES FÉES, tumultueusement.

— Lui!
— Elle!
— Non! non!
— Elle! lui!
— Lui!
— Elle!

LA REINE.

Allons! c'est le jeune homme, car Jeanne a pour sauvegarde son ignorance et l'humilité de sa condition. Paul, au contraire, est exposé chaque jour à toutes les embûches des Gnomes. Donc c'est lui que nous devons avertir quand il en sera temps, seulement, et protéger dans les limites permises.

Conseils et exhortations de la Reine aux Fées pour protéger Paul.

Allons, mes sœurs, de la prudence
Et notre plan réussira.

On entend des voix souterraines répéter :

Ah! ah! ah!

LES FÉES s'arrêtent.

Qu'est-ce donc? L'écho, sans doute.

Elles reprennent le chant :

Allons, mes sœurs, de la prudence
Et notre plan réussira.

Les voix souterraines von crescendo de force et de gaieté, et l'on voit sortir de dessous terre des petits êtres avec des têtes énormes, les Gnomes ; ils crient plus fort et tournent autour des Fées, qui s'enfuient prises de terreur.

FIN DU PREMIER TABLEAU.

G. FLAUBERT,
Louis BOUILHET,
Ch. D'OSMOY.

(A suivre.)

LES GNOMES. — Dessin de DANIEL VIERGE.

LA CHEMISE VOYAGEUSE

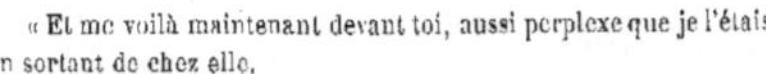

(Suite)

— Pourquoi? fit Bigarnet en se dressant comme s'il eût été soulevé par un ressort, pourquoi? C'est que, tout à l'heure, avant de venir chez toi, je l'ai trouvée couchée sur des coussins, devant son feu, dans une robe de chambre, et parée de cette chemise, la chemise de ma femme! »

Mon pauvre ami, en me révélant ce détail, était aussi pâle qu'il pouvait l'être; ses lèvres tremblaient et il fixait sur moi ses gros yeux ronds, presque hagards.

« Mais tu n'es pas sûr de cela, lui dis-je après un moment de silence; tu n'es pas sûr que cette chemise ait appartenu à ta femme. »

Bigarnet, majestueux comme un pontife, alla prendre la chemise et me montra, d'un doigt à la fois raide et tremblant, deux B surmontés d'une couronne de baron. C'était là un témoignage qu'on ne pouvait discuter.

« Et que t'a-t-elle répondu quand tu lui as demandé d'où lui venait cette chemise?

— Je n'ai pas mis d'adresse dans mes questions, je te l'avoue. La colère me suffoquait.

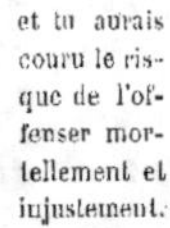

Dessin de ROCHEGROSSE.

Je me suis écrié bêtement : « Voilà une chemise de ma femme! D'où la tenez-vous? Qui vous l'a donnée? Où l'avez-vous trouvée?

« — Une chemise à votre femme? s'écria-t-elle en riant à se tenir les côtes; c'est une chemise à votre femme, vraiment? Eh bien, voilà qui est fort! Ah! mon pauvre baron, quelle drôle de tête vous avez!

« — Encore une fois, repris-je en lui serrant le poignet à le lui meurtrir, il faut que vous me répondiez sérieusement. Cette chemise doit avoir été volée?

« — Peut-être bien, dit-elle.

« — Mais ce n'est pas une réponse, cela. N'en avez-vous pas d'autre à me faire?

« — Non! »

« J'avais envie de la battre et je ne me maîtrisais qu'à grand'peine. Je la menaçai sottement de la justice et elle me fit remarquer, avec bon sens, je ne puis le nier, que d'une chose peut-être toute simple en soi, j'allais faire un gros scandale; et elle ajouta avec un calme parfait :

« — Puisque cette chemise est réellement à votre femme, je ne veux pas la garder un seul instant de plus, bien entendu. Passez au salon, je vais vous la remettre. Mais pas d'esclandre, je vous en prie, dans votre intérêt. Réfléchissez pendant vingt-quatre heures; peut-être me remercierez-vous après. »

« Et me voilà maintenant devant toi, aussi perplexe que je l'étais en sortant de chez elle.

— Je ne puis disconvenir, mon bon ami, que le conseil que t'a donné Zulmette soit le seul à suivre.

— Ce n'était pas mon sentiment.

— Que comptais-tu donc faire?

— Interroger brusquement ma femme, en lui mettant sous les yeux le corps du délit, car il y a évidemment délit.

— Tu aurais commis une imprudence ou plutôt une grosse faute, car il se peut faire ou, pour mieux dire, il est certain que ta femme n'en sait pas plus que toi sur ce mystère. Son étonnement t'aurait paru suspect, ses paroles ne t'eussent pas semblé sincères, et tu aurais couru le risque de l'offenser mortellement et injustement.

— Tu as peut-être raison, balbutia le pauvre Bigarnet, le menton sur la poitrine.

— Laisse-moi cette chemise et promets-moi de ne rien tenter avant que je ne l'aie vu. Je serai chez toi demain dans la journée. Tu ne doutes pas de mon amitié et de mon dévouement, n'est-ce pas? »

Bigarnet, les larmes aux yeux, me serra la main et sortit.

.*.

Il ne m'avait pas été difficile de tout deviner ou plutôt de découvrir la piste qu'il fallait suivre. Je savais parfaitement à quoi m'en tenir sur la nature de l'intimité qui existait entre Mme Berthe et Maurice de Torcy. Mon parti fut bientôt pris. Je plaçai la chemise dans un des tiroirs de ma toilette et j'allai me coucher avec la souriante sérénité d'un homme qui est à la veille de mettre à son actif l'accomplissement d'une bonne action.

Quand ma femme me demanda le motif qui avait porté le baron à me faire cette visite nocturne, je lui répondis qu'il ne s'agissait pour lui que d'une déconvenue de Bourse, à laquelle il voulait remédier dans le plus bref délai. J'ai pour principe qu'en semblable occurrence, un mari doit être réservé avec sa femme, si sûr qu'il soit de sa discrétion. On a toujours le temps d'arriver aux confidences quand la crise est dénouée. Le mieux est d'attendre et de se priver de collaboratrice.

Le lendemain, à huit heures, je me rendis chez Maurice. Il était dans son lit, comme de juste.

« Monsieur n'est pas levé, me dit Joseph.

LE CHATEAU DES CŒURS. — *L'INCONNU.* — Composition de DANIEL VIERGE.

LE CHATEAU DES CŒURS

DEUXIÈME TABLEAU

Un cabaret aux environs de Paris. Il fait petit jour.

SCÈNE PREMIÈRE

LE CABARETIER; PAUL, DOMINIQUE, couverts de poussière, fatigués et assis devant une table où sont une bouteille de vin, deux verres, un encrier et un paquet de lettres cachetées.

DES MARAICHERS, partant pour la halle.

Adieu, père Michel !

LE CABARETIER.

Bonne chance, les enfants ! (A Paul et à Dominique.) Et à présent que vous êtes servis, Messieurs, vous excuserez, mais comme il est encore grand matin et que je n'attends plus de monde, je reprends mon somme. (Il monte dans son comptoir, appuie sa tête sur ses deux mains et s'endort.)

PAUL, montrant à Dominique le paquet de lettres.

Ainsi, tu comprends : à peine arrivé, tu les distribueras !

DOMINIQUE, prenant les lettres.

Entendu ! (Il lit au fur et à mesure.) A monsieur le vicomte Alfred de Cisy !... Bon ! en voilà un dont vous avez souvent payé les dettes ! Mais son adresse ?

PAUL.

Tu la demanderas au Club !

DOMINIQUE, continuant.

A monsieur Onésime Dubois, peintre, rue de l'Abbaye ! Lui en avez-vous acheté de ces croûtes, à celui-là ! Au professeur Letourneux, membre de plusieurs sociétés religieuses et philanthropiques. Connu ! c'est votre père qui l'a présenté partout à Paris !... Au docteur... Colombel.

PAUL.

Le médecin de la famille, tu sais !

DOMINIQUE.

A monsieur Bou... Bou... Bouvignard...

PAUL.

Eh ! oui ! l'amateur de vieilles faïences !

DOMINIQUE.

Ah ! ce petit maigre qui venait toujours à l'heure du déjeuner, suffit !... A monsieur Macarot, en son usine ; il a été bien heureux de trouver certains écus, quand il s'est établi ! (Il feuillette le paquet en marmottant.) Bien ! bien ! je connais les rues, je vois ça !... Ah ! comme vous en avez de ces amis, des pairs de France, des banquiers, des savants, des artistes, Paris entier !

PAUL, *soupirant.*

Après cinq ans d'absence, ils m'auront oublié peut-être !... Heureusement qu'il y a des bons !... Aussi... (*désignant les lettres*) fais-en deux parts. Celles-là d'abord, les autres ensuite !

LE CABARETIER, *se réveillant en sursaut.*

Voilà, Messieurs !

DOMINIQUE.

On ne vous demande rien.

LE CABARETIER.

Ah ! (*Il bâille et reprend sa position.*)

PAUL.

Et tu auras soin de lire les écriteaux des appartements à louer ; tu me prendras un cabinet qui ne soit pas cher !

DOMINIQUE.

L'étage est indifférent à Monsieur ?

PAUL.

Oui, indifférent !

LE CABARETIER, *se réveillant en sursaut.*

Voilà !

(*Paul lui fait un signe de tête négatif.*)

DOMINIQUE, *qui s'est levé d'effroi tout à coup.*

Ah ! il a le sommeil occupé, décidément. (*Il se rassoit.*) Ouf ! on est bien !... J'ai les genoux rompus de fatigue, avec la tête d'un creux...

PAUL, *debout.*

C'est d'avoir marché toute la nuit ! Pauvre garçon ! finis la bouteille, va ! (*Dominique boit.*) Et à moi aussi, le cœur défaille ! Au moment de me jeter dans une existence nouvelle, je ne sais quel trouble m'envahit ; c'est comme le malaise qui nous survient quand on va partir pour les longs voyages ! Allons, lève-toi !

SCÈNE II

PAUL, DOMINIQUE ; UN BOURGEOIS, vêtu d'une longue redingote, chapeau à bords retroussés, favoris, canne à lanière de cuir, entre tout doucement, et s'assoit à une des tables, observant Paul et Dominique avec des yeux flamboyants. La pluie se met à tomber au dehors.

DOMINIQUE.

Bon ! la pluie ! Il nous faut attendre, puisqu'un équipage nous manque pour faire notre entrée à Paris.

PAUL.

Quand nous en sommes sortis, la dernière fois, c'était dans une chaise de poste à quatre chevaux.

DOMINIQUE.

Moi, j'étais sur le siège ; je payais les postillons ! et, aujourd'hui, nous voilà à guetter l'omnibus.

L'INCONNU, *se levant poliment.*

Les omnibus de la banlieue, Monsieur, ne se mettent en marche qu'à huit heures et demie du matin.

(*Paul et Dominique se retournant et examinent l'inconnu.*)

L'INCONNU.

Ces Messieurs sont étrangers ?... Monsieur voyage pour son plaisir, sans doute ? Si Monsieur avait besoin de quelques renseignements dans la capitale, je pourrais... vu mes relations nombreuses.. (*Paul et Dominique ne répondent pas.*) Brounn... brounn... il fait un froid !... Je prendrais volontiers quelque chose de chaud ! Hé ! garçon, un punch !

(*Le cabaretier se lève en sursaut et sort par la droite.*)

Du sucre, un citron, du cognac ! vivement !... et si ces Messieurs veulent me faire l'honneur... (*Une servante, arrivant par la gauche, apporte un bol.*)

DOMINIQUE.

Avec plaisir, Monsieur ; vous êtes trop bon ! (*La servante n'a eu que le temps de poser le bol sur la table ; une flamme paraît dessus.*) Mais il n'y avait rien là dedans tout à l'heure... voilà qui est drôle ! (*A l'inconnu.*) Ah ! ça, dites donc, vous l'aviez dans votre poche, celui-là... vous êtes un physicien, un grec !... Ah ! elle est forte ! il vient au cabaret avec des punchs biseautés !

L'INCONNU.

Je ne comprends pas un mot, cher Monsieur, de ce que vous dites. (*A la servante, en lui remettant de l'argent.*) Faites-moi le plaisir d'aller me chercher des panatellas dans la boutique de la deuxième rue, à droite, le troisième casier en haut ; j'ai ma boîte, on me connaît ! (*Elle sort.*) A nous deux, maintenant !

SCÈNE III

PAUL, DOMINIQUE, L'INCONNU.

(*Paul est resté accoudé, rêvant.*)

L'INCONNU, *montrant le punch.*

Vraiment, Monsieur, est-ce que je n'aurai point l'avantage...

DOMINIQUE, *d'un ton engageant.*

Voyons, mon pauvre maître... pas de fierté !...

PAUL *se lève.*

Il n'en faut plus avoir, c'est vrai ! (*Il s'assoit à la petite table près de l'inconnu et de Dominique.*)

L'INCONNU.

Ainsi, vous venez chercher fortune dans la grande ville ?...

PAUL.

Qui vous l'a dit ?

L'INCONNU.

Vous-même !*

PAUL.

Comment cela ?

L'INCONNU.

Tout à l'heure, quand vous causiez avec votre domestique !...

TRANSFORMATION DE L'INCONNU

Dessin de D. Vierge.

PAUL.

Il me semblait cependant...

L'INCONNU.

Pardonnez ! je sais tout !... et comme mon industrie, Monsieur, consiste à tenir un bureau de renseignements universels et à faire un vaste courtage dans les différentes classes de la société, il y va de mon intérêt de vous servir.

DOMINIQUE.

Voilà de la franchise, au moins !

L'INCONNU.

Monsieur se propose de chercher un emploi dans une administration quelconque ?...

PAUL, brutalement.

Non !

L'INCONNU.

De prendre les finances, la diplomatie ou les chemins de fer ?

PAUL.

Eh ! qu'en sais-je moi-même !

L'INCONNU.

Le commerce, peut-être ?

DOMINIQUE.

Ah ! bien oui ! un homme qui en deux heures de temps vous couvre de peinture une toile plus haute que ça !

L'INCONNU, saluant ironiquement.

Ah ! Monsieur est artiste !... ah ! et il compte faire fortune ; respectons-le !

PAUL, irrité.

Eh bien ! pourquoi pas ! Quand je vois tant de barbouilleurs que l'on applaudit, ce serait bien le diable... d'ailleurs j'ai de longues études derrière moi et en employant toutes mes forces, la gloire viendra... peut-être, la richesse ensuite.

L'INCONNU.

Très bien, jeune homme ! Mais j'espère que vous allez, pour parvenir, ne rien négliger de tout ce qu'il faut ; pillez-moi les anciens, dénigrez les modernes, exaltez les petits génies et conspuez les grands ; ça pose. premier pas ! Vous peindrez ensuite les boutiquiers en artilleurs et les lorettes en Vénus, avec les chevaux célèbres et les actions vertueuses, sans nul souci du dessin ni de la couleur ; on dirait que vous manquez d'idées, prenez garde ! Il faudra ensuite adopter le grec ou le gothique, le pompadour ou le chinois, l'obscénité ou la vertu, la chose à la mode, peu importe ! Mais agenouillez-vous devant le public, servilement, et ne lui donnez rien qui dépasse la force de son esprit, les facultés de sa bourse, la largeur de son mur ! Alors vos œuvres, reproduites à l'infini, couvriront l'Europe. Vous entrerez dans la cervelle de votre

siècle. Vous serez un maître, une gloire, presque une religion. Le despotisme de votre médiocrité pourra abêtir toute une race ; il s'étendra même sur la Nature, car vous la ferez haïr, ô grand homme, puisqu'elle rappellera de loin vos barbouillages.

PAUL, indigné.

Jamais !

L'INCONNU.

Vous avez raison ! une place, des appointements fixes, c'est plus sûr. Je vous recommande avant tout l'exactitude, non pour travailler, mais pour surveiller vos confrères. D'abord une petite médisance çà et là, puis une dénonciation formelle (dans l'intérêt du service) ; enfin une bonne calomnie, n'ayez pas peur ! De l'arrogance envers les humbles, de la bassesse devant les chefs. cravate empesée et souple échine, morbleu ! cervelle étroite et conscience large ; respectez les abus, promettez beaucoup, tenez rarement, courbez-vous sous l'orage et, dans les circonstances difficiles, faites le mort ! Mais tâchez de connaître le vice de votre supérieur ; s'il prise, achetez une tabatière, et s'il aime les jolies femmes, mariez-vous !

PAUL.

Horreur !

L'INCONNU.

De l'indépendance !... j'aime ça ! On ne la trouve plus, Monsieur, que dans une fortune acquise par le commerce. Nous avons le système des faillites honorables, les secrets des faux poids et du bon teint ; mais rappelez-vous que le moyen d'avancement le plus rapide, pour un jeune homme, dans une grande maison, c'est de séduire la femme du bourgeois.

PAUL.

Tais-toi donc, misérable !

L'INCONNU.

Oui, la fille vaut mieux, parce qu'il est forcé de vous la donner en mariage !

Paul recule épouvanté.

DOMINIQUE.

Il y a un fond de bonnes idées dans ce qu'il dit.

L'INCONNU, toujours impassible.

Et alors, quoi que vous soyez, les obstacles s'aplaniront, chacun vous sourira ; la santé sera bonne, vous dînerez bien, vous aurez la face rose comme une jeune fille. (Sa barbe disparaît ; surprise de Paul.) Peu à peu vous deviendrez riche, considéré, heureux, vous ferez craquer sur l'asphalte vos bottes vernies, en roulant dans vos gants blancs le pommeau d'or de votre bambou. (Ce qu'il dit s'exécute ; Paul pousse un cri.) On vous craindra, on vous aimera ; vous vous repasserez vos caprices, habits neufs tous les jours, bagues à tous les doigts, chaînes de montre, breloques et linge fin. (Il apparaît vêtu en dandy ; Paul

TRANSFORMATION DE L'INCONNU
Dessin de D. Vierge.

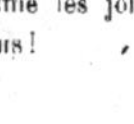

TRANSFORMATION DE L'INCONNU
Dessin de D. Vierge.

LE CHATEAU DES CŒURS. — Décor du 2e tableau : *LE CABARET*, par DARAN.

L'EMBACLE DE LA LOIRE. — Dessin d'après nature, par H. SCOTT.

et Dominique se rapprochent.) Vous achèterez une maison de campagne, des statues, des hôtels, des amis, et des chevaux de

TRANSFORMATION DE L'INCONNU

Dessin de D. Virge.

race, ce qui est plus cher. Pour duper les générations futures, vous pourrez même fonder un hôpital ; et vous vieillirez tout doucement, servi par un peuple de valets, entouré de famille, lourd d'honneurs, avec une grosse bedaine et l'aspect d'un honnête homme. (Il apparaît en vieux bourgeois cossu, lunettes d'or, gilet de velours, etc.)

PAUL, se passant les mains sur la figure.

Est-ce une illusion? J'ai dans la tête comme des chars qui roulent, et des flammes qui voltigent. (Le punch, qui a continué de brûler, se multiplie sur les autres tables, et les flammes sautillent çà et là dans l'air comme des feux follets.

DOMINIQUE tourne avec admiration autour de l'inconnu.

Quel particulier ! quelle expérience !

PAUL, résolûment,

Non ! je ne veux pas ! arrière ! C'est même une faiblesse de t'écouter, Va-t'en !

L'INCONNU.

A votre aise ! Faites le vertueux, mon gaillard, et serrez-vous le ventre ! Toutes les portes de la fortune, on les refermera sur vous, en vous écrasant la face ! D'abord, cela va sans dire, Monsieur gardera les apparences. Vous irez jusqu'à neuf heures du soir avec deux sols de lait et un petit pain rond qu'on mange dans la poche de sa redingote, tout en trottinant sur le pavé ! Ah ! vous les connaîtrez, les mystères de la toilette, les faux-cols de papier, l'encre que l'on repasse sur les coutures blanchies, les sous-pieds tendus pour retenir les semelles trop vieilles, et l'habit noir boutonné jusqu'au menton, pour cacher l'absence du linge. (Il apparaît dans le costume décrit.) Vous ne faiblirez pas ! vous lutterez ! Mais personne ne voudra de vous !... On ne va pas chercher ceux qui se cachent ! qui donc s'inquiète des pauvres ? et comme une première chute est la cause naturelle d'une seconde, peu à peu vous dégringolerez, mon bonhomme ; la misère augmentera, elle de-

viendra irrémédiable et constitutionnelle ! « Clic ! clac, clac ! gare-toi de là, manant !... » et du fond de votre ruisseau, par un temps de verglas, en plein hiver, vous distinguerez à des hauteurs vertigineuses, derrière la mousseline des larges croisées, tournoyer sous des lustres, dans le flamboiement des festins, toutes les convoitises de votre cœur ! (Le côté droit de la muraille s'entr'ouvre et laisse voir un bal splendide, puis se referme.) Alors commenceront pour vous, dans Paris, ces longues promenades du pauvre le long des quais et des boulevards. Plus vague et funeste que le Bédouin dans le désert, vous chercherez quelque bonne occasion, un parapluie perdu, une bourse tombée, en marchant jusqu'au milieu de la nuit, où vous irez dormir côte à côte avec des forçats, les pieds dans la paille, assis sur un banc, et les deux bras contre une corde ! (Le côté gauche de la muraille s'entr'ouvre et laisse voir l'intérieur abject d'un logeur, rempli de monde, puis se referme.) Et l'habit râpé, depuis longtemps, sera parti. (Son habit disparaît.) A la place du chapeau, une casquette sans visière. (Même jeu.) Plus de gilet, une seule bretelle ! et pas même de souliers, des chaussons ! (Avec une pose ignoble.) Faut-il un fiacre, mon bourgeois ?

TRANSFORMATION DE L'INCONNU

Dessin de D. Virge.

PAUL, se tordant les mains.

Horrible ! horrible !

DOMINIQUE.

Mais ce n'est pas gai du tout, cet avenir-là !

PAUL, découragé, tombe sur un tabouret le coude sur la table.

Que faire ?

A la fin de la tirade de l'Inconnu, la servante est rentrée avec un paquet de cigares, qu'elle a déposé sur la table. L'Inconnu, qui est près de Paul, debout à droite, fait un pas à reculons avec un geste d'espoir ; mais aussitôt, en face de lui et derrière Dominique, la servante se transmuant en fée, allonge le bras impérativement vers l'Inconnu qui se change en gnome.
Dominique, stupéfait, pousse un cri. Paul relève la tête et en pousse un autre, en apercevant la Fée, qui disparaît dans la muraille à droite en même temps que le Gnome disparaît à gauche.

FIN DU DEUXIÈME TABLEAU.

G. FLAUBERT,
Louis BOUILHET,
Ch. D'OSMOY.

(A suivre.)

LA CHEMISE VOYAGEUSE

(Suite et fin)

Maurice me regarda avec des yeux démesurément ouverts, puis, d'un bond, sauta hors du lit et alla tout droit à sa commode Louis XVI. Je ne m'étais donc pas trompé. — Je connaissais si bien mon homme! — Il ouvrit fiévreusement les tiroirs du meuble vénérable et jeta aux quatre coins de la chambre et sur moi-même les innombrables objets qui lui tombaient sous la main. Il y avait de tout dans ces tiroirs : des voilettes, des gants, des lettres jaunies, un pantalon brodé, des fleurs desséchées, émiettées dans des chaussettes, de vieux journaux, des camisoles, des photographies, des jarretières à camées, de mignonnes pantoufles, etc., etc. Et quand il eut tout froissé, tout secoué, tout éparpillé, il fouilla les autres meubles, regarda derrière les sofas, les fauteuils, les poufs, puis, consterné, s'appuya à la cheminée dans la pose de Polymnie.

Dessin de ROCHEGROSSE.

« Cherche encore, lui dis-je, cherche ailleurs, cherche bien. »

Le pauvre garçon, regardant autour de lui, murmurait :

« Elle ne peut être pourtant ni au salon, ni dans la salle à manger.

— Ni dans la cuisine.

— Ni dans la cuisine, répétait-il hébété.

— Tiens, malheureux, ne cherche plus, la voilà! »

Et je lui jetai la chemise.

Il la saisit au vol, l'examina et la vérifia dans tous les sens.

« Bourreau! » s'écria-t-il, moitié riant, moitié fâché.

La première surprise passée, il me dit, le regard brillant, les joues pâlies et d'une voix émue :

« Comment se fait-il qu'elle se soit trouvée dans tes mains? Qui te l'a remise?

— Bigarnet!

— Georges, par pitié, ne te moque pas de moi.

— Je te dis la vérité. C'est Bigarnet qui est venu me l'apporter chez moi, au milieu de la nuit.

— Alors, fit-il d'un ton fort calme, la chose devient grave et tu viens sans doute, au nom de Bigarnet, me demander la réparation qu'en pareil cas... car tu m'as dit que tu savais tout.

— Bigarnet ne m'a chargé d'aucune mission de ce genre; il ignore même que je sois chez toi.

— Explique-moi donc...

— N'est-ce pas à toi de m'expliquer comment cette chemise a pu m'avoir été donnée par Bigarnet après avoir séjourné chez toi? »

Maurice, tout en s'habillant, réfléchissait. Enfin il s'écria :

« C'est Zulmette qui a fait le coup.

— Parbleu !

— Je ne l'ai pas vue depuis plusieurs semaines, depuis le temps où Bigarnet... et même depuis plus longtemps que ça. M'en voudrait-elle de l'avoir laissée si brusquement? Est-ce une vengeance?

— Non, tranquillise-toi. »

Alors je lui racontai comment les choses s'étaient passées; puis nous avisâmes aux moyens de conjurer le péril.

Maurice voulait aller chez Zulmette et la tancer vertement. Cela n'aurait remédié à rien et il le comprit aisément. Cependant il fallait trouver sur l'heure une explication qui pût satisfaire Bigarnet, et comme cette explication-là ne nous venait pas à l'esprit, il fut convenu que j'irais seul chez Mlle Zulmette. Il importait, en effet, de s'entendre avec elle. Nous convinmes en outre que je reviendrais chez Maurice afin de prendre un parti quel qu'il fût.

. .

Je trouvai dans Mlle Zulmette une fille d'esprit et sans méchanceté. Elle ne se montra pas du tout inquiète de l'aventure, parce que, disait-elle, rien n'était plus aisé que de lui donner un dénouement qui calmerait les craintes formidables du baron.

Et comme je la regardais, étonné :

« Vous autres hommes, dit-elle en souriant, vous avez le talent, en pareille matière, de compliquer et d'assombrir les incidents les plus simples, ou de vous buter à des obstacles que la première Agnès venue ferait disparaître. Je ne m'étonne pas qu'en politique vous réussissiez si bien à faire de l'inextricable. En amour et en amourettes, la fille la plus simple en remontrerait au plus habile de vos vaudevillistes. Êtes-vous assez empêtrés tous les trois? Et pourtant, quoi de plus simple à imaginer qu'une erreur de blanchisseuse? Mme la baronne et moi nous avons la même ouvrière. Supposons qu'une des chemises de Mme la baronne se soit glissée dans les miennes, — j'en ai de très jolies, moi aussi, — et tout sera dit. »

Je me grattai le nez avec humilité. C'était tout ce que j'avais de mieux à faire.

Zulmette me raconta ensuite que, se trouvant seule, un certain soir, chez Maurice, elle s'était amusée à fureter dans les tiroirs et avait mis la main sur la chemise; qu'en l'emportant, elle n'avait eu d'autre dessein que de s'amuser de lui et de l'engager, pour l'avenir, à mieux fermer ses serrures.

« Mais le tortil du baron et les lettres brodées ne vous ont-ils rien fait supposer?

— Je ne sais ni A ni B en blason, répondit-elle, et je ne connaissais pas le prénom de Mme de Bigarnet. Et puis, si M. de Torcy est léger et négligent, je ne crois pas qu'il soit indiscret au point de compromettre la réputation d'une femme. D'ailleurs, ajouta-t-elle avec une sorte de résignation souriante, ce n'est pas à Zulmette que l'on fait la confidence de ses aventures de cœur, petites ou grosses. On rit avec elle, et voilà tout. C'est si bon, le rire! Maurice est de ceux qui croient que l'amour n'est plus un plaisir, du moment où il cesse d'être une folie. Quand il est venu ici pour la première fois, il riait comme je riais moi-même; c'est encore en riant qu'il en est sorti, et vraisemblablement pour ne plus revenir. Vous ne m'en voyez pas plus triste pour cela. »

Je remerciai Mlle Zulmette, en lui serrant la main, et m'empressai de rejoindre Torcy.

« Maintenant, lui dis-je après lui avoir fait connaître le résultat de ma visite, permets-moi de te faire observer que tu gardais chez toi, avec bien peu de précaution, le plus singulier trophée que jamais honnête homme... »

.

Nous allâmes déjeuner dans un café du boulevard, Maurice et moi, avec un appétit de Titans qui n'ont plus l'Etna sur la poitrine, ou, pour parler plus simplement, comme deux braves garçons au cœur léger. A midi, nous étions rue de Luxembourg.

Je retrouvai Bigarnet tout aussi anxieux que la veille. Cinq ou six cigares à peine commencés et jetés sur le tapis de sa chambre témoignaient de l'agitation qui le tourmentait.

« Tu n'as rien dit encore à ta femme, n'est-ce pas?

— Puisque je te l'avais promis! J'ai même évité de la voir. »

Ici, Maurice s'avança, la figure souriante.

« Cher ami, dit-il, je suis heureux d'avoir pu, en cette affaire, t'être de quelque utilité. »

Et il raconta à Bigarnet qu'après avoir placé sous le sceau du plus impénétrable secret la confidence que j'avais cru devoir lui faire, il avait mis à profit son ancienne intimité avec Zulmette pour savoir la vérité, et que, cette vérité, il l'apportait dans toute sa trivialité, — ainsi que la chemise.

Bigarnet couvrit de baisers la chemise voyageuse que lui tendait Maurice, puis il embrassa sur les deux joues ce serviable et fidèle ami, avec la plus touchante effusion.

« Vous me promettez, n'est-ce pas, de ne point parler à ma femme de mes inquiétudes insensées. Chère petite Berthe! Mon Dieu! que les maris sont bêtes! »

Et le bon gros Sylvain, le visage épanoui, ne cessait de nous serrer les mains.

Je me retirai tout attendri. Torcy voulait me suivre, mais Sylvain ne le lui permit pas. Le temps était beau, et il voulut absolument que Maurice accompagnât au Bois Mme Berthe.

CHARLES NORMA.

FUSAINS ET EAUX-FORTES

Sous le titre de *Fusains et Eaux-fortes*, un livre posthume de Théophile Gautier va paraître à la librairie Charpentier. C'est le recueil le plus intéressant qui se puisse imaginer des premiers articles publiés par le maître à ses débuts dans le journalisme. Ils ont été retrouvés par un collectionneur passionné dans des feuilles complètement oubliées, et dont la Bibliothèque même ne possède pas toujours les collections. Telles sont par exemple le *Mercure du XIXe siècle* (1831), le *Cabinet de lecture* (1832), le *Monde dramatique* (1835), la *Charte de 1830* (1837), etc. Nous extrayons de cet ouvrage, qui demain sera dans toutes les bibliothèques, la délicieuse fantaisie suivante :

DE L'INCOMMODITÉ

DES LOGEMENTS MODERNES

Beaucoup de gens s'imaginent vivre dans une civilisation perfectionnée. En effet, les sciences sont arrivées à un état de développement extraordinaire, et si l'on profitait des inventions merveilleuses qui se font chaque jour, on pourrait réaliser une existence vraiment digne de ce nom; mais la routine est si tenace qu'il faut des années pour populariser la moindre amélioration. — Nous ne parlerons aujourd'hui que de la question du logement, si importante pour l'hygiène et la vie.

Si, vous trouvant mal dans l'alvéole que vous habitez au cœur d'une de ces immenses ruches qu'on appelle une ville, et qui semblent vraiment combinées pour réunir le plus grand nombre d'inconvénients possible dans le moindre espace imaginable, vous vous mettez à chercher des appartements, vous serez frappé, après avoir monté quelques centaines de marches, amorcé par des écriteaux plus ou moins menteurs, — nous ne parlerons pas ici des hôtels ou des vastes habitations réservées à l'opulence, mais des logis plus modestes de six cents, de mille, de douze cents francs que peuple la bourgeoisie aisée, — vous serez frappé, disons-nous, de leur distribution invariable, qu'on pourrait croire la plus commode, puisqu'elle se produit partout, et qui est au contraire un chef-d'œuvre d'ineptie et d'inconfortabilité. L'espace très restreint qu'on alloue pour cette somme est divisé en compartiments souvent privés d'air et de jour de la manière suivante : une espèce de palier sombre, décoré du nom d'antichambre; une salle à manger, toujours glaciale malgré le poêle qui l'empuantit; une cuisine d'une exiguïté ridicule; un salon dont les dimensions un peu plus vastes sont prises aux dépens des autres pièces; une ou deux chambres à coucher et un cabinet de toilette où l'on ne peut se retourner, et qu'éclaire ordinairement un jour de souffrance.

Dessin d'Adrien MARIE.

Dans cet aménagement, chose singulière, on a oublié les enfants. L'architecte, en arrangeant le nid pour la famille, n'a pas pensé à eux; ce fait si simple, si naturel, si normal de deux ou trois enfants par ménage,

commun à tous les peuples de commune origine. Sans ces conditions, point de véritable histoire ni de morale historique, car les générations naissent l'une de l'autre et vont se modifiant suivant l'impulsion reçue.

Je n'ai point parlé de la routine qui néanmoins joue toujours son rôle ici-bas. La routine aussi a son chapitre dans l'œuvre de M. Taine. Lisez plutôt ce pamphlet doctrinal où tant d'esprit se met au service de tant de savoir et de bon sens : *les Philosophes du XIX* siècle*. Ce petit livre a valu à son auteur bien des animosités et des attaques. C'est un fait avéré qu'il y a grand danger à démasquer la routine puissante. On a imputé à crime à l'écrivain la netteté de son langage et la tranchante hardiesse de ses idées. Est-il infaillible? Certes, il ne prétend pas à l'infaillibilité, mais toute bonne foi marche droit devant elle et affirme hautement ce qu'elle croit vrai. Pour ma part, je n'ai d'estime sans réserve que pour les autoritaires. M. Taine sent qu'il a raison et se donne raison devant tout le monde, sans ménager ses adversaires : il est dans son droit et dans sa logique.

Est-il vrai, comme on l'a répété souvent, qu'il nie la liberté humaine? Non. Il se borne à constater de certaines prédispositions organiques et héréditaires, c'est-à-dire fatales, mais au-dessus desquelles il n'est pas impossible de s'élever. A ses débuts, il allait plus loin ; depuis, il s'est modéré. En réalité, ce qu'on nomme la morale varie essentiellement selon les zones. La polygamie n'est pas scandaleuse en Turquie et l'égorgement des vieillards est œuvre pie en Chine. Au temps de la Renaissance, les assassinats, fruits des mœurs violentes, semblaient moins graves qu'aujourd'hui et l'étaient positivement. Plus on s'éclaircit l'intelligence, mieux on reconnaît qu'il y a des morales relatives. Et ce n'est plus là, à le bien prendre, une théorie fataliste. La volonté de l'être humain n'est point tenue pour nulle. L'auteur a rejeté tout système préconçu ; il s'est réduit à la méthode expérimentale et analytique.

Ce qui le préoccupe visiblement, ce sont les masses. Les individualités brillantes ou fortes lui apportent les éléments à l'aide desquels il reconstitue la vie profonde d'une ville ou d'un peuple. Il admire Dante, Michel-Ange, Rabelais, Balzac ; mais leur principale valeur à ses yeux, c'est qu'ils ont, suivant le mot de Gœthe, été les miroirs de leur époque. De grand homme en grand homme, on peut suivre la transformation d'une société comme de crête en crête on suit la différence des niveaux d'une chaîne de montagnes. Il groupe les faits, il les caractérise, il établit leur dépendance et son point de vue ne varie jamais : « Je ne suis, dit-il, qu'un naturaliste libre d'engagements, et j'observe les bâtiments et les mœurs des hommes de même que j'observerais les mœurs des abeilles et des fourmis. »

Aussi souvent qu'il le pourra, il renouvellera cette déclaration. En tête de ses *Origines de la France contemporaine*, il écrit ceci :

« J'étudie cette histoire, qui est la nôtre, avec autant de désintéressement que s'il s'agissait des républiques d'Athènes et de Florence. »

Sa rare impartialité le pousse en avant sans reproche et sans peur. Il dit ce qu'il pense, mais surtout ce qu'il a vu. Peu lui fait qu'on le loue ou qu'on le blâme. S'il a perdu quelque chose de l'âpreté de sa jeunesse, il est resté assez fort pour n'aimer que la vérité. Peut-être même, au fond, sa faculté maîtresse est-elle la curiosité insatiable.

N'est-ce point cette curiosité qui lui a fait entreprendre ce grand travail sur *l'Ancien Régime et la Révolution*? Les révolutionnaires l'ont attaqué parce qu'ils ont cru à une apostasie. Les conservateurs l'ont applaudi parce qu'ils ont cru à une conversion.

Tous se trompent :

M. Taine est toujours le même ; il n'appartient à personne ; il n'est l'esclave d'aucun parti. Sorti de l'absolu, il est entré dans les faits humains : voilà tout.

On ne peut plus l'accuser de système, il s'est retranché dans la méthode.

« Vous avez raison, m'écrivait-il naguère, de me prendre pour ce que je suis, pour un simple curieux, qui, ayant envie d'avoir une

opinion, remonte aux sources pour tâcher de s'en faire une. Si je marche sur les pieds des gens, ce n'est pas ma faute : c'est qu'ils sont sur le chemin. Personnellement, il m'est très désagréable de marcher sur les pieds de quelqu'un. »

Dans une autre lettre, M. Taine me faisait l'honneur de préciser davantage sa façon de voir et de produire. Je me permettrai de citer ce passage vraiment remarquable et caractéristique : « Je me défie beaucoup des formules générales qui entreprennent de définir le mouvement historique. A mon avis, elles sont vagues ou fausses. Mon but, notamment dans mon dernier livre, a été plus simple. Je voulais me rendre compte de la constitution actuelle de la France : par constitution, j'entends la superposition des différentes classes et des différents pouvoirs. J'essaye d'assister à leur génération, car les sentiments et les idées d'une classe sont le produit des évènements que les grands-pères, les pères et les enfants ont traversés. Il me semble que, pour comprendre l'état mental et moral d'un bourgeois, d'un gentilhomme, d'un fonctionnaire en France, il faut l'avoir suivi depuis deux générations. La conclusion sera plus précise encore si, comme je l'espère, j'arrive à me représenter exactement les mêmes classes en Angleterre, en Allemagne, en Italie... Dans les contrées qui nous environnent, le passage de l'état féodal à l'état moderne s'est opéré autrement que chez nous ; partant des classes correspondantes ont des dispositions différentes. La comparaison et le contraste seront instructifs. Je définirais volontiers mon étude actuelle une *Monographie d'embryologie sociale comparée*. Je pense que beaucoup d'autres monographies semblables devront être faites. Quand elles seront écrites, on en extraira des règles générales et nous pourrons alors avoir une opinion non plus sentimentale, mais *scientifique*, sur les sociétés et les gouvernements présents. »

Ce magistral exposé n'a pas besoin de commentaires. Il achève la peinture de l'homme et de l'œuvre tels que je me suis efforcé de les présenter. Sous ce rapport, je n'ai plus rien à dire.

IV

Mais il y a un côté de M. Taine que je me reprocherais de laisser dans l'ombre : c'est le côté de l'artiste. Le penseur se comprime, se maintient volontairement dans l'impassibilité ; l'artiste déborde. C'est le penseur qui raisonne ; c'est l'artiste qui voyage. Le penseur médite sur les révolutions : l'artiste les hait. L'artiste, enfin, écrit la phrase que corrige le penseur. Et cette phrase est partout saillante, colorée, musicale, rendant l'impression des choses, leur relief et leur son.

Une sève riche et saine circule sous les mots. Où donc la philosophie a-t-elle parlé une langue aussi forte et piquante ? Où donc l'art a-t-il rencontré une expression littéraire plus ferme et plus ardente ? Langue admirable, adéquate aux objets, pleine de substance, faite de précision et de poésie. C'est bien la langue du xixᵉ siècle avec ses brusqueries, ses brutalités, ses inquiétudes, mais tempérée par le goût et réglée par la science. Certes, nos devanciers écrivaient mieux que nous, il le faut avouer. Seulement, ils n'avaient pas nos fermentations, nos délires d'angoisse.

Le style d'aujourd'hui, quoi que l'on fasse pour l'assouplir, est un style tourmenté. Prenons-en notre parti. Chaque époque a l'accent et le ton de ses mœurs.

M. Taine a de la sympathie pour ce qui est solide, énergique, éclatant. Du sein de notre anémie, il aspire à la santé vigoureuse. Cela est typique. Il est bien de son temps et vibre avec nous de tout son être. Nos maux sont les siens ; nos doutes l'assaillent ; nos curiosités l'éperonnent. Par sa méthode, il nous a fourni le moyen de nous rendre un compte exact des réalités et de nous frayer vers l'avenir une voie large et droite. A nous d'approprier ses conseils à nos facultés et de nous associer, dans la mesure de nos forces, à sa grande entreprise d'enquête universelle et de régénération sociale.

FOURCAUD.

LE CHÂTEAU DES CŒURS. — Décor du 3e tableau : *LE BAL*, par CHAPERON.

LE CHATEAU DES CŒURS

TROISIÈME TABLEAU

Chez le banquier Kloekher : un boudoir, portes des deux côtés et au fond. Pendant la première scène, des valets traversent le théâtre, portant des jardinières et des meubles, pour les derniers préparatifs d'un bal.

SCÈNE PREMIÈRE

ALFRED, PAUL.

PAUL.

Comment, mon cher Alfred, vous m'amenez chez M. Kloekher, le soir même d'un bal?

ALFRED.

Qu'importe! n'êtes-vous pas en tenue? Et puisque (emphatiquement) la *fête* n'est pas encore commencée, vous aurez bien le temps de dire un mot à notre illustre financier.

PAUL.

C'est là un vrai service que vous me rendez! Merci du fond de l'âme, car sans vous je ne savais que devenir. Partout où je me suis présenté, depuis un mois bientôt, porte close! Ah! les amis! Et que de tentatives, d'efforts! (Il baisse la tête.)

ALFRED.

Allons, bien! vous voilà retombé dans vos idées mélancoliques, romantiques et poétiques! (Lui tapant sur l'épaule.) Ce bon Paul! il n'a pas changé : prompt à s'enflammer toujours pour toutes les femmes et à donner dans toutes les illusions. C'est comme votre histoire du cabaret. (Il rit.) Ah! ah! ah!

PAUL.

Mais quand je vous dis que j'ai vu...

ALFRED.

Bah! vous aurez été la dupe de quelque hallucination ou d'un faiseur de tours! Comme si l'on rencontrait dans les bouges de la banlieue des créatures célestes disparaissant à travers les murailles! Vous avez beau soutenir qu'elle est belle comme une fée, et même qu'elle en portait le costume, les fées, mon cher, ne sortent plus de la Chaussée d'Antin; et je compte, tout à l'heure, vous en faire voir une, qu'on appelle dans le monde Mme Kloekher... et qui a pour nous quelque indulgence.

PAUL, saluant.

Ah!

ALFRED.

Mais oui! on est posé. Moi, je m'amuse énormément.

PAUL.

Et le mari?

ALFRED.

Un ancien Auvergnat! Il en a porté bien d'autres! Un rustre, d'ailleurs, un avare.

PAUL.

Comment!... Mon père, au contraire, m'avait dit...

ALFRED.

Votre père le connaissait?

PAUL.

Beaucoup! Et il m'avait vanté toujours son désintéressement. Moi, je ne l'ai jamais vu, car...

ALFRED, vivement.

Mais si votre père le connaissait, qu'aviez-vous besoin de moi alors? Vous pouviez vous recommander tout seul.

PAUL, humblement.

Ah! mon ami, on est timide quand on est pauvre!

ALFRED, à part.

Pauvre! pauvre! Moi, je ne savais pas qu'il fût pauvre!... sans cela!...

SCÈNE II

KLOEKHER, PAUL, ALFRED.

KLOEKHER.

Salut, vicomte!

ALFRED.

Bonjour, grand financier! Permettez que je vous présente un de mes intimes, M. Paul de Damvilliers.

KLOEKHER, à part.

Son fils!

ALFRED.

Il a besoin de je ne sais quoi; il va vous expliquer son histoire. Oh! bon garçon! excellent! Et j'ai une autre grâce à réclamer : puis-je présenter mes respects à Madame, si toutefois...?

KLOEKHER.

Certes; comment donc!

SCÈNE III

KLOEKHER, PAUL.

KLOEKHER.

J'ai beaucoup connu monsieur votre père, Monsieur, et, comme je l'estimais infiniment, la soudaineté de sa catastrophe m'a affligé plus qu'un autre. Et vous n'avez pas, jusqu'à présent, trouvé, deviné de quelle manière elle a pu survenir?

PAUL.

Hélas! non, Monsieur! J'ai même renoncé à en chercher la cause.

KLOEKHER, après avoir soupiré largement.

C'est plus sage! Ne perdez pas votre temps à cela, croyez-moi! (Avec hauteur.) Et vous demandez...?

PAUL.

Du travail, Monsieur! Oh! mes exigences seront modestes!

LA VICTIME DU RÉVEILLON. — TABLEAU DE HANOTEAU
DESSIN D'ALBERT DUVIVIER

KLOEKHER.

Quel âge avez-vous, s'il vous plaît?

PAUL.

Vingt-cinq ans.

KLOEKHER.

Euh! euh! un peu jeune! Et, en fait de comptabilité, de banque, que savez-vous?

PAUL.

Peu de choses, c'est vrai; mais j'apprendrai vite!

KLOEKHER.

Ah! vous croyez?... Et qu'avez-vous fait jusqu'à présent?

PAUL.

J'ai voyagé.

KLOEKHER.

Où cela?... Dans quel but?

PAUL.

Dans le nord de l'Afrique, et jusqu'en Chine, pour m'instruire.

KLOEKHER.

Où vous amuser plus librement, avouez-le! C'est une jolie manière de manger sa fortune; on se donne par-là le vernis d'un homme sérieux; et l'on se fait regarder des badauds en rapportant de longues pipes pour les amis et des babouches pour les petites dames. Ah! ces bons jeunes gens! ils sont drôles, parole d'honneur!

PAUL, irrité.

Monsieur!...

KLOEKHER.

Laissez donc! je les connais, vos études! Parions que vous ne sauriez pas seulement me dire le nom des principaux comptoirs de Macao, ni le taux de l'escompte à Calcutta.

PAUL.

Et il y a d'autres choses!

KLOEKHER.

C'est possible! Mais alors que venez-vous faire ici? Que voulez-vous?

PAUL.

Une place, Monsieur, une place! Je puis traduire vos correspondances, rédiger vos mémoires! Un homme en vaut un autre, avec de la force et du courage. Je vous prie de considérer la situation... pénible où je me trouve; et j'ose, pour appuyer ma requête, vous faire souvenir que mon père fut votre ami.

KLOEKHER.

Eh! votre père, Monsieur, était un fort galant homme; mais, s'il avait suivi mes conseils, il n'aurait pas fini d'une façon désastreuse! Au lieu de singer le grand seigneur et de vouloir éblouir par une libéralité intempestive, il aurait dû surveiller ses capitaux, augmenter sa fortune, se rendre utile enfin! Il (d'un ton de fausse bonhomie) m'a bien assez fait souffrir par l'affection que je lui portais, sans que vous veniez ici, vous, son fils, me donner la peine de vous désobliger! Une place! Est-ce que j'en ai, moi? Tous mes emplois sont pris; ce n'est pas ma faute. Mille excuses! (Paul est remonté au haut de la scène et va pour sortir par le fond. Kloekher se lève.) Eh bien, non!... Revenez!...

PAUL, fièrement.

Pourquoi, je vous prie?

KLOEKHER.

Je peux, je veux vous faire du bien. (Le regardant en face.) Si je sais me connaître en hommes, je crois vous avoir deviné. Or, je me fie à votre intelligence pour me comprendre, et, en cas de refus, à votre discrétion, pour vous taire!

PAUL.

Soyez convaincu...

KLOEKHER.

Jusqu'à présent, j'ai fait toutes mes affaires à la Bourse d'une façon officielle; mais, à partir d'aujourd'hui, des circonstances trop longues à vous expliquer, au-dessus de votre compétence, cher Monsieur, me forcent à opérer d'une façon détournée... par les mains d'un autre... (Silence.)

PAUL, cherchant à comprendre.

C'est-à-dire...?

KLOEKHER.

Qu'il me faut un homme sûr. (Je le conseillerai; je serai là.) Un garçon solide qui me représente complètement, surveille mes ordres, agisse pour moi!

PAUL.

Bien!

KLOEKHER.

Et qui passe près du public pour n'agir que par lui-même, en son nom.

PAUL.

Cependant... la responsabilité...?

KLOEKHER.

Aucune chance de pertes, rassurez-vous! Peu de choses à faire, et je vous donne dix pour cent. Or, comme les bénéfices de ce genre d'opérations doivent s'élever annuellement à un million, pour le moins, c'est cent mille francs que vous toucherez par an, cent mille livres de rente, jeune homme!

PAUL.

Cent mille livres de rente! (Il tombe en rêverie. Bas.) Impossible! Il faut qu'il y ait là-dessous...

KLOEKHER, à part.

Il hésite! Est-ce ignorance ou scrupule?

PAUL.

Mais comment êtes-vous sûr d'avance de ne jamais perdre?

KLOEKHER.

Par une série de calculs.... des combinaisons infaillibles. Je vous expliquerai...

PAUL.

Et pourquoi alors avez-vous besoin de mon nom?

KLOEKHER.

Pourquoi?... (Silence. Ils se considèrent; puis, brusquement.) Mais ça ne se dit pas! Vous comprenez bien.... C'est impatientant!

Assez, Monsieur! assez! Je vous épargne, par pudeur, le mot propre dont on appelle, dans le code pénal, vos combinaisons infaillibles. Vous prêter mon nom pour elles serait y participer; et comme je ne veux pas être ni votre complice ni votre victime. je me retire.

KLOEKHER, détournant la tête, à part.

Imbécile, va!

Au moment où Paul est sur le seuil de la porte, au fond, entre M. Letourneux, ils se trouvent face à face.

G. FLAUBERT, L. BOUILHET, C^e D'OSMOY.

(A suivre.)

L'ORFÈVRERIE EN ESPAGNE

Recherches sur l'orfèvrerie en Espagne au moyen âge et à la Renaissance; documents inédits tirés des archives espagnoles par le baron Charles Davillier. Dix-neuf planches gravées à l'eau-forte d'après d'anciens dessins de maîtrise. Dessins dans le texte par Fortuny, Édouard de Beaumont, Madrazo, etc. — Paris, A. Quantin, 1879, in-4° de VI et 286 pages.

Il y a longtemps déjà que M. le baron Davillier a fait, de l'histoire des arts espagnols, un domaine qui lui appartient en propre. C'est lui qui nous a révélé la provenance de ces faïences hispano-moresques à reflets métalliques que tant d'amateurs ont collectionnées avant lui sans en connaître le lieu d'origine. C'est lui qui nous a édifiés sur la fabrication de ces belles tentures décoratives dont le XVIe siècle revêtait les murailles et, dans un curieux mémoire sur les cuirs de Cordoue, nous a initiés aux secrets de la préparation de ces précieux produits. C'est lui qui a résumé récemment, dans un excellent opuscule, tout ce qu'on doit savoir des arts décoratifs de l'Espagne. Tandis que son *Voyage en Espagne,* si populaire en France, se traduit dans presque toutes les langues de l'Europe, il vient de concentrer son attention sur l'orfèvrerie de son pays de prédilection.

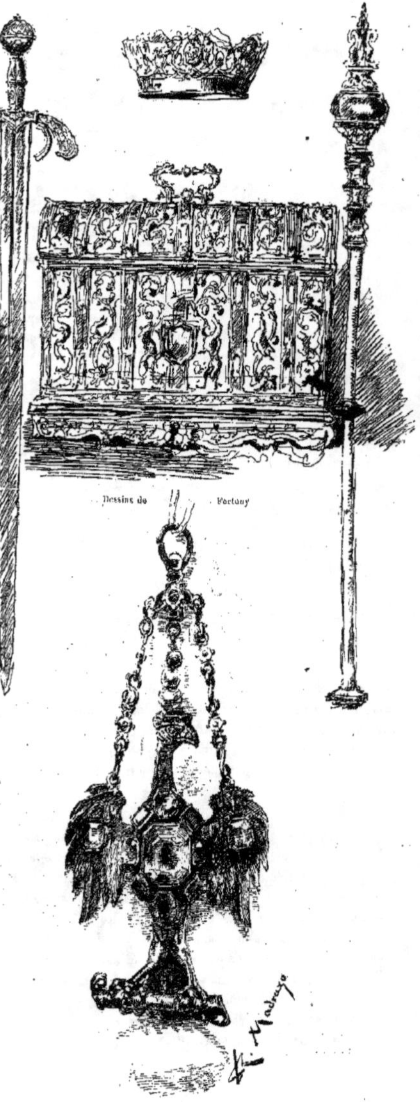

Dessins de Fortuny.

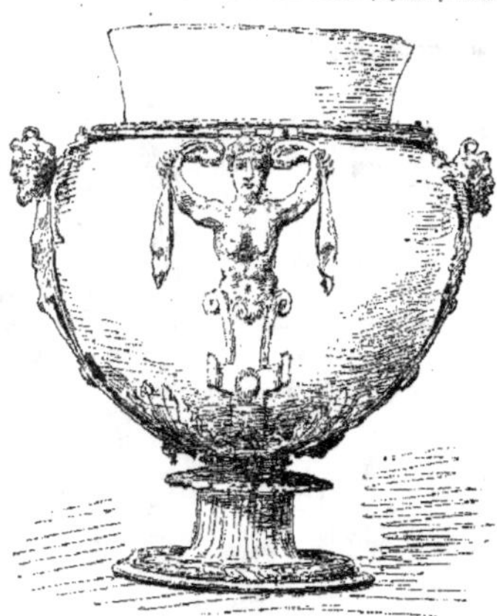

Coupe, dessin par de Beaumont.

Le magnifique ouvrage que nous annonçons est le résultat de cette nouvelle étude.

L'Espagne a été de tout temps le pays des métaux précieux et la patrie prédestinée de l'orfèvrerie. M. le baron Davillier trace d'abord un historique des développements de cet art en Espagne. Il signale les époques de progrès et de [décadence depuis les plus anciens témoignages jusqu'au XVIIe siècle. Chemin faisant, l'auteur traite de la constitution des corporations d'orfèvres, des lois qui régissaient ces associations et de la situation politique et sociale faite à leurs membres. A l'aide de descriptions contemporaines, il nous transporte dans la boutique d'un praticien, nous fait assister aux fontes innombrables qui ont épuisé les plus beaux et les plus vieux trésors et détruit les plus nobles spécimens de l'art étudié par lui. Puis il a patiemment relevé dans d'anciens inventaires la description de quelques objets que nous possédons encore ou dont nous connaissons les similaires. Il nous fournit ainsi, sur ces objets, des indications certaines de date, de provenance et de destination. Enfin il donne une liste chronologique, — accompagnée de notices biographiques souvent étendues, — de tous les orfèvres espagnols dont il a rencontré le nom dans les documents ou dont il a déchiffré la signature ou le monogramme sur des œuvres d'art. Cette liste est fort longue, bourrée de faits, gonflée de dates et de renseignements graphiques. M. Davillier y a joint, sur des planches gravées en taille-douce, la reproduction de dessins faits et signés par un grand nombre d'artistes du xvie siècle pour satisfaire aux exigences du règlement de la maîtrise de Barcelone.

Si les archives trop fermées de l'Espagne n'ont pas de secrets pour M Davillier, l'auteur ne connaît pas moins bien les trésors des églises de la péninsule ibérique, ses musées et les pièces d'orfèvrerie sorties de son territoire et dispersées dans les collections publiques et privées de l'Europe. Documents et monuments lui sont également familiers et s'éclairent réciproquement dans son esprit et sous sa plume. De cette confrontation perpétuelle des uns et des autres, de cette méthode excellente et vigoureusement scientifique résulte la création d'un certain nombre d'étalons et de types caractéristiques : ce sont les bases d'un *critérium* sérieux. A l'aide de ces types soigneusement déterminés et élucidés, on pourra désormais dater et attribuer avec certitude un grand nombre d'objets appartenant à l'art espagnol du moyen âge et de la Renaissance. L'histoire générale de l'art dans tous les pays profitera elle-même beaucoup de ces recherches précises et de renseignements positifs. M. le baron Davillier a fait à la fois œuvre d'artiste et œuvre d'érudit. Son livre, qui est beau à voir et intéressant à lire, est de ceux qu'il sera toujours utile de consulter.

Louis COURAJOD.

LE MONDE DES ARTS

CONCOURS POUR LES ÉDIFICES MUNICIPAUX

A M. Émile Bergerat, Directeur de la « Vie Moderne »

Mon cher Bergerat,

Tu me demandes de prendre, pour un jour, la plume du critique d'art à la *Vie Moderne* et de résumer mes impressions sur le concours ouvert par la Ville de Paris en vue de décorer plusieurs édifices municipaux. Notre confrère Armand Silvestre, fuyant ses horizons coutumiers, est allé à la Haye présider à la mise en scène d'un opéra dont il a écrit le poème. Nul doute qu'il profite de l'occasion pour se remplir encore une fois les yeux de tous les émerveillements des musées de Hollande. Avant peu, il nous reviendra riche d'aperçus nouveaux, de sensations et de souvenirs, et il fêtera sa rentrée par un re-

PLAFOND DE BERTRAND POUR LA MAIRIE DU IIe ARRONDISSEMENT.

Ce n'est pas la première fois que nous avons à parler d'un concours officiel et, malheureusement, nous en aurons bien d'autres encore à enregistrer. Je tiens pour détestable ce système faussement égalitaire, ravalant pour les maîtres, décourageant pour les jeunes artistes indépendants et fiers, souverainement favorable à l'équivoque et dépourvu de garanties réelles. Il est rare que les jurys, composés d'éléments disparates, prennent autre chose que des décisions moyennes. L'unité d'appréciation leur manque ; ils finissent par s'arrêter à une cote mal taillée de concessions réciproques. En bonne foi, je voudrais savoir de MM. Paul Baudry, Puvis de Chavannes et

doublement de verve. Mais, en attendant, la vie marche et l'art pratique va son train. Donc, puisque tu le veux, je pousse droit à la question.

Delaunay, tous trois nommés jurés par les concurrents, s'ils joueraient volontiers leur situation en une semblable partie. Trouvent-ils, au surplus, qu'il y ait dans la plupart des esquisses

EXPOSITION DU CERCLE SAINT-ARNAUD. -- *LE SERGENT HOFF.* — Dessin de F. BERTIER, d'après son tableau.

œuvres de ce grand artiste. Quant à son étude, c'est encore une jeune fille qu'il nous montre, mais debout, le buste se développant de profil et la chevelure, nouée à la nuque, retombant sur les épaules en un long flot d'or rouge. Morceau de maître encore que celui-là !

On y chercherait un contraste qu'on tomberait certainement sur le portrait d'enfant de M. Baudry. Celui-là s'épanouit dans une lumière nacrée. La tête est souriante sous le petit chapeau bordé de bleu qui le pare, un joli sourire d'enfant qui vient plutôt des yeux que de la bouche. Le ton de cheveux blonds est charmant. La robe grise est traitée avec une délicatesse admirable. M. Baudry a envoyé aussi une petite composition mythologique, la *Vérité*, pleine de grâce et dans une tonalité pleine d'éclat. La déesse nue est assise au bord du puits, tendant son miroir aux lumières blanches de l'aurore, et un enfant, debout devant elle, lui tend les vêtements qu'elle devra subir. Je ne chercherai pas l'apologue. Cet enfant, sans doute, est l'Amour qui recherche parfois, dit-on, les mensonges de la parure. Affaire de goût. Je ne comprends pas celui-là. Quoi qu'il en soit, cette petite scène, qui se détache sur un coin de ciel bien bleu, est très imprégnée d'art italien et d'un charme exquis.

Deux petits portraits d'homme portent le nom de M. Bastien-Lepage : M. V. K., — M. L. de T. On n'est pas plus discret. Tous deux sont d'une merveilleuse finesse d'exécution. Je préfère celui dont la barbe d'un blond roux se développe sur la poitrine. Cette peinture-là me trouble singulièrement, mais je n'en puis qu'admirer les qualités à la fois délicates et puissantes. J'en rapprocherai le *Portrait de ma filleule*, de M. Louis Deschamps.

J'aime beaucoup le portrait d'homme de M. Mathey, traité dans une tradition plus large et infiniment moins personnelle, mais avec une grande distinction dans la couleur. Les deux portraits de femme de M. Gabriel Ferrier témoignent d'un acquis incontestable et je n'y voudrais qu'un peu plus de vigueur dans l'exécution. Celui de M. Froment, par M. Benjamin Constant, est d'une facture amusante. Je m'arrêterai encore devant les deux envois de M. Vély ; son petit portrait de femme surtout est d'un jet tout à fait heureux. Enfin j'ai gardé, pour la bonne bouche, celui du sergent Hoff, par M. Bertier, un morceau vaillamment exécuté et tout à fait vivant.

Et maintenant je vais au hasard des toiles.

Beaucoup de calme dans le paysage de M. Armand Delille, *une Mare aux environs de Guéret*. Le *Bœuf nivernais* de M. Barillot est bien encadré dans un coin de nature lumineuse. Dans un tout autre ordre de recherches, le *Tortoni* de M. Jean Béraud nous montre le boulevard sous le fourmillement des piétons et des voitures. C'est toujours

la même précision dans le détail, la même justesse dans la vision. La *Nymphe* de M. Courtat, présentant ses épaules et ses reins, est d'un ton de chair plus fin que celui de ses œuvres précédentes. L'*Effet d'hiver à Fontainebleau* de M. Damoye ne fera pas oublier le plan célèbre de Rousseau ; mais son *Moulin dans le Nord* est un des meilleurs paysages de cette exposition. M. Karl Daubigny reste fidèle aux traditions paternelles ; il a raison. Je constate un sentiment de « high life » prononcé dans le *Retour de la Marche* de M. Grandjean qui connaît, comme pas un, son cheval de maître. L'impression est jolie dans la *Matinée de Mai* de M. Japy. Tout à fait inattendue la *Danseuse* de M. Jundt, désertant l'Alsace pour l'extrême Orient. Je n'oublierai pas la *Mer* de M. Le Pic, impression très personnelle. Je m'arrêterai plus longtemps cependant devant les deux envois de M. Lerolle. La *Malade* et la *Fille aux seaux* sont deux choses exquises et d'un charme tout à fait pénétrant, deux perles dans cet océan aux flots inégaux. Je passe, en revanche, sur le nouveau chapitre des récits mérovingiens de M. Luminais.

M. Maignan a exposé un morceau plus ambitieux que tous ceux-là. Il nous montre les *Derniers Moments de Thiodebert* couché près du tombeau de saint Médard. En vain Chilpéric et Frédégonde se lamentent. L'adolescent expire, roulant sur le brancard qui l'a apporté, son corps épuisé. Cette composition ne manque pas de mérite, tout en péchant par la distinction du ton.

J'aime beaucoup le *Printemps* de M. Papeleu. Il y court une brise d'avril et ce m'est une occasion pour attirer l'attention sur cet artiste dont les envois ne sont pas assez remarqués. Au point de vue de la finesse du ton, je n'en sais pas de plus intéressant que les siens. M. Pasini reste un maître dans les choses de l'Orient. Il garde le secret des lumières chaudes et des solitudes discrètes qu'emplit l'haleine embrasée du soir. Très vigoureuse l'étude de cheval de M. Roll. Amusante la *Pêche* de M. Toudouze, avec ses jolis tons verts et roses. C'est une excellente académie, le meilleur morceau de ton certainement de cette collection, que nous montre M. Valadon avec son enfant qui, après le bain, s'est couché sur l'herbe. Le *Compagnon fidèle* de M. Van Marke est un gros chien à la débonnaire figure et qui est traité très largement par l'artiste. Beaucoup de lumière dans le *Quai à Saint-Wast* de M. Vernier. Je retrouve enfin là, avec plaisir, le *Soldat turc* de Vereschagin.

Je citerai encore dans les dessins un ravissant portrait de M. Bastien-Lepage et, dans la sculpture, peu nombreuse d'ailleurs, un petit buste en terre cuite de M. Lafrance.

ARMAND SILVESTRE.

VIEUX MOTS A RAJEUNIR

F

FASTIDIER, ennuyer, d'où *fastidieux*. Du latin *fastidire*.

FÉER, enchanter, charmer, ensorceler. — Ce verbe a dû naître du temps que les contes de Perrault *féaient*. Les mots *fée* et *féerie* lui ont seuls survécu : c'est dommage !

FERLAMPIER. — Ce substantif batailleur qu'Eugène Sue a employé dans l'argot des *Mystères de Paris* : « C'est un ferlampier pas frileux », comme voulant dire un gaillard déterminé, un homme à poil, figure dans l'Ancien Théâtre Italien (*la Précaution inutile*) et signifiait alors : *paysan nigaud*.

FESTOYER. — Ce verbe, qui semble un néologisme du langage familier, a été employé par Étienne de la Boétie, dans son admirable *Discours sur la servitude volontaire*.

FIGUE (faire la), se moquer. — Expression proverbiale fort ancienne, dont le sens étymologique nous échappe.

Il y a quelques années, dans l'atelier de X***, on proposait de rajeunir cette vieille expression : « Ne fût-ce que pour *faire la figue* à toute femme portée à *faire sa poire*. »

FILLÂTRE, beau-fils. — Parâtre, beau-père. — Pourquoi ne pas reprendre ces substantifs oubliés ? — Le mot *marâtre* en sera moins seul et perdra peut-être de son cachet injurieux.

FOUR (faire). — Cette expression, empruntée à l'argot des coulisses, passe pour remonter à quelques années seulement.

Léon Gozlan l'attribue avec raison à Favart qui, pâtissier et auteur en même temps, confectionnait à la fois des échaudés, dont son père était l'inventeur, et ses opéras comiques ; et, comme ses pièces de pâtisserie lui semblaient meilleures que ses pièces de théâtre, il ne manquait pas d'écrire sur ses manuscrits : *Bon pour faire le four*.

DESMOULINS.

LE CHATEAU DES CŒURS

TROISIÈME TABLEAU

(Suite)

SCÈNE IV

PAUL, KLOEKHER, LETOURNEUX.

LETOURNEUX, avec stupéfaction et joie.

Paul! Ah! quel bonheur!

KLOEKHER, à part.

Ils se connaissent!

LETOURNEUX.

Que je l'embrasse, ce cher garçon! Quand j'ai su que vous étiez à Paris, je suis vite accouru du fond de la Guyenne, où j'étais parti pour inspecter un peu l'agriculture et les bonnes mœurs! Ah! voilà une chance! une chance!... (A part, montrant le poing à Kloekher, qui tourne le dos.) Je te tiens, vieux drôle! (Haut.) On vous avait cru mort, savez-vous?... N'est-ce pas, Kloekher, vos ennemis, — car vous en avez, chacun en a, — vos ennemis se flattaient même qu'on ne vous reverrait plus!

PAUL.

Qui donc peut m'en vouloir, à moi?. Je ne gêne personne.

LETOURNEUX.

Quel intéressant jeune homme, hein? Tout le portrait de ce bon Damvilliers, que nous chérissions.

PAUL.

Je ne sais comment reconnaître...

LETOURNEUX.

Voilà ce qui s'appelle une bonne journée : d'abord, je retrouve le fils d'un vieil ami; puis, je soulage bien des infortunes, et cela, grâce à vous. Kloekher.

KLOEKHER.

Hein?

LETOURNEUX.

Mais oui, puisque je venais vous remercier des vingt-cinq mille francs que vous m'avez donnés pour les pauvres de ma paroisse.

KLOEKHER.

Ah! par exemple!..

LETOURNEUX.

Allons! il cache ses bienfaits. Quel homme! (Contemplant Paul.) Cela fait plaisir de le revoir, n'est-ce pas?... J'espère que vous

LA PRÉSENTATION. — Dessin de D. VIERGE.

me conterez vos voyages. Vous avez dû rencontrer, en courant le monde, des mœurs bizarres, des caractères vraiment particuliers; et comme vos observations, sans doute, ainsi qu'il convient à un esprit sérieux, se sont dirigées sur la morale, que croyez-vous qui soit plus commun de la ruse ou de l'ingratitude, de la scélératesse ou de la sottise?

PAUL.

Ces questions... demanderaient...

LETOURNEUX.

Et vous, Kloekher, votre opinion?

KLOEKHER.

Je ne comprends pas...

LETOURNEUX, se rapprochant de lui et le regardant en face.

Ah! vous ne comprenez pas! Bien sûr?... Nous en recauserons. J'ai oublié de vous dire que je désirerais toucher immédiatement, pour la formation d'une ferme modèle, les cent soixante-douze Méditerranée que je vous ai vendus avant-hier.

KLOEKHER.

Quand donc aurez-vous fini cette plaisanterie?

LETOURNEUX.

Ce n'est pas une plaisanterie, mon cher, pas plus que l'histoire suivante... (A Paul.) Connaissez-vous la Cochinchine?

PAUL.

Un peu.

LETOURNEUX.

Eh bien, il y avait là, une fois, — l'anecdote remonte à cinq ans, — deux amis : un bon Chinois et un mauvais Chinois. Or, le bon était si bon, qu'il confia au mauvais...

KLOEKHER, avec emportement.

Oh! je ne me moque pas mal de vos histoires...!

LETOURNEUX.

Elles sont vraies cependant; j'en peux fournir les preuves. (Silence.)

KLOEKHER, étonné.

Des preuves?

CONFIDENCE

Dessin par Daniel Vierge.

PAYSAGE. — Dessin inédit de COROT.

LES CANARDS SAUVAGES. — Composition de Karl BODMER.

LETOURNEUX, lui saisissant le bras, à l'oreille.

Dans mes mains, d'irrécusables, songez-y!...

KLOEKHER, bas.

Nous nous arrangerons. Taisez-vous!... (Il se tourne vers Paul en éclatant de rire.) Eh bien, Letourneux, il y est tombé! Il a cru que je n'avais pas de place pour lui!... Hé! hé! Imaginez-vous, une histoire inventée à plaisir! Ah! ah! Une chose un peu légère que je lui proposais!... Ah! ah! ce bon garçon!

PAUL.

Comment?

KLOEKHER.

Mais oui, pour vous éprouver, mon cher. Ah! ah! ah!... (D'un ton sérieux.) J'ai voulu voir, par là, le fond de votre nature. Maintenant je suis content de vous, jeune homme! C'est très bien! très bien!... De la délicatesse, des principes.

LETOURNEUX.

Il n'y a que ça, voyez-vous, les principes!... c'est une base! Du moment qu'un homme a des principes, on peut compter dessus! Or, je vous réponds de celui-là, moi!

KLOEKHER.

Le fils de notre meilleur ami, je crois bien! (Mme Kloekher entre en toilette de bal.) Ma femme! il faut que je vous présente. Permettez!...

Il remonte la scène vivement jusqu'à elle.

SCÈNE V

PAUL, LETOURNEUX, M. et
Mme KLOEKHER.

KLOEKHER, bas à sa femme.

Écoutez bien, il y va de ma fortune. de la vôtre : cet homme peut nous perdre. Soyez adroite! il le faut! (Haut.) Madame Kloekher, M. Paul de Damvilliers.

Mme KLOEKHER.

Oh! je vous connais de nom, depuis longtemps, Monsieur!

PAUL, à part.

Qu'elle est belle!

Mme KLOEKHER.

Nous avons si souvent causé de votre père ensemble...

LETOURNEUX.

Nous trois.

PAUL, à part.

Quel regard!...

KLOEKHER.

Pauvre garçon! Au retour, après cinq ans d'absence, plus de foyer! Mais j'entends que le mien remplace le vôtre! Ne vous gênez pas! Usez de moi... De la franchise!...

PAUL.

Oh! merci!... Mais comme j'ai peur d'être indiscret... (Il va pour sortir.)

KLOEKHER.

Restez donc, vous êtes des nôtres, parbleu! On arrive à peine, continuez votre visite près de Madame. Allons, Letourneux, un petit tour dans le grand salon; nous penserons ensuite aux choses sérieuses.

SCÈNE VI

PAUL, Mme KLOEKHER.

Mme KLOEKHER.

Soyez convaincu, Monsieur, que les intentions de mon mari n'avaient pas besoin d'être exprimées. Je partage trop tous ses sentiments pour ne pas désirer comme lui vous être agréable, et même, pardon du mot... utile, si nous le pouvons.

PAUL.

Oh! je suis confus, vraiment!...

Mme KLOEKHER.

Il nous sera bien doux de faire en sorte que vos chagrins soient sinon oubliés... du moins adoucis.

PAUL.

Mais ils le sont déjà, Madame, par cette manière inattendue...!

Mme KLOEKHER.

Comme vous avez dû souffrir, n'est-ce pas?

PAUL.

Oui, oui!

Mme KLOEKHER.

Pourquoi n'êtes-vous pas venu à nous, d'abord?

PAUL.

Eh! mon Dieu, Madame, mon excuse, quoique sincère, est mauvaise, mais...

Mme KLOEKHER.

Mais quoi?

PAUL.

Pardon! je n'osais...

Mme KLOEKHER.

Enfant! Allons, vous réparerez cela, je l'exige!... Nous recevons nos intimes tous les mercredis à sept heures, n'oubliez pas! Je vous ferai connaître quelques-unes de mes amies, des femmes intelligentes qui vous plairont. J'espère que vous viendrez de temps à autre bavarder dans ma loge aux Italiens. Si vos après-midi vous pèsent trop, il y a une place en face de moi dans ma voiture pour faire le tour du lac, au Bois. C'est si ennuyeux d'être seule à revoir tous les jours cette éternelle pièce d'eau!

SECONDE PRÉSENTATION. — Dessin de D. VIERGE.

Mais où aller? Puisque vous dessinez, il faudra m'apporter la prochaine fois vos albums de voyage. Je vous montrerai les miens; d'avance, je réclame un peu d'indulgence pour mes pauvres aquarelles. Enfin nous lirons, nous causerons. Nous deviendrons de vrais amis. J'y compte, du moins.

PAUL.

Oh! merci. Vous êtes bonne comme un ange. Voilà les premières marques de sympathie que l'on m'adresse. Qu'ai-je donc fait pour en mériter une si gracieuse?... A qui la dois-je?

Mme KLOEKHER.

Mais à la mémoire de votre père, au désir de mon mari, à votre position, et un peu... à vous-même.

(Elle lui tend la main, Paul la saisit et la baise.)

Mme KLOEKHER, la retirant vivement.

Monsieur!...

PAUL.

Pardon! c'est une faute, je conçois! L'élan irréfléchi de ma gratitude vous semble une grossièreté.

Mme KLOEKHER.

N'en parlons plus! Entrons dans le bal. Sortons.

PAUL.

Sans m'avoir pardonné? Au nom du ciel, ne m'en voulez pas! Excusez-moi! il faut bien avoir un peu d'indulgence pour un homme abandonné de tous, fatigué par les déceptions, aigri par le malheur.

Mme KLOEKHER, à demi-voix.

C'est une sympathie de plus entre nous deux! (Geste de Paul. Oui, j'ai mes souffrances, et aussi profondes que les vôtres, peut-être!

PAUL.

Vous! Comment?

Mme KLOEKHER.

Ah! monsieur de Damvilliers, un homme de votre condition peut-il avoir les préjugés du peuple et s'imaginer comme lui que le cœur soit content et qu'on n'ait plus rien à demander au ciel, du moment qu'on est riche! Oh! non, non!

PAUL.

Expliquez-moi...

Mme KLOEKHER.

Plus tard, mon ami!... (Les panneaux qui fermaient le boudoir à droite, à gauche et au fond s'enlèvent et laissent voir le bal.) Votre bras, s'il vous plaît?

PAUL, à part.

Son ami... son ami!...

De chaque côté de la scène, il y a des cariatides dorées contre des piliers qui montent jusqu'au plafond; entre les cariatides, des jardinières remplies de fleurs, espacées par des candélabres. Au fond, trois arcades ouvertes laissent voir d'autres salons, avec des buffets chargés d'argenteries et de flacons.

G. FLAUBERT, L. BOUILHET, Ch. D'OSMOY.

(A suivre.)

COURRIER DE SUISSE

M ON CHER DIRECTEUR,

Avec l'année qui commence, je vous enverrai régulièrement ces chroniques que je vous ai promises il y a plusieurs mois déjà. Je tâcherai de tenir vos lecteurs un peu au courant de la vie artistique et intellectuelle de notre Suisse, vie qu'on ignore presque à l'étranger. Mais j'ai derrière moi un long passif à liquider et j'ai bien peur de vous ennuyer en vous contant des choses vieilles de trois mois. — Trois mois !

Dessin de L. de Bellée.

Lorsque cet automne Gambetta se trouvait en villégiature à Montreux et que les journaux illustraient le château des Crêtes, — ce Saint-Sébastien suisse, comme disait le *Figaro*, — j'ai voulu vous envoyer quelques croquis du château ou des sites environnants, avec des notes de voyage, des souvenirs, des anecdotes. Mais je n'avais pas rassemblé mes dessins, que le *Figaro* avec cette rapidité d'informations, cette recherche constante de l'actualité qui lui sont propres, avait déjà publié un article, un bel article de Pierre Quirou en trois colonnes,... Mes notes perdaient de ce fait toute leur saveur. Aujourd'hui qu'il n'y a plus d'actualité, je vous les communique, avec quelques renseignements nouveaux que j'y joins.

Le château des Crêtes, qui est maintenant un château historique, appartient à la famille Arnaud de l'Ariège, depuis le 23 octobre 1877. C'est ce jour-là que Vincent Dubochet, soixante fois millionnaire, officier de la Légion d'honneur et membre de beaucoup de sociétés, mourait à Paris, laissant toute sa fortune aux Guichard et aux Arnaud. C'était bien là un homme du xixe siècle que « Dubochet, ce fils de paysans pauvres, qui devait un jour être un riche parmi les riches ».

Il était né à Chailly, petit hameau vaudois, en 1792. C'est là qu'il passa sa première jeunesse. « C'est à l'école primaire de Chailly, disait-il parfois en souriant, que j'ai appris à chiffrer; il y avait un bon régent que j'aimais beaucoup. » Un autre souvenir d'enfance qu'il se plaisait à narrer était le défilé de l'armée française à travers le pays de Vaud, lorsqu'en 1800, Bonaparte, premier consul, conduisait ses légions dans les plaines de Marengo. Le jeune Dubochet, qui n'était alors qu'un petit paysan, alla se porter sur une place de Vevey pour voir le « grand homme » passer la revue de ses troupes.

C'est vers 1813 que M. Dubochet partit pour Paris, à pied, avec deux écus de six livres en poche, appelé par son frère aîné qui le plaça comme employé dans une maison de banque. Le jeune expéditionnaire se sentit bientôt une vocation pour les grandes affaires financières. Toutefois il mit longtemps à parvenir à la superbe position qu'il a occupée pendant trente années dans le monde de la finance à Paris.

M. Dubochet revenait toutes les années à son pays natal, auquel il n'a pourtant jamais voué un bien profond amour. Il avait fait construire un château et une vingtaine de villas au pied, comme une sorte de nouvelle petite ville, toute moderne, très coquette.

Le château date de 1850 environ. On ne peut fixer une époque précise. Il est si bien entretenu, si propret, qu'on le dirait bâti de hier. L'architecture en est étrange. Ce n'est ni une maison, ni un château, quelque chose qui tient le milieu. Bâti en briques rouges, il fait un piquant contraste avec les masses noires des manoirs antiques et délabrés du Châtelard et de Chillon, avec les futaies vert sombre des châtaigniers, avec l'eau bleue du lac toute bordée de villas blanches. Le château est placé au milieu d'une terrasse jonchée de fleurs en été, au sommet d'un coteau.

Dessin de L. de Delléo.

POSITION superbe, ou domine tout le lac, la plaine du Rhône, les glaciers et la dent du Midi, la Savoie et ses hautes Alpes. Des fleurs, des serres chaudes regorgeant de plantes exotiques, des grottes, fraiches, humides, qu'on illumine magnifiquement aux jours de fête, et enfin le parc, le plus beau parc du pays, entourent le château. Car il en faut parler de ces « bosquets de Julie » illustrés par la *Nouvelle Héloïse*. Là, tout est calculé, tout est assorti. Comme l'a dit un jour Eugène Rambert, on a poussé le raffinement jusqu'à laisser la nature à elle-même. On les nomme encore les bosquets de Julie parce que l'imagination de Jean-Jacques les plaçait non loin de Clarens.

On a voulu les y retrouver. On a voulu reconnaître les arbres qu'il avait en vue. L'enseigne d'une auberge, au bas du village, les a fait supposer dans le voisinage immédiat. On a aussi parlé de la gracieuse oasis, ombragée de de beaux noyers, qui porte le nom de Belmont, et qui rompt, à mi-côte, la monotonie des vignes. Aujourd'hui c'est sous les châtaigniers des Crêtes que l'imagination se plaît à évoquer le souvenir de Julie et de Saint-Preux. Le fait est que la fantaisie a libre jeu, et qu'elle peut à son gré décorer tous les bosquets de la contrée du titre de bosquets de Julie. Les châtaigniers des Crêtes sont superbes, et en automne, toutes les après-dinées, M. Gambetta s'y promenait, lisant et fumant ses gros mais excellents cigares. J'aurais bien d'autres détails sur ce sujet, mais j'en ai déjà dit passablement long aujourd'hui. M. Gambetta nous reviendra et mes petites notes vous parviendront aussi... au bon moment ! Ce n'est que partie remise.

.*.

Le nouveau théâtre de Genève, qu'on a inauguré il y a trois mois à peine, ne donne pas les résultats qu'on attendait.

Le premier mois, à ce que dit un homme compétent, le directeur a fait de bonnes affaires ; le second, les dépenses ont balancé les recettes ; le troisième, il a été en perte. Les causes de cet insuccès sont multiples. Il est certain qu'au commencement chacun est allé au spectacle pour voir la salle et les foyers ; une fois cette curiosité satisfaite, le public a repris peu à peu ses anciennes habitudes, car la vieille cité de Calvin n'a jamais eu un goût prononcé pour la scène. Le directeur, de son côté, n'a pas fait preuve de capacité, il n'a monté aucune œuvre nouvelle, il n'a présenté souvent que des artistes contestables.

Évidemment nous avons le droit d'être mieux traités pour les millions que nous avons versés et pour la subvention de 100,000 francs que nous payons chaque année. Je ne sais quel journal de Paris annonçait que M. Chabrillat viendrait avec toute sa troupe jouer à Genève *Alsace* ! ce beau drame de MM. Erckmann-Chatrian, interdit par la censure. Ah ! si la nouvelle se confirmait, quels bravos, quel succès formidable je prévois ! Mais pourvu qu'on la confirme !

.*.

Si nous n'allons pas au théâtre, nous nous empressons du moins aux conférences, et plus il y en a, plus la mode s'en mêle. Il y a trente ans déjà, Sainte-Beuve et Mickiewicz entraînaient la foule aux cours qu'ils donnaient à l'Académie de Lausanne, l'un sur Port-Royal, l'autre sur la Pologne. Après eux vinrent bien d'autres, tellement d'autres, que je ne veux pas citer leurs noms. Je note en passant Victor Hugo et Pascal Duprat, sous l'Empire, et proscrits. Pascal Duprat, réfugié politique, rédigeait à Lausanne un *Journal d'économie*, qui ne faisait guère de bruit. Entre temps, il donnait des conférences d'économie pure et tellement savante, si enchevêtrée de chiffres, si bourrée de statistiques, que la salle était toujours à peu près vide. C'était presque faire acte de charité que d'y aller. — Maintenant M. Pascal Duprat est député. Se souvient-il seulement des braves gens qui l'accueillaient avec tant de sympathie, lui le républicain, lui l'exilé ?

Cette année nous avons eu de nouveau Coppée, le sympathique poète, dont personne chez nous n'a oublié la visite d'il y a quatre ans, à Genève. Alors il nous lisait le *Psautier*, cette œuvre grave et huguenotte, comme on l'a appelée, œuvre qui était inédite et qui remportait le plus brillant succès.

Applaudi, encouragé, acclamé, François Coppée nous réservait encore cette année la primeur d'une œuvre nouvelle : le *Trésor*. La lecture devait en avoir lieu le 8 décembre dernier. L'hiver et la neige s'y sont opposés et depuis l'Odéon a représenté avec succès la nouvelle pièce, qui a été éditée ensuite chez Lemerre.

Néanmoins M. Coppée n'a pas voulu frustrer Genève de sa promesse et il est venu lire lui-même le *Trésor*, vendredi dernier, devant un immense auditoire. La pièce étant un peu courte, le poète a commencé la séance par la lecture de quatre ou cinq poésies de ses anciens recueils, *Sennachérib*, scènes assyriennes, l'*Hirondelle de Bouddha*, un *Evangile*, le *Liseron* et les *Parias*. Puis il a passé au *Trésor*, qu'il a fort bien lu et qui a obtenu le plus franc succès, comme bien vous le pensez.

Sollicité vivement par un nombreux public, F. Coppée a donné hier lundi une nouvelle séance. La foule était aussi compacte, beaucoup de dames surtout. Le poète a lu d'abord quelques pièces déjà connues, puis un poème complètement inédit.

Je crois bon de vous en donner une rapide analyse. Le poète nous avait prévenus qu'il nous lisait une ébauche, mais c'est une ébauche de maître. Une jeune fille et sa mère, dans l'aisance d'abord, sont précipitées dans la pauvreté. Dans ce modeste logis du cinquième étage, où les deux femmes apprennent à supporter la gêne, sinon la misère, M. Coppée a introduit la poésie, la poésie intime, presque idyllique, de la vie au foyer domestique. Il y a des scènes charmantes dans ce journal d'une jeune fille qui raconte ses premières impressions, lorsqu'un jour l'amour vient éclairer l'humble réduit. C'est un poète, un jeune et beau poète qui, frais débarqué de province, s'est perdu dans ce grand Paris. Il est pauvre comme la jeune fille, et déjà meurtri au précoce combat de la vie ; leurs yeux se rencontrent sur la terrasse, et, par un doux vent du soir, l'amour pénètre dans le cœur de la jeune fille. Le tout se termine par un baiser, ou plutôt ne se termine pas, puisque arrivé là M. Coppée nous a annoncé que son manuscrit était inachevé.

Nous ne nous en plaignons pas trop. Le poète nous reviendra l'an prochain, probablement, et nous pourrons entendre, sinon la fin du morceau, du moins quelque autre pièce inédite.

.*.

On vient d'élever sur une des places de Genève un buste à Töpffer, l'auteur des *Voyages en zigzag*, des *Nouvelles genevoises* et de ces joyeux et piquants croquis à la plume qui ont eu un si grand succès, M. *Vieuxbois*, la *Famille Crépin*, etc.

Le buste de l'écrivain est des plus simples, fort ressemblant et dû à l'habile ciseau du fils de Töpffer lui-même. Il porte cette seule inscription : « A Töpffer, ses amis. » Le buste, en effet, a été élevé et payé entièrement par les souscriptions de quelques amis de l'écrivain genevois. La cérémonie d'inauguration a été courte et très simple.

EDMOND SAPHOREL.

LES CANARDS

Sur deux files rangés, en plein ciel, dans la nuit,
Les canards voyageurs suivent leur route sombre.
Ils vont tout droit, muets, et l'on n'entend qu'un bruit
Rapide et régulier d'ailes éventant l'ombre.

Le plus vieux tient la tête et parfois un rayon
Allume à son collier l'éclat des plumes bleues.
C'est un mâle robuste, et son hardi sillon
Aux espaces franchis ajoute encor des lieues.

Il cherche les marais où, parmi les roseaux,
Des oiseaux émigrants dorment les troupes lasses.
Il descend quand il croit voir un reflet des eaux,
D'un élan plus rapide aux régions plus basses.

Mais son œil l'a trompé, ce n'est pas le marais ;
Il faut chercher plus loin le repos et la halte.
Ce sont des toits luisants, les marbres des palais,
C'est la ville où la lune est blanche sur l'asphalte.

Le vieux guide soudain ralentit, en voyant
Les dômes et les tours, son aile impatiente.
Il jette un cri d'alarme. Et tous, en tournoyant,
Regagnent les hauteurs où le vol s'oriente.

LÉON ALLARD.

— Je le sais pardieu bien qu'il n'est pas levé. C'est précisément parce que je le sais que je suis venu. »

Et, écartant Joseph tout étonné, j'entrai brusquement dans la chambre à coucher, tirai les rideaux, ouvris bruyamment les persiennes et jetai sur le dormeur des flots de lumière aveuglante.

« Sacrebleu! qui est là? Que me veut-on? Êtes-vous fou, Joseph? s'écria Maurice en s'enfonçant les yeux au plus profond de sa tête et en gesticulant des jambes avec l'indignation la plus vive.

— Tu dors, affreux coquin, tandis que les soucis rongent le cœur de notre ami Bigarnot! »

Et, me croisant les bras, je le dévisageai d'un air sévère.

« Qu'est-ce que tu me chantes? fit-il, ahuri.

— Les moments sont précieux et je vais au fait sans détours. Je sais tout, entends-tu bien? Je sais tout. Qu'as-tu fait de la chemise que tu as... qui t'a... été confiée? »

(*A suivre.*)

LE MONDE DES ARTS

EXPOSITIONS — MUSÉES — GALERIES — ATELIERS — VENTES CÉLÈBRES — DÉCOUVERTES ARTISTIQUES

Exposition des tableaux de la Société des aquarellistes français (2e article).

J'insisterai peu sur l'unique toile de M. de Beaumont. Trois fillettes regardent en riant un vieillard qui ramasse une rose tombée de leur bouquet, le tout dans un coin de village éclairé et composé comme dans les] opéras comiques. Cela fait penser à de la musique de Grisar. Agréable d'ailleurs, dans un ton absolument conventionnel, cette petite composition qui s'appelle : *Si vieillesse pouvait!* J'en ai vu de moins chaste sur le même dicton, et celle-ci doit être surtout louée pour son bon goût. Il y a loin de là au *Souvenir des grandes manœuvres* de M. Detaille, une toile très vivante, d'une grande intensité descriptive et où se retrouvent, au plus haut point, les qualités si personnelles de son talent. Sur une butte qui m'a paru être celle d'Orgemont et que surmonte un moulin à vent en assez triste état, l'état-major à cheval, officiers de tous pays, regarde manœuvrer sur la gauche une batterie d'artillerie qu'une compagnie de tirailleurs s'apprête à soutenir. Au premier plan, des badauds sont debout dans l'herbe, maintenus par les sentinelles, et suivent aussi ce spectacle. Tout est spirituel dans ce petit tableau composé avec un goût exquis ; tout est vrai dans les moindres détails. Le paysage que traversent des envolées de fumée qu'un vent calme emporte doucement est traité avec une sobriété savante. C'est la vie militaire vue avec des yeux pleins de précision et de justesse. C'est moins enveloppé que la peinture de M. Dupray, mais d'un éclat immédiat plus grand : somme toute, un très beau Detaille, et je ne sais rien de mieux à en dire.

M. Roger Jourdain a envoyé une grande toile et une petite figure. La première nous montre une *Visite au couvent.* Sur une terrasse plantée d'arbres et que domine un coin de paysage, une jeune fille en rose, une ancienne pensionnaire sans doute qui est venue annoncer son mariage, se promène aux bras de deux religieuses, de ce pas lent qu'ont les filles de Dieu. A gauche, sur un banc et tournant le dos au monde représenté par des toits et des cimes d'arbres, deux autres sœurs causent et, dans le fond, d'autres en groupes s'entretiennent à demi-voix. Tout cela respire bien la discrète odeur du cloître. On n'y pourrait guère reprocher qu'une perspective trop sommaire, et une absence absolue d'horizon. Tout y est un peu sur le même plan. Ce n'en est pas moins un agréable tableau.

Dans une note précise et d'une tonalité plus violente, l'autre, intitulé : *Un Déclassé,* nous fait voir un vieux avant l'âge, coiffé de son chapeau et savourant dans l'arrière-boutique d'un marchand de vin un verre d'absinthe. Un peu cru d'aspect, mais d'une recherche amusante et d'un sentiment très spirituel.

Un portrait de singe auprès de celui d'un caniche blanc, les

EXPOSITION DES AQUARELLISTES

Dessin de Mme Madeleine Lemaire, d'après son tableau : *Colombine.*

portraits de *Mustapha* et de *Jack*, deux bêtes favorites; plus loin, une *Famille de Chats*, composée de la mère, un angora magnifique, et de deux petits, un noir et un tacheté : tels sont les deux envois de M. Lambert, intéressants tous deux et tout à fait dignes de son pinceau.

Mme Madeleine Lemaire s'est surpassée dans son étude de la *Prière*. Une figure de vieille femme qu'enveloppe un bonnet tuyauté et dont les mains égrènent un chapelet. La tête est remarquablement construite et dessinée. C'est un très bon morceau. Joli aussi le portrait de Mlle D..., une blonde dont la chevelure est retenue par un ruban bleu, dont la robe est gris clair et qui porte un petit griffon blanc. La main est charmante, l'exécution est savamment sommaire, la tonalité d'une distinction absolue. Je suis moins charmé par la *Promenade* des deux jeunes filles, l'une rousse avec une robe noire, l'autre brune avec une robe rose et qui devisent, les bras enlacés, sous un coin de bois. Les figures sont très délicatement traitées, mais sans grand accent et le paysage est d'un ton conventionnel que je n'admets pas. Cette critique n'empêche pas que je ne trouve l'exposition de Mme Lemaire absolument remarquable.

(*A suivre.*)

ARMAND SILVESTRE.

AVIS IMPORTANT

Tous nos abonnés, présents et futurs, recevront gratuitement avant le 31 janvier nos deux superbes primes

1° UN MAGNIFIQUE DESSIN DE GREUZE

carton à la sanguine pour le célèbre tableau de la *Malédiction paternelle*, l'un des trésors du Musée du Louvre ;

2° PORTRAIT D'ÉMILE ZOLA,

pointe sèche de Marcelin Desboutin. On sait le prix qui s'attache depuis quelque temps aux planches de cet artiste. La *Vie Moderne*, qui est toujours à l'affût des nouveautés artistiques, a profité de l'apparition prochaine de *Nana* en volume pour offrir GRATUITEMENT à ses abonnés le portrait de l'auteur.

Un grand nombre de nos acheteurs au numéro nous ont demandé s'ils ne pourraient pas profiter du service de nos primes. Il nous est impossible, à notre grand regret, de leur donner satisfaction sur ce point.

La valeur commerciale de pareilles épreuves qui sont notre propriété exclusive ne nous permet pas de les livrer au public à d'autres conditions que les suivantes :

Le dessin de Greuze. . . . . 10 fr.
Le portrait d'Émile Zola. . . . . 20 fr.

On remarquera que ces deux primes, servies GRATUITEMENT à tous nos abonnés, représentent à elles seules le montant presque intégral de l'abonnement de l'année.

MUSIQUE

DESSINS D'ADRIEN MARIE

Mlle M. MEYER
dans les *Voltigeurs de la 32e*.

THÉÂTRE DE LA RENAISSANCE. *Les Voltigeurs de la 32e*, de MM. Édouard Gondinet et Georges Duval, musique de M. Robert Planquette.

M. Planquette est un homme heureux : les 600 représentations des *Cloches de Corneville*, son premier ouvrage, sont là pour en apporter la preuve. Quant aux *Voltigeurs de la 32me*, deux directeurs rivaux se les disputent encore, à l'heure qu'il est, devant la première chambre.

Est-ce bien la peine d'accumuler tant de papier timbré? L'enthousiasme embrigadé de la première le ferait croire ; je crains pourtant que M. Planquette n'ait oublié de jeter son anneau à la mer.

La pièce n'est point désagréable; elle manque de situations, mais le dialogue en est égayé par de fines saillies où l'on reconnaît la touche de Gondinet.

Elle est d'ailleurs jouée avec beaucoup de verve par Mlle Jeanne Granier, d'un naturalisme très amusant, dans ses haillons de gardeuse de chèvres, par Mlle Milly Meyer, qui sauve à force d'esprit un travestissement invraisemblable, par Mlle Desclauzas, qui ne laisse point tomber en déshérence la succession d'Alphonsino, et par un trio masculin : MM. Ismaël, Marchetti et Lary, s'efforçant de maintenir les droits de l'homme, impitoyablement immolés par MM. Gondinet et Duval à la gloire du beau sexe.

Dans cet ensemble, harmonieusement combiné, c'est M. Planquette qui fait la partie la plus maussade.

Sa partition, décorée du titre d'opéra comique, — usurpation contre laquelle je proteste, — est une collection de couplets à l'usage du café-concert.

Encore s'il y avait un grain de personnalité dans cette kyrielle de chansons ; on passerait sur leur vulgarité ; mais tous ces refrains vous prennent l'oreille, avec la familiarité d'anciennes connaissances.

Si les compositeurs dévalisés par M. Planquette s'avisaient de lui demander des dommages-intérêts, il n'en est pas un, parmi ses petits et grands confrères, qui n'eût à faire valoir des droits. Verdi lui-même viendrait réclamer un lambeau d'*Aïda*!

Mais j'y songe! C'est peut-être dans le sans-façon avec lequel M. Plan-

quette prend son bien où il le trouve, qu'il faut chercher la raison de ses succès.

Le public adopte volontiers les platitudes, et les refrains qu'il sait déjà par cœur sont les seuls qu'il retienne du premier coup. En ce cas, les *Voltigeurs de la 32me* auront un succès immense !

Qui sera bien attrapé?

Ce sera M. Charles Lecocq, le fournisseur attitré de la Renaissance.

Ce politique maestro avait jaugé la partition de M. Planquette et l'avait envoyée à son directeur, avec un certificat dont les termes élogieux trahissaient la tranquillité de son âme.

M. Lecocq s'était dit que, s'il fallait absolument subir un rival, mieux valait le voisinage de M. Planquette que celui de Johann Strauss, de Litolff ou de Lacome.

S'il se trouvait avoir fait un faux calcul et s'il allait se faire battre à la Renaissance, comme la *Fille de Mme Angot* s'est fait distancer, aux Folies-Dramatiques, par les *Cloches de Corneville!*

VICTOR WILDER.

NOTES DIVERSES

Parvenus aux sommets rêvés par nos visions de jeunesse, nous disons tous : « *C'était là le bonheur* », en parlant des jours où nous rêvions le bonheur.

Mlle GRANIER
dans les *Voltigeurs de la 32e*.

Il y a une certaine classe d'êtres qui interrogent, discutent, parlent sans cesse. Le monde *intérieur* n'est point pour eux. La vérité et l'âme des choses ne leur ont jamais rien dit.

Ne croyez pas à la sincérité ni au bon vouloir de ceux qui, dans une entreprise, vous détournent d'agir par vous-même, vous déconseillent toutes démarches, vous éloignent de toutes relations, et vous invitent à vous en rapporter uniquement à eux. Tous ceux que j'ai vus s'offrir ainsi étaient de grands indifférents, et souvent même des traîtres. L'ami véritable est celui qui vous rappelle sans cesse comment l'on se fait aider du ciel.

. .

Nous faire le serviteur d'un être dépendant lui-même d'un autre que nous regardons comme au-dessous de nous, tel est quelquefois le jeu de l'amour, ce grand révolutionnaire.

. .

Le voisinage de certaines femmes nous fait perdre le sens de la femme.

. . .

Heureux celui qui aime les pauvres! — Celui-là est le seul homme au monde qui trouvera *toujours* à satisfaire son amour, fût-il inépuisable, et le seul homme dont les plaisirs, au lieu de diminuer, s'augmenteront par l'habitude.

. .

Il y a deux espèces de bêtes : les *bêtes* en actions, et les *bêtes* en paroles. Les premières sont simples et d'une seule espèce. Ce sont les gens qui font instinctivement et de préférence ce qui doit leur être nuisible, et toujours le contraire de ce que le sens commun aurait fait ou leur aurait conseillé de faire. Les bêtes en paroles sont de mille sortes : celui-ci cherche à vous mettre en contradiction avec vous-même pour un mot dit en l'air il y a quinze ans; cet autre a la prétention de vous définir à vous-même. Il y a encore ceux qui se flattent de n'avoir pas d'*esprit*, mais d'avoir *du jugement*... sans parler de ceux qui aiment à déclarer qu'ils n'ont rien lu... mais qu'ils en savent tout aussi long avec leur *gros bon sens* (un des plus désagréables mots de la langue) que vous avec tous vos livres, etc., etc.

Louis DEPRET.

MOTS A RAJEUNIR

E

ESBALOBBÉ, gai, réjoui, ravi d'aise. — A la bonne heure, voilà un joyeux et brave adjectif qui peint bien son homme ! Un bon et franc drille prêt à rire de tout et toujours disposé à prendre la balle au bond.

. .

ESCARBILLAT, éveillé, joyeux, de bonne humeur. — Ne voilà-t-il pas un bon vieux mot qui semble dire de l'homme qu'il accompagne que son esprit lance de joyeuses *escarbilles*?

. .

ÉTOURDI DU BATEAU, expression oubliée qui figure parmi les aïeux du *coup de marteau*, de *l'araignée dans le plafond* et de *l'écrevisse dans la tourte*.

F

FANFELUES, petites flammèches, étincelles, dont on a fait *fanfreluches*.

. .

FANTASIER, songer, rêver. — Un gracieux infinitif qui vous transporte dans les pays fantastiques et vous mène de la fantaisie à la *fantaisie*.

DESMOULINS.

LE BEAU SOLIGNAC. — Dessin d'ADRIEN MARIE.

LE LIVRE

Nous venons de recevoir la première livraison de la revue mensuelle *le Livre*, parue chez A. Quantin, dont nous avons déjà entretenu nos lecteurs.

Rien de plus réussi et de mieux entendu que ce recueil de bibliographie universelle dont le haut goût, la belle typographie et le côté artistique ne semblent employés que pour mettre en relief des études à la fois érudites et attrayantes aussi bien pour les gens du monde que pour les travailleurs et les curieux de tous pays.

Il faudrait que l'esprit littéraire et d'investigation fût mort en France pour que la revue *le Livre* n'y obtînt pas le plus légitime succès auprès de la société éclairée et des amateurs qui aiment à se tenir au courant du mouvement intellectuel moderne. Une plus large place est faite à l'étranger et les correspondances du *Livre*, datées de tous les grands centres intellectuels, nous permettront d'être un peu moins ignorants de ce qui s'écrit et s'imprime hors de nos frontières.

Nous souhaitons donc la bienvenue à cette grande et belle publication qui, sous la direction de M. Octave Uzanne, saura bientôt prendre assurément la première place parmi les revues européennes qui font autorité.

Le Livre comble une vaste lacune et a sa raison d'exister. Il deviendra donc l'organe officiel et l'intermédiaire des lecteurs de la province et de l'étranger.

LE THÉATRE

LES SECONDES

GYMNASE. *Le beau Solignac*, drame en cinq actes et quatorze tableaux, de MM. J. Claretie, W. Busnach et Ch. de la Rounat. — COMÉDIE-FRANÇAISE, *Diogène et Scapin*, à-propos en vers, par M. Jules Adenis pour l'anniversaire de la naissance de Molière (15 janvier).

Le drame en cinq actes et quatorze tableaux, tiré par MM. William Busnach et Charles de la Rounat du roman de M. Jules Claretie, *le Beau Solignac*, ne semble pas devoir fournir une longue carrière de représentations. Dieu me garde de faire peser sur le romancier la responsabilité de l'échec: M. Claretie, féru de cette idée parfaitement juste que le temps du Consulat et de l'Empire offre des épisodes et des milieux admirables à transporter dans la littérature, a composé un roman semi-historique, plein d'anecdotes, de traits et de détails saisis sur le vif, où la fiction se mêle intimement à la réalité. Son livre a intéressé de nombreux lecteurs; on en a goûté l'érudition ingénieuse et l'invention dramatique et variée. Un dramaturge expérimenté, M. Busnach, l'ayant lu certain jour, s'est trouvé conquis aux aventures de cape et d'épée qui s'y déroulent. Le tort de M. Claretie a été d'autoriser la transformation de son roman en pièce de théâtre; l'erreur de M. Busnach est d'avoir pris le roman au pied de la lettre et d'avoir mis à la scène des chapitres et non des actes. Le véritable drame peut être fourmillant et touffu; il n'en garde pas moins son unité de développement et d'intention. L'intrigue la plus embrouillée ne pique la curiosité qu'à la condition de tenir en équilibre le principal et l'accessoire. Qu'est-ce qui est l'accessoire dans le *Beau Solignac* et qu'est-ce qui est le principal? A chaque instant, l'action s'arrête ou dévie, quitte à revenir sur ses pas. Le spectateur emporte du spectacle une impression confuse dans laquelle entrent une foule d'éléments disparates, d'épisodes mal reliés, de beaux décors inutiles, de situations heurtées. On se demande à quel mobile ont pu obéir les auteurs en écrivant l'ouvrage? Se sont-ils souciés d'une passion, d'un caractère, d'un fait, d'une doctrine, d'un milieu? Non : ils se sont préoccupés surtout de traduire scéniquement une lecture. Le livre garde sa valeur, mais la pièce est mauvaise parce qu'elle est une simple traduction littérale du livre et qu'elle n'est pas conçue dans les conditions essentielles du théâtre.

Ce n'est pas qu'il n'y ait de louables visées en ces quatorze tableaux : seulement, elles n'aboutissent guère. On a constamment l'esprit dépaysé. D'abord, on s'intéresse au commandant Thévenin qui conspire en faveur de la République avec les philadelphes. Sa femme le trahit, on l'arrête ; Fouché l'interroge et son ami le colonel Solignac parvient à le sauver : après quoi, il meurt en duel, victime d'une erreur des philadelphes qui le prennent pour un traître. Ensuite, l'intérêt passe sur la tête du beau Solignac, passionnément aimé d'une Française et d'une Italienne. Il se bat en duel, découvre qu'il est noble, et finit par épou-

Le Trésor de F. Coppée.
Dessin d'Ad. Marie.

ser la Française, ce qui constitue un second drame. En troisième lieu, l'Italienne s'empoisonne en respirant un bouquet qu'elle destinait à sa rivale, le beau colonel est dénoncé comme conspirateur, passé en jugement, condamné à mort et gracié par le premier Consul. Si je compte bien, cela fait trois reprises d'action qui se suivent ou s'enchevêtrent. Solignac n'est qu'un d'Artagnan embourbé parmi les marionnettes. La scène d'interrogatoire de Thévenin par Fouché, au second tableau, produit quelque effet : elle est humaine, sonore, et je n'en vois pas de meilleure dans toute la pièce. Thévenin, tenté par le grand policier, foudroyé par la révélation de l'ignominie de sa femme, tourmenté du désir de la vengeance, est tout près de livrer ses complices. Il lutte avec sa conscience qui lui défend de parler. Et sa conscience l'emporte ; il ne parlera pas. Malheureusement, l'œuvre ne se maintient pas à cette hauteur. On a vu le décousu de l'action ; on a pu juger de la qualité plus qu'inférieure des moyens dramatiques qui entraînent le mariage du héros et le dénoûment général. Quelques fragments de dialogues bien martelés, quelques phrases bien faites ne suffisent pas à balancer des défauts si nombreux et si graves.

Je n'éprouve aucun scrupule à dire la vérité à M. Claretie. Je fais profession d'être sincère envers tout le monde, mais il me plaît d'espérer que le romancier du *Beau Solignac* tirera un enseignement de cette chute qui n'est pas, à proprement parler, la sienne. Lorsqu'il choisit un sujet à traiter, un bon écrivain se demande s'il est du ressort du théâtre ou du ressort du roman, et il lui donne la forme appropriée. Il n'est pas digne d'un sérieux et laborieux artiste de tirer plusieurs moutures d'un seul sac. Libre à mon savant confrère d'évoquer de nouveau le Paris de l'an IX, la révolution qui s'effondre, une société toute neuve qui se développe, l'Empire qui s'apprête et un ancien monde qui essaye de vivre. Suivant les cas, il trouvera la ma-

tière à comédies, à tragédies et à romans. Mais, pour Dieu, qu'il ne se gaspille ni ne se galvaude ! Trop produire, en effet, c'est perdre son talent, et utiliser deux fois la même donnée, c'est se galvauder.

* * *

L'anniversaire de la naissance de Molière n'a pas fait grand bruit cette année. On jouait le *Misanthrope*, un à-propos en vers de M. Jules Adenis, *Diogène et Scapin*, dit par MM. Coquelin frères, et le *Malade imaginaire*, suivi de la cérémonie. L'à-propos est piquant et bien tourné. Il a été mis en valeur de merveilleuse sorte par MM. Coquelin. C'est, au fond, l'une des pièces les plus agréables en ce genre qu'on ait représentées depuis longtemps.

Pendant qu'on interprétait le *Misanthrope*, je réfléchissais à l'hérésie que l'on commet tous les jours en assurant que le grand comique a voulu ridiculiser Alceste. Il faut vraiment, pour soutenir une telle billevesée, qu'on n'ait jamais lu le chef-d'œuvre avec attention.

Quoi ! voilà un homme bourru et franc, plein d'honneur, de mérite et de goût, considérable par l'intelligence et par ses relations. Molière n'introduit dans sa pièce qu'une seule honnête femme, Éliante, et cette honnête femme n'est préoccupée que de lui. Arsinoé, la prude, veut le séduire ; Célimène, la coquette, l'assiège de tous ses charmes ; Philinte ne peut se passer de lui ; Oronte lui vient lire ses sonnets ; chacun le recherche, le flatte, demande ses conseils ou s'efforce de lui plaire, et l'on prétendrait que le poète n'a eu pour tout objet que de le tourner en dérision ! Convenez que le malentendu est étrange, ou mieux, pour employer le mot de Trissotin, que le paradoxe est fort.

Il y a longtemps que je m'étais promis de présenter cette observation qui tire tout son intérêt d'un vieux préjugé littéraire. A notre époque, où l'on a l'ambition de vivre sans préjugé d'aucune espèce, il conviendrait que l'on se débarrassât aussi de celui-là. Le point lamentable, c'est qu'on jase beaucoup sur Molière et qu'on ne le connaît pas. Naguère M. Ballande voulut organiser un jubilé moliéresque à l'occasion du centenaire de la mort du grand homme. Pendant huit jours, on exécuta son répertoire à peu près dans le vide. Le public court aux opérettes et aux féeries nouvelles ; il ne va qu'exceptionnellement aux représentations des chefs-d'œuvre nationaux. Cette pensée est attristante : le poète du *Tartufe*, du *Misanthrope*, de l'*Avare* et des *Femmes savantes* plane dans la gloire la plus pure et la plus populaire ; il fait partie de notre patrimoine intellectuel et c'est à peine si l'on trouve un lettré sur cinq qui ait pénétré son génie.

FOURCAUD.

Le Trésor de F. Coppée.
Dessin d'Ad. Marie.

CHRONIQUE FINANCIÈRE

Le marché a été favorablement impressionné par les déclarations ministérielles portées devant les Chambres dès l'ouverture de la nouvelle session. Aussi la spéculation, qui s'était tenue jusque-là dans une prudente réserve, est-elle vite rentrée en lice. De grosses opérations ont été traitées tant sur les rentes que sur les valeurs favorites.

Une interpellation est venue fort à point fournir à M. Magnin l'occasion d'exposer les vues du cabinet sur la question, intempestivement soulevée à nouveau, de la conversion. Cette mesure, qui préoccupe tant de petits rentiers, n'est pas à craindre de longtemps. Il faudra s'en souvenir, si quelque conversienniste, de vieille ou de fraîche date, tentait d'agiter une fois de plus cet épouvantail démodé.

Le 3 % a naturellement tiré profit de cette éclaircie de son horizon. Pour être juste, il faut reconnaître que l'appât du coupon de 1,25, qui va être détaché le 1er février, a encouragé bien des achats. L'épargne néglige bien rarement les bénéfices qu'elle recueille depuis longues années de cette campagne trimestrielle.

L'amortissable a souffert pendant quelques jours de bruits annonçant une négociation prochaine de ce fonds pour plusieurs centaines de millions. Rien n'étant venu confirmer cette insinuation, les cours ont repris leur tendance habituelle.

Un certain nombre de sociétés de crédit, dont les cours étaient en retard, ont assez énergiquement réparé le temps perdu. La Société Financière est à citer en première ligne. L'annonce d'un dividende de 22 francs pour l'exercice 1870 a beaucoup aidé à l'impulsion. N'était-ce point de stricte justice ? Cette répartition, supérieure à celle de l'année précédente, atteste une continuité d'amélioration et représente, sur les prix du moment, un revenu de 7 %. Il faudrait être fort difficile pour ne pas se montrer satisfait.

L'annonce de la négociation prochaine de 270 millions en obligations communales du Crédit Foncier a attiré de nombreuses demandes d'actions de cet établissement, assuré d'avance d'un nouveau succès et de nouveaux bénéfices.

L'épargne se disputera les obligations, qui seront mises à sa disposition comme elle s'est disputé les obligations communales émises au mois d'août dernier.

Les titres des deux créations sont similaires : même intérêt, même taux de remboursement, mêmes avantages de lots. L'avis relatif aux conditions de la vente sera publié par la *Vie Moderne* ; je le recommande à l'attention de nos chers lecteurs.

J. CONSEIL.

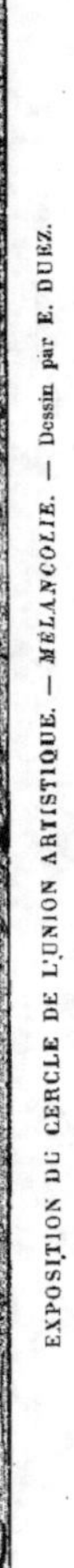

EXPOSITION DU CERCLE DE L'UNION ARTISTIQUE. — MÉLANCOLIE. — Dessin par E. DUEZ.

LE CHATEAU DES CŒURS

TROISIÈME TABLEAU

(Suite et fin)

SCÈNE VII

PAUL., Mme KLOEKHER, ONÉSIME DUBOIS, MACARET, BOUVI-
GNARD, ALFRED DE CISY, LE DOCTEUR COLOMBEL, Invités,
Messieurs et Dames, Domestiques.

Mme Kloekher remonte la scène au bras de Paul, en même temps
qu'on s'avance vers elle.

LES INVITÉS, saluant.

Une fête superbe, éblouissante, délicieuse!

UNE DAME, à une autre.

Quel est donc ce jeune homme? Il est fort bien.

LA DEUXIÈME DAME.

Je le trouverais même trop bien, si j'étais le vicomte Alfred
de Cisy.

UN EMPLOYÉ DE LA MAISON, à son voisin.

Regardez donc comme elle minaude! Que de grimaces! Mais
pour nous, pauvres commis, il n'y a pas de danger qu'elle nous
honore seulement d'un coup d'œil.

Mme KLOEKHER, à une jeune femme, lui désignant sa robe.

Oh! ravissant! Où donc vous habillez-vous, ma chérie? (A une
autre.) Comment, on ne danse pas?... (A un vieux Monsieur.) Bonjour,
général. (Au docteur Colombel.) Ah! c'est fort aimable à vous, docteur
Colombel, d'avoir abandonné vos malades.

DOCTEUR COLOMBEL.

Ils recouvreraient la santé en vous voyant, belle dame : l'aspect de tant de fraîcheur, de grâces... (Un domestique vient parler bas
à Mme Kloekher.)

Mme KLOEKHER.

J'y vais! (Alfred, depuis le commencement de la scène, s'est rapproché
d'elle. Quand elle est arrivée au bas, à droite, elle salue Paul.) Je vous remercie. A tout à l'heure!

ALFRED, à part.

J'ai fait une jolie affaire, moi, en l'introduisant ici. Soyons
prudent et vif. (Il sort précipitamment derrière elle.)

SCÈNE VIII

LES PRÉCÉDENTS, moins Mme KLOEKHER et ALFRED.

ONÉSIME s'avance vers Paul en lui secouant les deux mains fortement.

Ah! quel plaisir!... on va donc se revoir! où loges-tu? Je ne te
quitte pas!

PAUL.

Merci, vieux camarade... Et cette peinture, toujours enthousiaste d'elle, j'espère, et portant haut l'amour du grand art avec
la haine du bourgeois?

ONÉSIME.

Sans doute. Cependant je fais à présent de petits tableaux.

des sujets domestiques; c'est d'un débit plus facile. Mais reçois
mes félicitations, te voilà en joli chemin, diable! (Tous s'empressent
autour de Paul.)

MACARET.

Eh! cher monsieur de Damvilliers, j'étais bien sûr de vous
rencontrer ici; sans cela...

LE DOCTEUR COLOMBEL, lui coupant la parole.

Grâce à la bêtise inconcevable de mon valet de chambre, vos
deux cartes de visite ont été égarées, et hier au soir seulement...

BOUVIGNARD, l'interrompant.

Comment se fait-il, je vous le demande, que tous les matins
je veux aller vous voir? Mais on vient chez moi, pour un tas de
choses, pour ci, pour cela; je suis harcelé, tiraillé...

MACARET.

Tout à vos ordres, vous savez!... (Bas.) On a l'oreille du ministre!

LE DOCTEUR COLOMBEL.

Il faut que vous preniez un jour par semaine pour venir
dîner chez moi régulièrement.

BOUVIGNARD.

Dites donc, cher Monsieur, de quelle façon je puis vous être
utile! (Tous lui donnent des poignées de main énergiques.)

PAUL.

Ah! mes amis! je suis attendri, vraiment... (A part.) Quels
cœurs excellents et comme on calomnie les hommes!

SCÈNE IX

LES PRÉCÉDENTS, LETOURNEUX.

LETOURNEUX marche droit à Onésime, qui est le plus près de Paul.

Je ne suis pas content de vous?

ONÉSIME.

Pourquoi?

LETOURNEUX.

Parbleu, entre intimes on ne se gêne pas. Or, chacun ici,
excepté Paul, connaît votre prochain mariage. C'est moi qui
vous procure cette affaire, une famille excellente, pieuse, consi-
dérée, riche, et vous vous exposez au scandale d'être rencontré
en plein jour, donnant le bras à une créature!

ONÉSIME.

Moi?

LETOURNEUX.

Je vous ai vu, et pourtant vous m'aviez juré que tout était
fini!

ONÉSIME.

Ah! monsieur Letourneux, un moment! Si je me trouvais
avec cette fillette, c'est que je lui préparais un petit tour.

LE DOCTEUR COLOMBEL.

Voyons, voyons, j'adore ce genre d'anecdotes. (Tous se rapprochent.)

ONÉSIME.

Je lui ai fait écrire de Marseille, son pays, une lettre qui l'appelle pour les affaires les plus pressées. Elle est partie; j'ai donc tout le temps de me marier, et ça me débarrasse d'autant mieux, que Clémence a la bourse légère, et que pour revenir...

Hilarité générale et approbation.

LETOURNEUX.

Très bien! voilà ce que j'appelle un acte à la fois d'adresse et de haute moralité.

PAUL.

Comment, Clémence, ta vieille passion, celle que tu avais prise toute jeune à sa famille, et qui, disais-tu toi-même, te faisait travailler d'une façon...?

ONÉSIME.

C'est comme ça! Autre temps, autres femmes! (A Letourneux.) Où donc m'avez-vous rencontré, vous?

LETOURNEUX.

Dans le Luxembourg, comme je le traversais pour aller secourir une famille bien intéressante : trois fils sans ouvrage, le père et la mère presque à l'agonie. Vous devriez même, docteur, faire quelque chose pour eux.

LE DOCTEUR COLOMBEL.

Que j'aille les voir, peut-être!

LETOURNEUX.

Vous êtes assez riche pour vous passer ce luxe!

LE DOCTEUR COLOMBEL.

Et vous donc, le millionnaire, que faites-vous pour eux?

LETOURNEUX.

Oh! peu de choses, je les console et les moralise, rien que cela! et partout, comme maintenant, je fais de la propagande à leur profit, jusqu'auprès de M. Macaret. (S'adressant à M. Macaret.) Voyons, vous êtes un de nos grands industriels, et trois ouvriers de plus ne vous importent guère.

MACARET.

Impossible! je n'ai pas d'ouvrage à leur donner. Vous n'exigerez pas que je me ruine...

Colombel sourit, Letourneux joint les mains d'un air béat.
Mouvement de Paul indigné.

BOUVIGNARD, avec un petit rire aigrelet.

Hé! hé! il a raison. Les discours, les secours et les utopies ne servent à rien. La machine est ainsi réglée. Tant pis pour ceux qu'elle écrase! résignons-nous! Il n'y a de sérieux au monde que les choses de l'intelligence, les beaux-arts!

ONÉSIME.

Vous êtes dans le vrai, monsieur Bouvignard.

BOUVIGNARD.

Aussi moi, je ne m'occupe que des vieilles faïences.

LE DOCTEUR COLOMBEL.

Un joli goût! Et toutes nos dames?

BOUVIGNARD.

Entendons-nous! Permettez! je ne prise que les vieux nevers, et, pour en posséder un authentique, je n'épargne ni temps, ni soins, ni argent.

ONÉSIME, à part.

Il ferait mieux de doter sa fille.

BOUVIGNARD.

Ah! j'économise, je me prive, je me sangle! Et combien d'inquiétudes! Songer qu'une maladresse peut tout réduire en mille morceaux. Aussi ma collection est-elle unique. C'est ma fortune entière et, afin qu'elle demeure éternellement intacte, je la lègue par testament à ma ville natale.

PAUL, à part, mélancoliquement.

Quel triste monde!

SCÈNE X

LES PRÉCÉDENTS, KLOEKHER.

KLOEKHER, à Letourneux.

Venez-vous? Allons, les hommes sérieux, il y a là des tapis verts qui vous réclament! Un whist? (Tous disparaissent par le fond.)

SCÈNE XI

PAUL, seul.

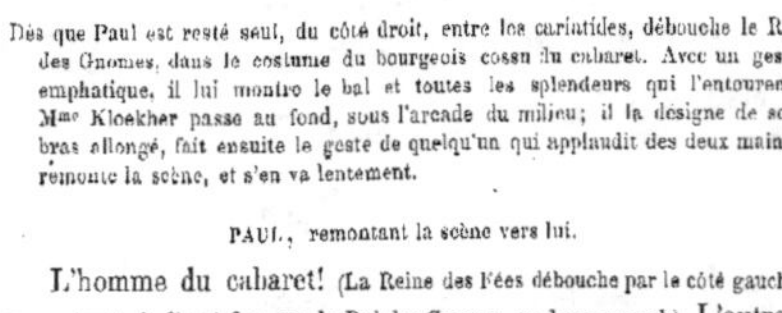

Le Roi des Gnomes et la Fée
Dessin de E. Courboin.

Dès que Paul est resté seul, du côté droit, entre les cariatides, débouche le Roi des Gnomes, dans le costume du bourgeois cossu du cabaret. Avec un geste emphatique, il lui montre le bal et toutes les splendeurs qui l'entourent. Mme Kloekher passe au fond, sous l'arcade du milieu; il la désigne de son bras allongé, fait ensuite le geste de quelqu'un qui applaudit des deux mains, remonte la scène, et s'en va lentement.

PAUL, remontant la scène vers lui.

L'homme du cabaret! (La Reine des Fées débouche par le côté gauche en costume de fée et fixe sur le Roi des Gnomes un long regard.) L'autre! L'autre! (Tous les deux disparaissent.) Suis-je donc fou?... Ces illusions de l'autre jour qui me reprennent, c'est étrange!... Cela vient sans doute... du trouble, de l'enchantement où elle me plonge. Quels yeux!... quel sourire!... Se jouerait-elle de moi? Mais tout à l'heure sa main frémissait sur mon bras, ses regards m'enveloppaient de leurs caresses, son cœur battait. Elle m'aime! (Le candélabre près duquel il se trouve s'est éteint.) Qu'est-ce donc? la nuit? Eh! non, rien que cela! (Il se met à marcher.) Et c'est moi! moi qu'elle a distingué parmi tous ces hommes, entre les

LE BAL DE LA PRÉSIDENCE. — DESSIN D'APRÈS NATURE PAR EUGÈNE COURBOIN illustres, les riches et les beaux! Je suis donc plus fort qu'eux tous, je les domine, et me voilà presque le roi de ce monde où hier encore je luttais, perdu dans la foule des derniers. Ah! quelle félicité! comme ces fleurs embaument! (Il se penche sur une des jardinières, les fleurs se fanent.) Mortes! (Deux candélabres s'éteignent.)

LES FLEURS SE FANENT. — Dessin de F. COURBOIN.

Et l'obscurité redouble! (Au lieu d'un bruit de clochette qui accentuait la mesure dans la contredanse, on entend une cloche funèbre.) Ces sons! le glas d'un enterrement. J'ai peur! (Il regarde au fond.) Cependant les flambeaux resplendissent, les danses tourbillonnent. Eh! c'est la clochette qui tinte dans les quadrilles. Qu'avais-je donc? Elle va revenir!... oui!... là!... et, fendant pas à pas les flots du bal, j'écouterai d'un air indifférent ses paroles charmantes murmurées à mon oreille. Toutes ces choses qui lui appartiennent ont l'air de sourire, c'est comme si son âme flottait autour de moi. Où est-elle? Je veux la retrouver, la revoir. (Il remonte la scène.)

SCÈNE XII

PAUL, Mme KLOEKHER, ALFRED. — Mme KLOKHER entre par le côté droit au bras d'Alfred.

PAUL, à part.

Encore lui! (Il s'arrête, et l'observe.)

Mme KLOEKHER, à demi-voix.

Est-ce une menace?

ALFRED.

Comme il vous plaira de le comprendre, ma chère!

Mme KLOEKHER, dédaigneusement.

Faites donc! faites donc!

ALFRED.

Ainsi, vous êtes bien décidée?... Tout est rompu. Mais si je me brûlais la cervelle au milieu de votre bal?

Mme KLOEKHER, éclatant de rire.

Ah! ah!

ALFRED, à part, remettant son chapeau sur sa tête.

Allons, tournons-nous d'un autre côté. (Les danses ont fini, on sert le souper au fond, sur des petites tables rondes.)

SCÈNE XIII

PAUL, Mme KLOEKHER.

PAUL.

Cet homme vous aime?

Mme KLOEKHER.

Lui, jamais!

PAUL.

Cependant!...

Mme KLOEKHER.

Des reproches, déjà?

PAUL.

Oh! j'ai tort, je le sais, pardonnez-moi! Ce n'est pas ma faute, si...

Mme KLOEKHER.

Plus bas!... on peut nous entendre!

PAUL, regardant au fond.

Non, jusqu'à la fin du souper, personne ici ne viendra! Nous sommes libres! Écoutez-moi: au nom du ciel, restez!

Mme KLOEKHER.

Mais je reste! Que voulez-vous?

J'AI PEUR. — Dessin de F. COURBOIN.

PAUL.

Ah! je ne me rappelle plus! ma tête s'égare! Je suis si heureux de vous contempler ainsi, face à face! Tout à l'heure, quand nous étions avec les autres et que l'on s'empressait autour de vous, je me délectais à saisir ces regards, ces hommages, cette rumeur d'admiration et d'envie; et puis, voilà qu'à présent la même foule me déplaît! je la hais! Vous lui donnez en passant un coup d'œil, des sourires, des paroles, presque une partie de votre personne. de votre cœur. Il me semble que la dorure de ces murailles, les argenteries, les valets, la musique, vos diamants même, sont autant de choses qui vous déguisent, vous reculent plus loin, vous séparent de moi.

Mme KLOEKHER.

Enfant que vous êtes! Vous savez bien, pourtant... (Silence.)

PAUL.

Quoi?... Parlez!... parlez!...

Mme KLOEKHER.

Mais... que l'on vous préfère!

PAUL, se rapprochant et lui prenant la main.

Est-ce vrai? Dites-le donc, ce mot que j'attends. Ah! je ne suis pas accoutumé au bonheur, moi! Et comment voulez-vous que je croie à celui-là, si je ne le vois moi-même tomber de vos lèvres? Ou plutôt non, ne parlez pas... et pour savoir si vous m'aimez, si les cieux vont s'ouvrir... rien qu'un signe... un regard...

Elle le regarde, et lui répond oui par un signe de tête très lent et très doux. Il lui prend la main et la porte à ses lèvres en pliant le genou.

Mme KLOEKHER.

Prenez garde! on peut nous voir! (A part.) Du feu... de la passion!... (Paul se relève.)

PAUL.

Ah! quel supplice! Vous ne comprenez donc pas que je vous aime éperdument! Je voudrais que tout ce qui nous écarte l'un de l'autre disparût! Qu'est-ce que cela vous coûterait de m'accorder où il vous plaira, quelquefois, pour me faire illusion, pour m'imaginer que nous sommes seuls sur la terre? Est-ce que cela vous chagrine, dites, de me donner...?

Mme KLOEKHER.

On vient! Retirez-vous!

(Paul disparaît à droite.)

SCÈNE XIV

Mme KLOEKHER, LETOURNEUX.

LETOURNEUX, entrant rapidement.

Ah! votre mari est un fier drôle!

Mme KLOEKHER.

Qu'y a-t-il?

LETOURNEUX.

Je suis indigné!

Mme KLOEKHER.

Là! là! calmez-vous!

LETOURNEUX.

Mais je me vengerai! Oh!...

Mme KLOEKHER.

Que vous a-t-il fait?

LETOURNEUX.

Vous le demandez? Elle le demande! Eh bien, nous étions convenus, votre charmant époux et moi, de deux cents Hanovre au dernier courant qu'il devait, lui, me donner et que je devais, moi, palper : est-ce clair? Or, quand j'apporte les papiers convenus, il ne m'en livre que la moitié à grand'peine. Mais ça ne se passera pas comme ça! Où est Paul? Je vais tout lui dire!

Mme KLOEKHER.

Quoi donc?

LETOURNEUX.

Lui apprendre ce que vous savez aussi bien que moi, parbleu! la manière dont votre mari a volé son héritage! Et un bon procès fera savoir à toute l'Europe...

Mme KLOEKHER.

Et vous comptez sur Paul, comme si c'était possible!...

LETOURNEUX.

Pourquoi non?

Mme KLOEKHER.

Vous êtes trop curieux, mon cher. Cependant, pour épargner vos démarches, apprenez que Paul est un simple enfant, et qu'il m'aime!

LETOURNEUX.

Beau motif!

Mme KLOEKHER.

Excellent, au contraire! C'est nous, c'est moi qu'il croira et non pas vous, l'homme de bien. Allez chercher ailleurs des auxiliaires à vos turpitudes et à vos vengeances! Quant à celui-là, je vous le répète, il m'appartient! C'est ma chose, mon esclave! et je pourrais, sur un signe, le faire se jeter dans un puits qu'il m'en remercierait.

LETOURNEUX, sortant par le fond.

Nous verrons! nous verrons!

SCÈNE XV

PAUL, Mme KLOEKHER.

PAUL, entre lentement à droite, de derrière une cariatide.

Vous avez raison, Madame : je suis un enfant, votre chose et votre esclave.

Mme KLOEKHER.

Ciel! ne croyez pas!...

PAUL.

J'ai tout entendu, j'étais là derrière cette statue, où je m'étais mis pour épier les confidences d'un autre. Le hasard m'a puni de ma jalousie, en me détrompant amèrement.

IL LUI PREND LA MAIN ET LA PORTE A SES LÈVRES
Dessin de E. Courboin.

Mme KLOEKHER.

Oh! Paul!... je vous jure...

PAUL.

Pas de serments, ne craignez rien; jamais je ne salirai par
le scandale d'un procès la femme, quelle qu'elle soit, que j'ai...
honorée de mon amour. Donc soyez tranquille, je me retire!

Mme KLOEKHER.

Mais vous n'avez pu comprendre, je n'y suis pour rien, c'est
une trame odieuse. Je vous expliquerai... Paul! je vous en supplie!... Paul! Paul! je t'aime!

Paul s'en va par la gauche, la tête basse et lentement; arrivé sur le seuil,
il s'arrête. Letourneux sort du fond et marche vers lui.

SCÈNE XVI

Mme KLOEKHER, PAUL, LETOURNEUX, puis
tous les personnages précédents.

LETOURNEUX.

Ah! enfin! je vous trouve! Écoutez-moi!
(Paul, absorbé, reste immobile.) Paul! Eh bien?
(Il lui tape sur l'épaule.) Mon ami! mon cher ami!

PAUL, tournant la tête lentement.

Que voulez-vous?

LETOURNEUX, élevant la voix.

Je veux vous apprendre, à vous et à tout
le monde ici, dans votre intérêt personnel
comme dans celui de la moralité publique,
et afin qu'il en résulte à la fois une réparation et un châtiment; je veux, dis-je, vous
dénoncer une infâme machination. J'en possède les témoignages authentiques, écrits!
Vous avez été indignement spolié par l'homme que voici : le
banquier Kloekher!

Murmures. Marques de surprise et d'indignation.

PAUL, arrachant son gant blanc.

Vous mentez impudemment, Monsieur!

LETOURNEUX.

Moi?

OUI, VOUS, MISÉRABLE...!
Dessin de E. Courboin.

PAUL.

Oui, vous, misérable! et comme gage de ce que j'affirme, je
vous soufflète à la face! (Il lui jette son gant à la face.)

LETOURNEUX.

Ah!

PAUL.

Je suis à vos ordres, Monsieur!

LES INVITÉS.

Séparez-les! Ils vont se battre!

LETOURNEUX, dignement.

Un duel, non! Un homme de mon caractère n'obéit pas à de
pareils préjugés. La vraie force consiste plutôt à supporter les injures et à s'en venger
par les voies légales. J'ai le courage civil,
moi! (Il sort fièrement.)

PAUL, à demi-voix.

Infâme coquin!

KLOEKHER, essayant de prendre la main de Paul.

Ah! c'est très bien ce que vous avez fait!
Voilà qui est d'un bon ami!... Ma reconnaissance...!

PAUL, fièrement.

Ne me parlez plus, Monsieur! (Il sort.)

KLOEKHER.

Qu'est-ce qu'il a donc?

LES INVITÉS.

Quel original! — Avez-vous vu? — Un
scandale pareil pour finir une si belle fête!...
— Ah! mon Dieu! à quoi se trouve-t-on
exposé!...

Quand les invités sont partis, les lustres, les girandoles et les candélabres se
mettent à brûler plus fort, donnant une lumière rose, verte et bleue; les bouquets,
tombés par terre, se relèvent d'eux-mêmes et vont se placer dans les jardinières.
Les fleurs fanées s'entr'ouvrent, les meubles çà et là se replacent en ordre. Les
cariatides des deux côtés de la scène se meuvent et s'avancent. Ce sont les Fées
elles-mêmes qui se réjouissent de la vertu de Paul.

FIN DU TROISIÈME TABLEAU.

G. FLAUBERT, L. BOUILHET, Ch. D'OSMOY.

(A suivre.)

VIEUX MOTS A RAJEUNIR

G

GALER, se réjouir. — François Villon a dit :

Je plains le temps de ma jeunesse
Auquel et plus qu'en autre ou gale.

On disait d'un homme sans souci : C'est un *gale-bon-temps*, ce qui
donne une joyeuse idée de la bonne humeur de nos aïeux qui savaient à
qui mieux mieux *galer* et *régaler*.

GLORIETTE, petite maison de plaisance. — N'est-ce pas plus coquet cent
fois que *cottage*, *pavillon*, *chalet*, *pied-à-terre* ou *villa*? Et le bourgeois
du temps jadis ne devait-il pas, à bon droit, se montrer glorieux de sa
gloriette!

GARBE, bel air, bonne mine, belle prestance. — Scarron l'a employé dans
son *Virgile travesti* :

Et de majestueuse *garbe*.

Restaurons ce substantif, ne fût-ce que pour fournir à Élie Brébant
l'occasion de ne plus faire rimer *barbe* avec *marbre*.

DESMOULINS.

Deuxième Année. N° 10. Samedi 6 Mars 1880.

LE NUMERO : **SOIXANTE-QUINZE CENTIMES**

ABONNEMENTS : Trois mois, 9 fr. — Six mois, 18 fr. — Un an, 36 fr.
POUR L'ÉTRANGER, LE PORT EN SUS

ON S'ABONNE : à la librairie CHARPENTIER, 13, rue de Grenelle-St-Germain, et aux Bureaux de la Rédaction, 7, boulevard des Italiens.
— LONDRES, A. MAURICE, agent spécial, 13, Tavistock-row-Covent-Garden.

ORFÈVRERIE
CHRISTOFLE & CIE

56, rue de Bondy, 56

EXPOSITION 1878 — CLASSE 24 — GRAND PRIX

ORFÈVRERIE ARGENTÉE — ORFÈVRERIE D'ARGENT — OBJETS D'ART

PRIX DE COURSES, DE CONCOURS AGRICOLES ET AUTRES

Émaux cloisonnés — Incrustations

REPRODUCTION D'OBJETS D'ART ANCIENS ET MODERNES

AVIS TRÈS IMPORTANT

Nous expédions en ce moment le Portrait d'Émile Zola, gravé à la pointe sèche par *Marcelin Desboutin*, ainsi que le magnifique *dessin de Greuze*, carton à la sanguine du célèbre tableau *la Malédiction paternelle*, l'un des trésors du Musée du Louvre, que nous donnons en prime gratuite à tous nos abonnés présents et futurs.

Le titre, la table et la couverture de la collection de la première année de la *Vie Moderne* ont été expédiés avec le numéro 8.

une belle eau-forte et que possède M. Bellanger, — une délicieuse miniature de Sirouy qui appartint longtemps à Mlle Émilie Prud'hon et qui fait aujourd'hui partie de la collection Eudoxe Marcille, — enfin le portrait de l'ancienne collection Laperlier qui est encore aujourd'hui dans la famille du marquis Maison et dont Jules de Goncourt avait fait une eau-forte qui a paru dans l'*Art au dix-huitième siècle*.

Un point délicat a toujours été la nature des relations qui unirent si étroitement Prud'hon à Mlle Mayer. Mme Amable Tastu indique, avec beaucoup de finesse et un tact tout féminin, les raisons qui lui font croire à leur innocence. M. Lenoir, aujourd'hui secrétaire général de l'École des Beaux-Arts et membre de l'Institut, un des derniers survivants de la famille, écrit, à ce propos, à M. Charles Gueullette dont la curiosité à cet endroit était toute naturelle : « En ce qui touche personnellement mademoiselle Mayer, je n'ai rien de désobligeant à penser de sa conduite. Prud'hon la regardait comme sa fille et les rapports entre eux étaient parfaitement convenables. » Il ne nous est pas permis de supposer au delà de ces assertions contemporaines de ceux mêmes qu'elles concernent. Ce qui reste d'ailleurs de certain sur mademoiselle Mayer, par sa nature, appartenait à un monde particulièrement imaginatif et épris d'idéal.

Quelques mots de sa carrière d'artiste. C'est en 1796 qu'elle avait exposé pour la première fois, étant alors âgée de vingt et un ans. Voici le titre

EXPOSITION DU CERCLE DE L'UNION ARTISTIQUE : *PORTRAIT DE FEMME*
Par J. de Nittis. — Dessin de l'auteur.

d'un de ses tableaux, inscrit au livret sous le n° 319 : *La citoyenne Mayer, peinte par elle-même, montrant une esquisse du portrait de sa mère.* Depuis cette époque, elle fut fidèle à tous les Salons. Il a été écrit dans tous les livres qu'élève de Suvée d'abord, puis de Greuze en 1801, c'était seulement à la mort de celui-ci, c'est-à-dire en 1805, qu'elle avait commencé à prendre des leçons de Prud'hon. M. Charles Gueullette établit fort bien que cette assertion est tout à fait erronée. Dès 1802, en effet, la transformation complète du talent de Mlle Mayer ne laisse aucun doute sur le maître qu'elle avait choisi et dont elle s'inspirait avec un don d'assimilation qui tient du prodige. On remarquera, de plus, qu'en 1796 le livret la mentionnait comme élève de Suvée, — en 1801, comme élève de Suvée et de Greuze, — et que, de 1801 à 1806, il ne lui donne aucun professeur : ce qui indique qu'en

même temps elle avait à ménager la susceptibilité de Greuze et celle de Prud'hon. D'ailleurs M. de Goncourt range parmi celles de ses œuvres auxquelles Prud'hon a participé, son tableau de : *Une Mère et ses enfants au tombeau de leur père*, lequel fut mis au Salon de 1802. Avant de trouver ainsi sa voie, Mlle Mayer avait déjà montré l'extrême flexibilité de son talent, en même temps d'ailleurs qu'une absence complète de personnalité artistique. On lui doit, en effet, des têtes d'enfants et de femmes qui, comme celles de Mlle Ledoux, ont pu être attribuées à Greuze avec vraisemblance.

Le côté anecdotique n'est pas un des moins intéressants de la publication que je signale. Voici une petite aventure inédite que M. Gueullette doit encore à Mme Tastu. M. Voïart, père de celle-ci et grand ami de Prud'hon, aperçut, un jour, celui-ci gesticulant dans un cabriolet et lui montrant, avec une joie d'enfant, ses manchettes et son habit de cour. C'était à l'époque où Prud'hon venait d'être nommé professeur de dessin de l'impératrice Marie-Louise. « Êtes-vous content de votre royale élève? lui demande M. Voïart. — C'est une bonne personne, répondit le maître. — Et ses progrès? — Oh! ils laissent à désirer. Sa Majesté trouve que le dessin lui salit les doigts, et ne touche jamais à ses crayons. — Alors que fait-elle pendant vos leçons? — Elle dort », répondit tranquillement Prud'hon.

Ce dernier ne devait pas avoir de chance avec la famille impériale, car c'est à lui que Napoléon, en le décorant, adressa ce propos digne de Joseph Prud'homme : « Monsieur Prud'hon, vous êtes comme la violette qui se cache *sous ses feuilles*. »

La brochure de M. Gueullette se termine par de très curieux détails sur la sépulture de Prud'hon, dont on lui doit la découverte. Voici ce qu'il trouva, en effet, sur les registres du cimetière du Père-Lachaise : « *1822, du 27 mars, acquis par Pierre-Paul Prud'hon, peintre d'histoire, un terrain n° 14870, etc... — Réuni au n° 12792 : Demoiselle Mayer-Lunavinière, Marie-Françoise-Constance, âgée de 46 ans.* »

Les deux corps avaient donc été réunis par la volonté suprême de Prud'hon. Or, au point précis de l'allée du Dragon indiqué par les registres, M. Gueullette découvrit un mausolée sans nom et sans numéro d'ordre, dont la couleur artistique indi-

quait l'époque et dont les emblèmes ne permettaient pas le doute. En effet, un chien, symbole de fidélité, plane sur le faîte et deux couronnes y indiquent, sur les faces latérales, une double Renommée.

Cette tombe ne mérite-t-elle pas un pèlerinage? Quoi de plus touchant que cette affection indissoluble et discrète jusque dans le tombeau?

ARMAND SILVESTRE.

EXPOSITION DU CERCLE DE L'UNION ARTISTIQUE : HALTE A L'AUBERGE
Dessin de BARILLOT, d'après son tableau.

LE CHATEAU DES CŒURS

CINQUIÈME TABLEAU
L'ILE DE LA TOILETTE

Les collines du fond, figurant des carrés de culture différente, sont couvertes par de longues bandes d'étoffes. A droite, au bord d'un ruisseau de lait d'amandes, poussent, comme des roseaux, des bâtons de cosmétique. Un peu plus en avant, une fontaine d'eau de Cologne sort d'un gros rocher de fard rouge. Au milieu, sur le gazon, des paillettes brillent; les buissons, çà et là, se trouvent représentés par des brosses de chiendent, et les cailloux par des savons de toutes couleurs. A gauche, un arbre, semblable à un tamaris, porte des marabouts, et un autre, pareil à un palmier, offre des éventails. Il y a un champ de rasoirs; plus loin, l'arbre à miroirs, l'arbre à perruques, l'arbre à houppes, l'arbre à peignes, et des costumes bariolés pendent à de grands champignons. Des mouches, voltigeant dans l'air, iront se coller d'elles-mêmes sur le visage des femmes : la mouche assassine, la capricieuse, la provocante, etc.

SCÈNE PREMIÈRE

JEANNE, seule.

(Dans la même attitude qu'elle avait à la fin du tableau précédent : la tête baissée et le coude gauche appuyé contre le rocher de fard, au bord de la fontaine. Après un instant de silence, elle lève les yeux et regarde autour d'elle avec ébahissement.) Comme c'est joli!... et comme ça sent bon!... Mais on dirait l'odeur de l'eau de Cologne?... D'où vient-elle?... De cette fontaine!... Ah! si je me lavais les mains. *(Elle y plonge ses bras jusqu'au coude.)* On n'a pas peur d'en perdre!... Je puis bien m'en mettre dans les cheveux! *(Elle s'en jette sur la tête quelques gouttes, qui deviennent aussitôt des diamants, sans qu'elle s'en aperçoive. Puis elle se lave le visage avec les mains; et, pendant qu'elle est ainsi penchée sur la fontaine, une branche de l'arbre à peignes, derrière elle, s'abaisse tout doucement pour démêler ses cheveux au chignon. Elle se retourne, surprise, en tendant la joue droite.)* Qui donc me prend là, par derrière?... Continuez! vous ne me faites pas mal. *(L'arbre à houppes abaisse un de ses rameaux et la caresse de sa poudre de riz.)* Oh! comme c'est doux!... comme c'est doux!... *(Elle tend la joue gauche. Même jeu de l'arbre à houppes.)* Encore!... Mais ça me chatouille!... Assez!... J'ai envie de rire!... Ah! ah! ah! *(L'arbre s'arrête.)* C'est fini?... Je vous remercie bien!... *(Elle se lève.)* Comment?... Personne!... *(Elle considère tous les objets autour d'elle, en marchant lentement.)* La drôle de campagne!... Des peignes qui tiennent aux arbres! En voilà un où poussent des perruques, et tous ces vêtements par terre, comme des feuilles mortes!... Ah! la belle herbe, avec ces grosses gouttes de rosée. Mais non, ce sont des paillettes d'argent. *(S'apercevant dans une des glaces de l'arbre à miroirs.)* Et cela?... C'est moi!... en diamants!... J'ai l'air d'un soleil! *(Sa robe, arrachée, disparaît dans l'air.)* Le vent!... Ah!... *(Elle pousse un cri de terreur en s'apercevant en chemise et en jupon, et croise ses bras sur sa poitrine.)* Que devenir!... J'ai honte!... *(Aussitôt, une des bandes d'étoffe, posées sur les collines du fond, arrive en ondoyant comme une rivière, et, se drapant autour d'elle, lui fait une sorte de tunique.)* Eh bien! eh bien!... me voilà tout habillée maintenant. *(Un arbre à bracelets d'or l'accroche par le bras.)* Qu'est-ce qui me retient? Pourquoi? Laissez-moi!... *(Elle tire à elle : le bracelet vient.)* Ah! cela fait bien sur ma peau. *(D'une espèce de sorbier tombe un collier de corail autour de son cou.)*

Qu'est-ce?... Un collier!... Ah! comme je suis belle!... Quel
bonheur!... Je m'aime! Je voudrais m'embrasser. Mais je rêve
sans doute?... Ce n'est pas possible! Je vais me réveiller tout à
l'heure. — Où suis-je donc?... dans quel pays?

CHŒUR, dans la coulisse.

C'est le pays de la toilette,
C'est l'empire des affiquets,
Des paquets!
Des enquets!
Chez nous la beauté se complète,
La laideur prend des airs coquets.

JEANNETTE.

Je ne comprends pas!...

CHŒUR.

C'est le pays de la toilette,
C'est le triomphe sans un pli
Du poli,
Du joli,
Nos fleurs sont à la violette,
Et nos soupirs au patchouli.

Rasoirs, il faut en découdre!
Allons! peignes nouveau-nés,
Cascade aux flots safranés,
Tombe ici comme la foudre!
Poudre les airs, arbre à poudre.
Savonnette, savonnez!

Un grand bruit de tambours, de flûtes et de chapeau chinois.

JEANNETTE remonte la scène.

Quelle quantité de monde!...

CHŒUR.

Silence! silence! silence!
C'est le monarque qui s'avance!
Pareil aux astres éclatants,
C'est Couturin, roi de la mode,
Le seul qui sache, avec méthode,
Diriger nos goûts inconstants.

JEANNETTE.

Mais ils viennent par ici!... J'ai peur. Où me cacher?... Ah!...

Elle s'enfonce sous l'arbre à miroirs. — Toute la cour de Couturin, en arrivant,
chante :

Mortels, que sa faveur inonde
De l'un à l'autre bout du monde,
Marchez où sa main vous conduit!
Tous ses ordres sont chose grave;
On est perdu quand on les brave.
On est sauvé dès qu'on les suit.

SCÈNE II

LE ROI COUTURIN, LA REINE COUTURINE, avec toute la cour
(hommes et femmes); GRAISSE-D'OURS, premier ministre.

Couturin et Couturine sont habillés à la dernière mode du jour, exagérée. Graisse-
d'Ours, en veste, toute la barbe hérissée, l'air farouche, un tablier. — Tous les
personnages de la cour représentent les divers métiers relatifs à la toilette. —
Le Roi arrive au milieu d'une estrade portée à bras, et assis dans une sorte de
fauteuil ayant des compartiments sur les côtés, deux plumes d'autruche au haut
des montants et un miroir dans le dossier. A droite et sur un siège plus bas,
la Reine; à sa gauche, sur un autre, siège le premier ministre. — Les porteurs
abaissent le trône-estrade, tout doucement, jusqu'à terre.

LE ROI COUTURIN.

C'est bien! Arrêtez-vous! Et puisque nous voilà installés
dans l'endroit trois fois coquet des séances royales, ayant à notre
droite notre chère épouse, la sémillante Couturine...

COUTURINE, avec un regard langoureux, lui prend la main et la baise,

Toujours tendre, Couturin!

LE ROI COUTURIN.

A notre gauche, notre premier ministre, l'indispensable
Graisse-d'Ours.

GRAISSE-D'OURS

Vous êtes trop bon, Majesté!

COUTURIN.

Autour de nous, les hauts dignitaires de notre bonnet : l'ar-
chi-tailleur, l'archi-bottier, le prince du Cold-Cream, le duc du
Caoutchouc, et autres.

LES GRANDS DIGNITAIRES, s'inclinant.

Pour vous servir, ô Souverain!

COUTURIN.

Avec les dames de notre cour (il salue), lesquelles en font l'ornement.

LES DAMES.

Ah! délicieux!

COUTURIN,

Et derrière nous, le peuple imbécile!

LA FOULE.

Vive le Roi!

COUTURIN.

Il nous faut, suivant l'usage, établir les modes de la saison.

TOUS, avec vivacité et se démenant.

Voyons! quelles couleurs? combien de mètres?

COUTURIN.

Un instant! Il est d'abord indispensable de rappeler les principes.

GRAISSE-D'OURS.

Rappelez.

COUTURIN.

Or, c'est une vérité reconnue, mes colombes, que vous êtes
naturellement hideuses!

LES DAMES, scandalisées.

Ah! ah! l'abomination!

COUTURIN.

Oui, fort laides! Silence! Vous ne mettrez pas en doute,
j'imagine, la supériorité du factice sur le réel? C'est l'Art seul,
déesses, qui vous fournit tous vos charmes. — Ne craignez rien,
je suis discret. — Mais vous conviendrez que l'on est amoureux
de la robe et non de la femme, de la bottine et non du pied ; et si
vous ne possédiez pas la soie, la dentelle et le velours, le patchouli et le chevreau, des pierres qui brillent et des couleurs
pour vous peindre, les Sauvages mêmes ne voudraient pas de
vous, puisqu'ils ont des épouses tatouées! (Il se rassoit.)

LES DAMES.

C'est un peu dur! un peu vif!

GRAISSE-D'OURS se lève.

D'ailleurs, le vêtement, étant le signe manifeste de la chasteté, fait partie de la vertu et est une vertu lui-même! (Il se rassoit.)

COUTURIN.

Donc, plus le costume sera costumant, c'est-à-dire anti-
naturel, incommode et laid, plus il sera beau! (Il se rassoit.)

GRAISSE-D'OURS se lève.

Et distingué surtout! (Il se rassoit.)

TOUS,

Ah! distingué! le distingué, c'est le principal.

EXPOSITION DES LOTS DE LA LOTERIE FRANCO-ESPAGNOLE AU PALAIS DE L'INDUSTRIE

Tableau de F. ROYBET formant le lot de 25,000 francs. — Dessin de l'auteur.

LE CHATEAU DES CŒURS. — Décor du 3ᵉ tableau : *L'ILE DE LA TOILETTE*, par H. SCOTT.

COUTURIN *se lève.*

Eh bien! travaillez maintenant. (Il se rassoit.)

TOUS.

Voyons! cherchons!

*Un moment de silence, puis on entend tout à coup un grand fracas
de miroirs cassés.*

COUTURIN.

Qu'est-ce? (Il fait à un officier signe de sortir; après avoir regardé à
droite:) Ah! l'arbre aux miroirs, cassé! Ils étaient trop mûrs sans
doute, et quelque maraudeur en l'ébranlant...

L'OFFICIER, *rentrant.*

Nous avons trouvé dessous un monstre!

COUTURIN.

Un monstre?

L'OFFICIER.

Oui, ô Souverain, un être vert et démodé.

COUTURIN.

Qu'on l'amène!

TOUS.

Quelle bravoure!

SCÈNE III

LES PRÉCÉDENTS, JEANNE.

*Elle entre avec des gants verts Empire qui lui montent jusqu'aux coudes, et faisant
beaucoup de plis sur les bras; une coiffure à la girafe, un châle jaune par-
dessus sa tunique et un ridicule à la main. A son aspect, Couturin pousse un
cri aigu et tombe à la renverse. Graisse-d'Ours se lève indigné; Couturin, avec
un petit mouvement d'effroi, se recule sur son trône; les dames arrachent vivement les feuilles de l'arbre à éventails et se cachent le visage dessous. Brouhaha général.*

LES HOMMES *s'écriant :*

— Arrière!
— Va-t'en!
— Cache-toi!

LES DAMES.

— C'est une horreur!
— Une turpitude!
— Une antiquité...!

COUTURIN, *pour commander le silence, étend son sceptre, un fer à papillotes.*

Du calme, têtes exaltées par la frisure! Approche, jeune fille,
— car tu as l'air d'en être une, à tes attributs naturels, bien que
tu n'en possèdes point les grâces. Explique-nous, justifie ton ac-
coutrement!

JEANNE.

Je l'ai pris là, par terre, au hasard... croyant qu'il le fallait;
et en me relevant, tous les miroirs...

COUTURIN.

Assez! Ce n'est pas d'eux qu'il s'agit. (Rapidement.) Mais, pour
avoir désobéi aux lois de notre Empire, pour avoir méprisé le
culte de la chaussure, les délicatesses de la lingerie et l'élégance
du cheveu; pour t'être affublée d'une aussi infâme défroque,
qui fait remonter l'imagination jusqu'au temps de Corinne et du
cirage à l'œuf, tu mériterais les supplices...

TOUS.

Oui, oui! les plus terribles!

COUTURIN.

D'être condamnée à des bottines trop étroites, à des peignes
trop durs, à des corsets indélaçables!

TOUS.

Bravo!

COUTURIN.

A porter un cabas!

JEANNE.

Grâce!

COUTURIN.

Et un turban... avec panaches!

JEANNE.

Mais je ne connaissais pas la mode! Je n'ai pu la suivre. Est-
ce un crime?

COUTURIN.

Il n'y en a pas de plus grand, être femelle! car la Mode, sais-
tu bien, c'est la loi, la fantaisie, la tradition et le progrès; il n'est
rien qu'elle ne gouverne, ne produise et ne renverse. Colosse
folâtre établi sur le monde, elle drape la couche des nouveau-
nés, tandis qu'elle ornemente des tombeaux, levant sa tête au
ciel vers les philosophies et pénétrant ainsi, du bout de son
pied mignon, jusque dans l'éternité. Retire tes gants verts!

JEANNE, *humblement.*

Je ne demande pas mieux, moi. Je ferai ce qui vous plaira.

COUTURINE.

Ah! pitié pour elle, grand roi!

COUTURIN.

Soit! je te pardonne, en considération de ton ignorance. (Aux
grands officiers.) Et vous autres, occupez-vous de la façonner con-
grûment, de la vêtir dans le dernier genre.

JEANNE, *sautant de joie.*

Oh! merci. Quel bonheur! Je serai donc jolie, bien habillée!

COUTURIN.

Espérons-le!

BALLET.

*Sur un signe que fait Couturin, les officiers de sa cour se précipitent de droite
et de gauche : les uns vers les champignons qui portent des costumes, les autres
vers les étoffes du fond, ceux-ci vers les marabouts, ceux-là vers l'arbre à
peignes, etc.; et ils s'empressent d'habiller Jeanne et de la maquiller. Cependant
le fond et les deux côtés du théâtre changent, et représentent du haut en bas les
rayons d'un gigantesque magasin de nouveautés, plein de garçons servant des
dames.*

*Couturin est placé au premier plan à droite, étalé, seul, sur une petite cau-
seuse dans une pose méditative et en train de prendre des notes.*

Les garçons de magasin habillent des dames du monde.

Quelques-unes viennent s'adresser à Couturin, qui leur répond, par trois fois :

Laissez-moi! je compose!

Couturine leur sert du thé, sur un petit guéridon, placé près de Couturin.

*A de certains moments, le mouvement s'arrête et il se fait un grand silence.
Alors Couturin, un lorgnon dans l'œil, passe toutes les femmes en revue et les
rajuste, abaisse ou rehausse leur décolletage d'un geste brusque, puis lève les
épaules et crie :*

Non, pas ça, c'est vieux; autre chose! vivement!

*Jeanne doit toujours former le centre du groupe principal. A la fin, toutes les
dames, y compris la Reine, qui ont suivi progressivement les mêmes changements,
se trouvent habillées comme elle, d'une façon riche et extravagante.*

COUTURIN.

Restons-y au moins une demi-heure! C'est très beau!

*Satisfaction générale exprimée par des soupirs; mais tout à coup Couturin
considère Jeanne et, défaisant avec rapidité sa toilette :*

Oui! décidément, ceci me déplaît, et cela aussi! Autre chose.
Allons! vite!

Jeanne se trouve dans un costume d'un goût simple et exquis.

Maintenant, seigneurs et seigneuresses, parfumeurs et bro-
deuses, chemisiers et couturières, retirez-vous dans vos cabinets
artistiques, nous souhaitons être seuls! Demeurez, Couturine!

SCÈNE IV

JEANNE, COUTURIN, COUTURINE.

COUTURIN.

Eh bien! jeune fille, ce luxe de la toilette que tu désirais si fort, le voilà!

JEANNE.

C'est donc vrai! Je ne rêve pas.

COUTURIN.

Non, les génies supérieurs te protègent.

JEANNE.

Moi!

COUTURIN.

N'en doute plus! Aucune, grâce à nous, ne sera aussi séduisante.

JEANNE.

Oh! merci. Il va donc m'aimer.

COUTURIN.

Peut-être? Pour atteindre à la moderne dignité de femme, — tâche de comprendre, — pour devenir tout à fait cet être charmant, inextricable et funeste commencé par Dieu et achevé par les poètes et les coiffeurs, si bien qu'il a fallu soixante siècles au monde avant de produire la Parisienne; il te manque encore, ô petite fille, bien des choses.

JEANNE.

Lesquelles?

COUTURIN.

Eh! tu ne sais pas saluer, sourire, pincer la bouche, cligner des yeux, ni débiter des mélancolies en prenant sur un sopha des poses de fleur battue par la brise. Comment ferais-tu, voyons, en l'entendant soupirer? et quelle serait ta réponse s'il te demandait: « M'aimes-tu? »

JEANNE.

Eh bien, je répondrais : Oui.

COUTURINE, impérieusement.

Ça ne se dit pas, jeune fille! C'est un mot indécent, naturel et populaire!

JEANNE.

Mais comment parler? Enseigne-moi!

COUTURIN.

Holà! les deux types du bon goût! Arrivez!

G. FLAUBERT, L. BOUILHET, Ch. D'OSMOY.

(A suivre.)

CHRONIQUE SCIENTIFIQUE

LA FIN DU MONDE

Je viens vous annoncer une grande nouvelle;
Nous l'avons en dormant, madame, échappé belle.
Un monde près de nous a passé tout du long,
Est chû tout au travers de notre tourbillon
Et, s'il eût, en chemin, rencontré notre Terre,
Elle eût été brisée en morceaux comme verre.

Ce que Trissotin dit à Philaminte est le résumé de l'opinion qui fut généralement adoptée, même par les savants, jusqu'à la fin du siècle dernier, au sujet de notre planète. Une comète heurtant notre Terre de sa chevelure devait la faire voler en éclats sans qu'on pût fixer d'avance l'époque d'un aussi désagréable événement. On comprend qu'une telle croyance n'était pas faite pour encourager les grandes entreprises. Quand on est exposé à un accident pareil, on n'ose pas regarder bien loin devant soi.

Ce choc d'un astre errant était la forme scientifique donnée à la terreur irréfléchie du peuple, toujours en proie à la crainte de mourir, seul ou en compagnie.

A la fin du x⁰ siècle, à l'approche de l'an mil, une terreur superstitieuse avait ainsi frappé nos aïeux : la catastrophe était imminente et le premier jour du xi⁰ siècle devait la voir s'accomplir. On ne cherchait pas à connaître quelle devait être la nature du cataclysme.

Sa cause était liée à la numération du temps. Le monde était déjà trop vieux d'avoir vécu mille ans; 1001 ne pouvait pas être; il fallait se résoudre à mourir sans savoir pourquoi ni comment.

Michelet a peint dans son *Histoire de France* l'état moral de l'époque, pleine de merveilleux, où des pareilles terreurs pouvaient trouver un libre cours.

« Le monde du moyen âge ne voyait que chaos en soi; il aspirait à l'ordre et l'espérait dans la mort. D'ailleurs en ces temps de miracles et de légendes, où tout apparaissait bizarrement coloré comme à travers de sombres vitraux, on pouvait douter que cette réalité visible fût autre chose qu'un songe. Les merveilles composaient la vie commune. L'armée d'Othon avait bien vu le soleil en défaillance et jaune comme du safran. Le roi Robert, excommunié pour avoir épousé sa parente, avait, à l'accouchement de la reine, reçu dans ses bras un monstre. Le diable ne prenait plus la peine de se cacher : on l'avait vu à Rome se présenter solennellement devant un pape magicien. Au milieu de tant d'apparitions, de visions, de voix étranges, parmi les miracles de Dieu et les prestiges du démon, qui pouvait dire si la Terre n'allait pas un matin se résoudre en fumée, au son de la fatale trompette? »

La terreur était partout. — Les riches quittaient leurs châteaux et consacraient leur fortune à des œuvres pieuses pour conjurer le courroux du ciel; les pauvres se livraient à toutes les expiations que leur inspirait l'épouvante, et la classe élevée, elle-même, participait à la frayeur commune, puisque les actes publics, datant de cette époque, portent en tête, pour la plupart, la phrase : « *Appropinquante mundi termino* (la fin du monde approchant). »

L'an mil arriva! — Et l'humanité se retrouva elle-même tout étonnée de vivre et d'avoir été épargnée.

⁎⁎

La croyance à un cataclysme subit, faisant disparaître en un instant la Terre et ses habitants, est parmi les superstitions populaires une de celles contre lesquelles s'useront encore longtemps les affirmations scientifiques et leur vulgarisation. La peur ne raisonne pas. Comment croire que les phénomènes naturels s'accomplissent sans révolutions et sans secousses!! C'est pourtant ainsi que procède la nature. *Natura non facit saltus*, disaient les faiseurs d'adages du vieux temps. Aussi bien, nous pouvons affirmer, autant que l'affirmation est permise en pareille matière, que la même loi patiente qui a présidé à la formation et au peuplement de notre planète, présidera à l'extinction des espèces et à sa destruction. Les comètes n'ont pas le méchant dessein de heurter la Terre et de l'anéantir; elles n'ont d'autre souci que de parcourir l'espace par la route que les lois de la mécanique céleste leur assignent.

Lorsque la Terre mourra, ce sera de vieillesse et de décrépitude; elle se dissoudra, après que l'absorption de l'eau des mers qui la couvrent et de l'atmosphère qui l'environne, aura facilité sa rupture en fragments analogues à ces débris qui peuplent l'espace entre l'orbite de Mars et celui de Jupiter.

Mais l'humanité aura bien longtemps avant cessé de peupler la surface de la Terre.

Que de changements accomplis par ce simple phénomène de l'absorption de la mer et de l'atmosphère! Aujourd'hui déjà la couche d'air qui enveloppe notre globe est impuissante à retenir sur toute sa surface la chaleur que les rayons solaires y déversent chaque jour; les hauts sommets des montagnes, baignés par un air très raréfié, n'ayant au-dessus d'eux qu'une épaisseur d'atmosphère peu considérable, rayonnent vers les espaces infinis la chaleur qu'ils reçoivent et restent perpétuellement couverts de neiges éternelles.

Que sera-ce lorsque l'atmosphère, absorbé par la surface, n'enveloppera plus la Terre que d'une mince enveloppe? Le froid étendra partout son empire.

Du sommet des montagnes la limite des neiges descendra sur les hauts plateaux et dans les vallées, poussant devant elle la vie et la civilisation, et couvrant d'un blanc linceul les villes qu'elle rencontrera au passage. — Ce n'est pas tout. — En même temps et par suite du même phénomène, les calottes de glace du globe s'étendront vers les tropiques, ainsi que nous le voyons déjà sur la planète Mars.

Chassée par ces deux ennemis qui s'avancent l'un vers l'autre pour se rejoindre, la vie animale et végétale se raréfiera et se retirera sur les rivages des mers équatoriales à demi desséchées, aux points où l'air, ayant sa plus grande hauteur, permettra encore la respiration facile des animaux et des plantes.

Paris, Londres, Rome, l'Europe entière, ses villes, ses monuments, ses citadelles, gigantesques efforts de plusieurs siècles, tout cela dormira écroulé sous le blanc suaire de la neige éternelle !

La Terre, que nos géographes et nos voyageurs étudient et explorent, et qui sera bientôt aussi connue qu'on de nos départements, devenue alors inhabitable sur la plus grande partie de son étendue, sera transformée en un désert glacé que les savants ne connaîtront plus que par les anciennes traditions du passé.

Tous les efforts que notre époque tente pour aller jusqu'aux pôles, il faudra les refaire pour redécouvrir ce qui fut la France, la grande et populeuse nation !

Seuls, les rivages des mers voisines de l'équateur donneront asile à l'homme et aux animaux chassés de toute part, et plus les années se succéderont, plus s'accentuera cette lente raréfaction de la vie qui, poursuivant sans cesse son œuvre de destruction, fera disparaître successivement tout ce qui vécut ici-bas.

Enfin un jour viendra où les rayons d'un pâle soleil éclaireront un lugubre spectacle : les cadavres glacés de la dernière famille humaine morte de froid et d'asphyxie sur le rivage de la dernière mer desséchée.

⁎

Mourir de froid est certes, par le temps qui court, une perspective peu enviable qui fera frissonner au coin du feu plus d'une de mes lectrices. Crainte bien superflue ! Quand la fin du monde arrivera, dans plusieurs centaines de siècles d'aujourd'hui, nous serons tous morts, vous et moi, chère Madame, et bien des générations après la nôtre se seront éteintes. La mort pour chacun de nous, voilà la véritable fin du monde, la seule à redouter.

Henry VIVAREZ.

LA CORRESPONDANCE DE MADAME

Ma belle Georgette, si tu as deux heures demain, viens donc déjeuner avec moi ; il me faut absolument ton avis pour ma robe. Worth me conseille une robe orientale de cachemire de l'Inde bleu de ciel avec broderies mélangées d'argent. C'est pour le goûter d'enfants chez la duchesse. J'ai peur de n'être pas assez roseau pour porter la robe orientale. Il y a des manches au corsage de dessous en satin gris et entre-deux d'argent à jour qui sont tout un poème ! Mais n'aimerais-tu pas mieux pour moi la toilette Marie-Antoinette ? Fichu et manchon en alençon et tête de lophophore nichée dans les dentelles ? On fait avec cela une jolie entrée. Et l'entrée, tu sais, c'est presque tout.

Que comptes-tu mettre ? Il faut composer nos toilettes de façon qu'elles se fassent valoir. — A propos, tu sais que, pour tout le monde, je suis allée dimanche à Compiègne avec toi. Nous avons vu

DESSIN DE JEANNIOT.

Pierrefonds. Si tu ne l'as pas vu, relis le guide Joanne. Je t'embrasse, ma belle chérie. — Merci

MARIE-LOUISE.

Ma chère petite marquise, je sors. Je suis mort de fatigue de la chambre et je pars pour Chantilly ; j'irai demain vous baiser les mains. Je vous en prie, ne soyez pas fâchée, je vous jure que je me sens ce soir si malade que je serais insupportable. Croyez-moi, plaignez-moi et soyez miséricordieuse.

EVER YOURS.

Madame la Marquise,

L'emprunt de soixante mille francs que vous désirez contracter sur votre domaine de Valbleu ne peut se faire sans l'autorisation de votre mari. D'ailleurs, vous ne trouverez pas soixante mille francs sur un domaine dont la plus grande valeur est en bâtisse et mobilier. Le reste est tout bois, de jeunes pousses d'un rendement faible, quant à présent, et par conséquent peu propre à rassurer le prêteur. J'ai trouvé hypothèque à trente mille. Envoyez-moi l'autorisation conforme au modèle ci-joint ; nous traiterons, en admettant que ce soit dans vos convenances.

Je suis, Madame la marquise, avec respect,

Votre dévoué serviteur,

NADAUD.

Ma chère Georgette, Jean a rencontré le beau Guy qui n'allait pas à Chantilly du tout, mais prenait le train de Saint-Germain à la gare Saint-Lazare. Vous savez que Vaninka est à Saint-Germain. Ne lui faites pas de scène. Il n'y a rien de si bête, mais rendez-le jaloux. Rezof pourrait vous servir à cela, je vous l'abandonne. On me dit que vous êtes du fameux lunch de l'ambassadrice dimanche. Vous êtes bien heureuse de n'avoir pas de ces opinions qui vous enterrent dans l'obscurité. Je ne peux pas vous dire comme j'en veux à mon mari !... Enfin ! Mille tendresses.

AVOSSIE.

Madame, j'ai parlé au ministre et j'ai été assez heureux pour obtenir la croix pour votre jeune cousin. Non, Madame, je ne me marie pas. Quand les journaux n'ont rien à dire, ils inventent de marier des infortunés qui reçoivent alors des compliments comme autant de pavés sur la tête. Je ne me marierai jamais et je serai toujours malheureux. La comtesse Avossie m'a jeté un sort : il faudrait une fée pour le conjurer. Mais s'il y en a une au monde, je crois qu'elle ne songe guère à me prendre en pitié.

Veuillez agréer, Madame, l'hommage de mon profond respect.

LAURENT DE REZOF.

PARIS — TYPOGRAPHIE GEORGES CHAMEROT, 19, RUE DES SAINTS-PÈRES. — 19289

des cheveux en désordre où court un frisson amoureux... un front pâli... des tempes qui bondissent et se sillonnent de petites veines d'un bleu tendre... des pommettes brillantes... des lèvres un peu décolorées... un négligé adorable... un long peignoir couleur de chair que l'on entr'ouvre chastement à la gorge... des crispations nerveuses qui font que l'on vous enserre dans des bras aimés, tenailles forgées d'acier et d'amour... Voilà la migraine, la séduisante migraine, telle et de même que je souhaite à toutes les figurantes du paradis de Mahomet !... Fi des migraines des vieilles femmes, toujours suivies de complications désagréables, mais vivent les migraines des jeunes et belles personnes !...

Mon cher Georges, toutes les dames devraient savoir aujourd'hui qu'avec la migraine on ne vieillit pas.

Mᵐᵉ Marie de Jamaye avait donc une aimable maladie, la migraine, et un mari, quart d'agent de change à Paris, place de la Bourse, bien entendu.

Lionel eut la bonne fortune d'être le voisin de table de la nouvelle venue.

Tu connais mon cousin, mon cher Georges, et tu sais ce que

A son arrivée à Paris, Lionel s'acquitta de la commission.

Il s'agissait, paraît-il, de l'achat d'une parure « *d'or pâle à chaînettes d'émeraudes et de sophirs* ». remarquée au Palais-Royal le dimanche précédent.

La parure admirablement sertie était d'un prix énorme, mais M. de Jamaye était si content de faire plaisir à sa femme... Il ne tarissait pas d'éloges.

« Si vous saviez comme elle est bonne, ma petite femme !... Et puis, c'est un bas-bleu ; elle écrit à ravir... Dans notre terre de Jamaye, mais elle est adorée... Quand vous vous marierez, mon

vaut cette bonne et loyale nature. Tu n'ignores pas aussi qu'il est joli garçon et que lorsqu'il se donne la peine de plaire au sexe enchanteur, il n'attend pas longtemps sa récompense.

Bien que la règle la moins populaire de cet établissement patriarcal fixât à dix heures du soir la rentrée des pensionnaires, il nous arrivait souvent de tromper la vigilance du bon M. Firmin et de nous rendre à Paris pour assister à une *première* ou revoir nos amis au cercle des « *Jeune France* ».

Certain soir, au moment du départ, Mᵐᵉ de Jamaye appela Lionel :

« Vous verrez M. de Jamaye au cercle ?

— Bien certainement, Madame, et si....

— Soyez donc assez obligeant pour lui remettre ce petit mot... »

Ce jour-là, j'étais trop souffrant pour accompagner notre ami et je passai la soirée avec Mᵐᵉ de Jamaye, au salon de lecture.

cher Monsieur, je vous souhaite un bonheur semblable au mien... Tenez, voici ma réponse : remettez-la, je vous prie, vous-même, demain matin.... Dieu ! que ma petite Marie va être heureuse !... »

Le train de minuit ramena Lionel à Plessy-les-Roses.

La grille s'était refermée.

Le pensionnaire montait doucement le grand escalier qui le menait à sa chambre quand la bonne de Mᵐᵉ de Jamaye, postée en vedette, l'arrêta au passage et lui remit une carte.

« Diable ! se dit notre homme, voilà une femme qui est bien pressée d'avoir des nouvelles de son mari... On dit cependant que lorsqu'il y en a un qui aime... A une pareille heure !... Enfin, puisque je suis attendu... »

Mon cousin frappa discrètement à une porte capitonnée de satin cerise et entra dans le plus charmant boudoir que l'on puisse rêver.

Mᵐᵉ de Jamaye travaillait à un métier de tapisserie.

« Voici, Madame, la réponse dont j'ai l'honneur d'être le messager. »

Elle lut rapidement.

« C'est bien, Monsieur, je vous remercie... Et mon mari, comment va-t-il ? que dit-il ?... »

— Ah ! Madame, vous devez être bien heureuse... M. de Jamaye vous adore !....

— Bah !... C'est un mari... »

La dame avait dit ces mots d'un ton si naturel que son interlocuteur s'y prit à trois fois pour s'assurer qu'il avait bien entendu. — Il la regarda longuement... Elle était jolie, la blonde pensionnaire de Plessy-les-Roses... La migraine animait son visage ; ses yeux

noirs brillaient d'un feu étrange... Elle avait tout de la femme malade d'amour : des poses nonchalantes, un air de rêverie... un regard rempli de séduisantes et mystérieuses promesses...

Ce ne fut qu'un éclair.

Elle sembla revenir d'un rêve et jeta autour d'elle des regards de chatte effarouchée.

« Monsieur Lionel, vous êtes un honnête homme... J'étais folle... Il faut que je vous embrasse fraternellement. »

Lui, toujours stupide, se laissa donner un baiser sur le front.

On le pria de se retirer : il obéit.

On n'était pas Joseph à ce point !

.... Quelques jours après cette entrevue, les pensionnaires de Plessy faisaient une promenade à travers champs, dans les environs de Nogent.

Mme de Jamaye était assise auprès d'un fossé. Tout à coup elle poussa un cri :

« Monsieur Lionel !... Monsieur Lionel... venez vite... il y a quelque chose qui remue... »

Mon cousin accourut.

« Là, vous dis-je, sous ces pierres... Oh ! Dieu, que j'ai peur !... »

Lionel est brave ; il plia le genou et retira de l'endroit indiqué... un petit lapin qui faisait le mort.

Mme de Jamaye ne se possédait pas de joie : « Le charmant petit animal !... Pauvre bête !... Comme je vais te soigner !... Monsieur Lionel, vous m'avez fait bien plaisir ; je veux vous récompenser... Je sais que dans l'intimité vos amis vous appellent Loulou... eh bien ! mon lapin s'appellera Loulou, lui aussi. »

Elle tint sa promesse.

Loulou par ci, Loulou par là ; elle embrassait son Loulou sur la tête, sur les yeux, sur le nez, sur le cou.... Loulou prenait le chocolat du matin avec sa maîtresse. Caressé, il devint caressant. Il saluait de ses gambades le réveil de sa bien-aimée, bondissant sur son lit, se roulant sur l'oreiller à transparent rose, mêlant son poil doré à la chevelure dorée de sa dame, jouant avec les dentelles de sa chemise, avec les flouflous de son bonnet à jours.... Mme de Jamaye l'emmenait avec elle à la douche. On la roulait toute ruisselante dans une couverture de laine, le lapin s'y roulait aussi et il semblait qu'il éprouvât un malin plaisir à l'enlacer de ses petites jambes nerveuses...

Ah ! le séduisant Loulou !... Et jaloux comme un véritable tigre !... De son échine dorée et de ses yeux rouges comme des braises, on

eût dit qu'il jaillissait des étincelles chaque fois qu'un autre que lui s'approchait de sa maîtresse.

.[.].

C'était un monsieur que Loulou : la faveur bleue attachée à son cou en faisait presque un élégant.

Aussi il se sentait plein de mépris pour ses frères pauvres, obligés de se cacher sous les durs ajoncs et sous les pierres du chemin... Que lui faisaient les filets, les chasseurs et les furets ?... Ah ! la mauvaise chose que l'herbe des prés !...

Loulou buvait du lait comme un nouveau-né. Il sauçait ses pattes dans des flots de lubin mieux encore qu'une belle petite... Les jours de migraine, Loulou devenait plus caressant encore ; ses yeux rouges se faisaient tendres et c'est après mille précautions qu'il baisait la bouche de sa maîtresse avec son museau frais...

Loulou était amoureux et son amour était partagé. Tout le monde le savait et M. de Jamaye était le premier à en rire.

Le gentil Loulou ! l'adorable Loulou !

...... Un soir de migraine, Loulou se brisa la tête contre la table à toilette.

On cacha sa mort.

Le dimanche suivant, M. de Jamaye que l'on n'attendait pas se trouvait à l'établissement, à la porte même de l'appartement de sa femme. Il entendit une voix émue qui disait : « Je t'aime bien, mon Loulou chéri... tu es beau comme le jour, mon lapin adoré... mon Loulou béni... Tu aimeras toujours ta petite Marie ?... Mon Loulou, je suis à toi : je t'adore... »

Le quart d'agent de change n'osa même pas frapper à la porte du lapin.

Il fut trouver le docteur Firmin :

« Décidément ma femme est stupide... A-t-on jamais vu un pareil amour pour un aussi vilain animal ?... Passe encore pour des havanais, des kings-carles, mais un lapin !... C'est à en devenir bête... »

.[.].

La conclusion de tout ceci, mon cher Georges, c'est que le quart d'agent de change ne soupçonna jamais sa femme.

M. de Jamaye disait encore, l'autre jour, à sa charmante compagne :

« Vois-tu, chérie, quand notre ami Lionel viendra nous voir
« aux vacances, nous le ferons enrager avec l'histoire du lapin
« amoureux de Plessy-les-Roses. »

Avoue que Lionel a su prendre une bonne revanche.

Cordialement à toi,

Louis Nègre-Combe.

LE LOT DE 500,000 FRANCS

DESSINS DE H. SCOTT

UNDI dernier, à l'heure où Paris s'éveille, à cette heure matinale où les balayeurs rentrent chez eux leur tâche déjà faite, où les facteurs de la poste, égarés à travers les rues perpétuellement débaptisées de la Ville, errent à l'aventure, demandant leur chemin aux passants, et où les concierges se décident à porter chez leurs locataires les lettres que l'avant-veille ils ont reçues pour eux; lundi dernier, dis-je, les vingt-quatre amis de Théodore trouvèrent dans leur courrier un billet ainsi conçu :

« Vieux cher,

« La joie la plus vive illumine depuis hier l'âme de ton ami. Il vient de gagner à la loterie franco-espagnole un lot de 500,000 francs. Comment? C'est ce qu'il te contera ce soir chez Brébant, entre une tranche de foie et une bouteille de cachet vert. Sache, en attendant, que tu as, à l'heure présente, pour ami le plus fortuné des mortels,

« Qui te presse sur son cœur.
« THÉODORE. »

Cette lettre, extravagante au fond comme en la forme, plongea dans le même abîme de réflexions les vingt-quatre amis de Théodore. « Ouais! se dirent-ils tous en même temps, après l'avoir parcourue une seconde fois de leurs quarante-huit regards, en voilà bien d'une autre! Notre pauvre ami est-il devenu fou? Tenterait-il de nous mystifier? D'où lui vient ce lot de 500,000 francs dont il n'est parlé nulle part? et comment l'aurait-il gagné, puisque le tirage de la loterie n'a pas encore eu lieu? » Sur quoi, les vingt-quatre amis, après avoir inutilement pressé leurs vingt-quatre sinciputs, s'habillèrent à la hâte, prirent leur course vers le bureau télégraphique le plus rapproché et s'adressèrent mutuellement le télégramme suivant :

« Reçu lettre Théodore inquiétante qu'ai pas comprise. Dis si toi reçu aussi. »

Auquel tous ils répondirent sur-le-champ :

« Reçu, mais pas compris non plus. A ce soir. »

*
* *

Les pendules pneumatiques du boulevard auraient marqué six heures, si elles avaient eu des aiguilles, lorsque les vingt-quatre amis de Théodore franchirent ensemble le seuil de ce cabaret fameux que Monselet salue très bas quand il passe et qu'il révère comme un temple. Déjà Théodore les y attendait devant la nappe mise. Pendant qu'à tour de rôle il leur serrait la main, tous l'observaient à la dérobée; il ne leur sembla pas qu'il fût devenu fou ni qu'il nourrît à leur endroit le noir dessein de quelque mystification diabolique; l'accueil qu'il leur fit fut à la fois simple et cordial et la joie qu'il témoigna de les recevoir n'eut rien de faux ni d'affecté. Les premiers mots qu'il leur adressa en les voyant tous réunis, furent ceux-ci : « Ah! mes amis, je suis bien heureux! » Et comme ils s'apprêtaient à l'interroger, il les arrêta d'un geste, et leur montrant les huîtres qui semblaient languir dans leurs écailles et dont la nacre brillante illuminait les assiettes : « On nous attend, Messieurs, mettons-nous d'abord à table; je vous conterai tout ensuite. »

Quand chacun se fut assis et qu'au bruit des chaises qu'on déplace un profond silence eut succédé, Théodore prit la parole, et s'adressant à ses vingt-quatre amis : « Je ne vous ferai pas attendre plus longtemps le récit de mon bonheur; ce lot de 500,000 francs dont je vous parlais ce matin dans mes vingt-quatre lettres, voici comment je l'ai gagné :

« Je montais il y a dix jours l'avenue des Champs-Élysées, à l'heure de la promenade, sans autre but que celui de la monter pour la redescendre ensuite, lorsqu'à la hauteur de Ledoyen mes regards furent attirés par deux souliers mignons qui trottinaient menu devant moi, laissant transparaître, sous un bas de soie bleu clair bien tendu, deux fines et coquettes chevilles; de ces chevilles comme seules en possèdent les jolies femmes, de ces chevilles qu'on suit sans savoir pourquoi, et qui vous feraient faire le tour de Paris, si la fantaisie leur en prenait...

— Il y a trop de chevilles dans ton récit, s'écrièrent en chœur les vingt-quatre amis; nous brûlons d'impatience. Arrive au fait...

— J'y suis, répondit Théodore; de grâce, ne m'interrompez pas! Je suivais donc machinalement sur le bitume blanchi par le pâle rayon de nos premiers soleils de printemps le va-et-vient de ces deux adorables chevilles, lorsque je les vis soudain faire par le flanc gauche et se diriger vers l'entrée du pavillon nord-est du palais de l'Industrie où, comme vous le savez, se trouvent exposés en ce moment les lots de la loterie franco-espagnole...

— Nous le savons! s'écrièrent en chœur les vingt-quatre amis... Nous avons été les visiter...

— Les chevilles dont je vous parle, reprit Théodore, allaient les visiter aussi. J'en acquis la certitude en les voyant traverser en diagonale l'avenue qui longe le palais et pénétrer sous la marquise qui en protège l'entrée de ce côté. J'y pénétrai avec elles et je franchis, à leur suite, les marches du grand escalier de pierre qui conduit à la salle d'exposition. Devant l'une des boutiques où l'on vend les billets de la loterie et des numéros de la *Vie Moderne*, je les vis s'arrêter et je m'arrêtai, comme elles. L'idée me vint alors de m'assurer si leur propriétaire était véritablement digne d'être portée par des chevilles de cette espèce-là et je demeurai en extase devant le plus ravissant visage qui se soit jamais offert aux regards d'un mortel qui prétend s'y connaître en ravissants visages! Figurez-vous, mes amis, une blonde élancée, avec une taille de déesse, des cheveux d'or pâle qui frisottaient sur son front, abritant deux grands yeux...

— Théodore, s'écrièrent en chœur les vingt-quatre amis, tu deviens élégiaque, reprends ton récit, nous avons tous vu des jolies femmes du genre de celle dont tu parles.

— Jamais, reprit-il, celle-là est la plus belle des femmes... puisque je l'aime!

— Tu es amoureux? dirent les vingt-quatre amis en levant, dans un geste de stupéfaction, leurs quarante-huit bras vers le ciel.

— Je le suis, mes amis, et comme un fou... Mais je continue. La jeune femme s'était donc arrêtée devant la boutique des petites vendeuses et elle achetait des billets, ou plutôt elle parcourait du regard tous les coupons en interrogeant avec anxiété les chiffres. Sa lecture terminée, elle fit une petite moue de dépit, acheta deux ou trois billets qu'elle ne regarda même

pas, et, reprenant sa course, se dirigea vers la boutique située dans l'enfoncement de l'autre escalier. Je la suivais toujours ; mais, tout entière à ses pensées, elle ne paraissait pas le moins du monde s'émouvoir ou s'inquiéter de ma poursuite.

« Arrivée à la seconde boutique, elle fit comme elle avait déjà fait ; parcourut anxieusement du regard les feuilles de coupons, acheta deux ou trois billets qu'elle ne regarda pas plus que les autres et gagna, soucieuse et ralentie par quelque secret ennui, la grande salle de l'exposition.

« Elle contemplait distraitement les objets placés sous les vitrines lorsque, la voyant arrêtée devant le gros lot de diamants et distraite un peu par la beauté de l'oiseau sacré de Falize et la branche d'azalées de Massin qui en sont les plus belles pièces, je m'approchai d'elle et lui adressai timidement la parole :

« — Pardonnez-moi, Madame, lui dis-je, de vous aborder sans avoir ni l'honneur de vous être présenté ; mais vous avez paru, tout à l'heure, éprouver quelque contrariété de ne pas trouver un numéro de la loterie qui vous convint : j'en possède quelques-uns, et si dans le nombre...

« La jeune femme tourna légèrement la tête, sans répondre, et me toisa d'un fier regard. J'étais devant elle, le chapeau à la main, un peu courbé par un respectueux salut. Je m'excusai à nouveau et je réitérai ma demande. Elle fit quelques pas le long des tables d'étalage ; puis, comme je la suivais toujours, il lui prit un mouvement brusque, qui me fit apprécier l'onduleuse souplesse de sa taille, et elle revint se placer à nouveau devant la vitrine du gros lot. Elle demeurait là, hésitante, troublée, semblant se consulter et réfléchir. — J'essayai une dernière fois d'engager la conversation :

« — Je crois, Madame, lui dis-je, vous avoir déjà rencontrée dans le monde...

« Mais elle, vivement et sans se soucier de ma question : — Vous avez beaucoup de billets de la loterie ?

« — Cent cinquante environ ; et si, pour vous plaire, il faut en reprendre...

« — Je vous demanderai alors, Monsieur, de me rendre un petit service...

« Et, ce disant, elle découvrait des dents blanches, blanches à faire rougir de dépit l'ours des mers polaires.

« — Dix, vingt, cent services, et les plus immenses, si vous le désirez ! Je m'appelle Théodore de Percey et suis tout à vos ordres. »

« Et je m'inclinai très bas.

« Elle reprit :

« — Je vous serais obligée de me faire savoir si parmi les billets que vous possédez se trouve celui portant le numéro 3,333,333...

« — Je vérifierai, Madame ; je vous enverrai le 3,333,333 s'il est en ma possession ; et s'il ne m'appartient pas, je remuerai ciel et terre pour vous le procurer : j'interrogerai mes amis, je sonderai les bureaux de tabac...

« — Votre empressement et votre galanterie me touchent, et je vois que vous êtes un homme du monde. Croyez que le désir que j'ai de me procurer ce billet n'est pas un pur caprice. Je m'appelle Mᵐᵉ de L....; je suis veuve, seule, sans enfants. Je vis avec une vieille tante qui m'aime comme sa fille et n'a pas autour d'elle d'autre affection que la mienne.

« Elle est souffrante, fort affaiblie, très superstitieuse et elle a une peur horrible de la mort. Je ne sais quelle idée bizarre de malade s'est emparée d'elle, mais depuis huit jours elle ne cesse de répéter qu'elle voudrait posséder ce malheureux billet de loterie. Son esprit est obsédé nuit et jour du terrible désir qu'elle en a ; elle s'attriste et se désespère de n'avoir pu encore le trouver. Depuis huit jours, je parcours Paris à la recherche de ce coupon si ardemment convoité ; jusqu'ici mes recherches ont été vaines, et j'ai, chaque soir, le regret cruel d'annoncer à ma pauvre tante que je ne l'ai pas encore découvert...

« — J'unirai mes efforts aux vôtres, m'écriai-je. Nous finirons par savoir où se cache le 3,333,333, ou j'y perdrai mon nom !

« La glace était rompue ; nous parcourûmes l'exposition ensemble, en causant et en devisant, et elle me permit de lui offrir mon bras pour l'accompagner jusqu'à la porte.

« Je la conduisis à une voiture ; elle me remercia encore, me souhaita bon courage et m'envoya par la portière, du bout de ses doigts finement gantés, le plus adorable salut de main dont jamais homme ait été salué. »

« Ton histoire nous intéresse, dirent en chœur les vingt-quatre amis. Et qu'advint-il du 3,333,333, de la jolie femme et de la vieille tante ?

.᛫.

Vous vous souvenez, reprit Théodore, que récemment je vous écrivis pour vous demander si parmi les billets de la loterie que vous possédez ne se trouvait pas d'aventure le billet 3,333,333 ?

— Nous nous en souvenons. »

« Eh bien ! j'adressai la même question à toutes mes connaissances de Paris, de la province et de l'étranger. J'achetai les deux Bottin ; je fis imprimer à deux cent mille exemplaires une circulaire dans laquelle j'offrais deux francs de prime au propriétaire reconnu du 3,333,333, et j'en inondai Paris, les départements, l'étranger et les colonies. J'avais vingt employés chez moi, occupés à copier les adresses et à expédier ma circulaire pendant que je courais les bureaux de tabac ; je payai aux courtiers de la place de la Bourse, un franc par cent billets, le droit de vérifier le chiffre de ceux qu'ils vendaient avec prime.

« Le 3,333,333 se dérobait toujours à ma poursuite. J'allai consulter une somnambule célèbre, une grosse femme blonde qui a de très belles relations, paraît-il, dans la critique dramatique. La grosse femme blonde me prit la main, et, après un silence qu'elle avait voulu rendre solennel, elle m'annonça que « j'aimais une femme brune qui ne m'aimait pas, que j'étais persécuté par une femme châtaine, mais que malgré tout je serais heureux un jour et que j'aurais pas mal d'enfants ». Je l'interrompis pour lui demander si elle pouvait m'indiquer le nom de la personne entre les mains de laquelle se trouvait le 3,333,333. « Le 3,333,333 ? dit-elle gravement. Je l'ignore ; mais si vous voulez donner vingt francs de plus, je vous annoncerai quel est le billet qui doit gagner le gros lot. » Je posai ma question à nouveau ; la grosse blonde se mit en colère et finit par m'envoyer... à M. Jaluzot.

« J'étais désespéré. Tous les soirs je rendais visite à Mme de L...., qui vit très retirée, et je l'informais du résultat de mes démarches. La vieille tante s'entêtait d'heure en heure plus profondément dans son désir. Voyant qu'elle ne pourrait le satisfaire et convaincue qu'elle ne recouvrerait la santé qu'au prix de sa réalisation, elle allait s'affaiblissant et dépérissant chaque jour davantage. »

« Mince de tante ! » ne put s'empêcher d'interrompre irrespectueusement le chœur des vingt-quatre !

Mais Théodore les arrêta d'un geste.

« Ne riez pas d'elle, dit-il, et écoutez-moi jusqu'au bout. Avant-hier matin, n'ayant plus aucun espoir, j'allais renoncer à ma poursuite, lorsqu'en m'habillant :

« — Pierre, dis-je au nouveau domestique qui me sert depuis deux jours, avez-vous des billets de la loterie ?

« — Monsieur, j'en ai pas des, j'en ai un... un que mon ancien maître m'a donné parce qu'il dit que sept chiffres pareils ça ne gagne jamais.

« — L'avez-vous là ?

« — Oui, Monsieur ; il ne me quitte pas.

Mes amis ! ce billet... c'était lui, le 3,333,333... Je ne fis qu'un bond de chez moi chez Mme de L... L'appartement était fermé. Chez le concierge, j'appris, en redescendant, que la tante était morte une heure avant mon arrivée.

« J'écrivis à Mme de L... une longue lettre émue, dans laquelle je lui dis mon chagrin d'être venu trop tard. L'amour dont je suis consumé pour elle perçait sous toutes les lignes ; je finis par lui avouer que je l'aimais trop pour me retenir plus longtemps de le lui dire et je terminai ainsi : « Vous « voilà seule aujourd'hui ; vous n'avez plus personne à aimer et vous êtes « trop bonne pour vous passer d'aimer quelqu'un. Donnez-moi au moins « l'espoir que ce quelqu'un pourra être un jour votre humble et respec- « tueux adorateur. »

« Le soir de l'enterrement, qui était hier, je l'ai revue, attristée, plus belle que jamais dans sa douleur.

« — J'ai tenu à vous serrer la main, m'a-t-elle dit, avant mon départ pour la campagne ; je suis seule héritière de ma tante et des devoirs de succession m'appellent en province. Je pars pour un mois ; venez me voir à mon retour, et, pendant mon absence, pensez... au 3,333,333...

« Je suis tombé à ses pieds et j'ai longuement baisé sa main qu'elle m'a abandonnée. »

« Alors tu vas te marier ? hurlèrent les vingt-quatre en chœur.

— Oui, mes amis.

— Et ton gros lot ?

— Mais, cornichons que vous êtes ! ce sont les 500,000 francs de dot de ma femme !... »

Alors les vingt-quatre poussèrent successivement trois hourras formidables, et les promeneurs du boulevard se dirent :

« Tiens ! voilà des gommeux qui s'amusent. »

Gustave GŒTSCHY.

Rien qu'un billet

CHRONIQUE SCIENTIFIQUE

ON DEMANDE UN INVENTEUR

Les journaux scientifiques de la dernière semaine contiennent une annonce singulière.

Elle est ainsi conçue :

« Il y a, en ce moment, une fortune à faire aux États-Unis pour la per- « sonne qui trouvera le moyen d'utiliser la sciure de bois ou de la transfor- « mer en un produit commercial.

« A Minneapolis (État de Minnesota), il y a de tels amas de sciure de bois « qu'on ne sait plus comment s'en débarrasser ; les usines ne peuvent la « brûler, les cours d'eau sont impuissants à l'emporter et risquent d'être « transformés en marécages. On demande un inventeur qui tire parti de ce « produit aujourd'hui sans valeur. »

On demande un inventeur ! ! !

Voilà un appel qu'on a peine à comprendre venant d'un pays qui a le bonheur de posséder le seul grand inventeur, l'inventeur des inventeurs, le sorcier de Menlo-Park.

Si M. Edison, qui, d'après les journaux américains, travaille plusieurs jours de suite sans dormir, boire ni manger, peut s'arracher un instant aux préoccupations scientifiques qui assiègent son fertile cerveau, il aura pu entendre le cri de détresse de la malheureuse ville de Minneapolis, menacée de périr sous une avalanche de sciure de bois, comme Herculanum et Pompéi sous les cendres du Vésuve.

Or, pour lui, poser un problème c'est le résoudre. Je n'en veux d'autre exemple que la dernière et la plus surprenante de ses inventions.

On sait à la suite de quels efforts surhumains M. Edison a inventé, au mois de décembre dernier, une lampe électrique, dont la nouveauté a été contestée par les mauvaises langues et que les gens de beaucoup de foi espèrent voir prochainement briller dans la salle des dépêches du *Figaro*. Le *New-York Herald* (n° du 10 janvier) nous apprend qu'il en est résulté pour le grand inventeur un ébranlement cérébral tel qu'il a dû abandonner momentanément ses travaux habituels pour rechercher, je veux dire pour trouver, un remède infaillible contre la migraine. Ce spécifique nouveau, déjà baptisé du nom mystérieux de *Polyform*, a permis au célèbre sorcier de reprendre ses chères études.

Nous lui demandons de prendre en pitié ses compatriotes du Minnesota et de trouver, ce qui lui sera facile, le moyen de transformer la sciure de bois en bons et sonnants dollars.

Allons, monsieur Edison, un bon mouvement ! Après la scie de la lampe électrique, servez-nous la sciure de Minneapolis.

Henry VIVAREZ.

NOTES DIVERSES

Ce que l'on célèbre, ce que l'on vante trop haut représente plus souvent l'objet de notre désir que celui de notre possession, et n'est presque jamais chose sérieusement établie. Les possesseurs d'un bien réel ont d'ordinaire plutôt l'habitude de le diminuer, de l'*effacer* et de n'en pas souffler mot.

.*.

On a rarement conscience de ce que l'on est, et l'on croit avoir conscience, — toujours à faux, par exemple, — de ce que sont les autres.

.*.

Ce qui est le plus universellement blâmé, est aussi presque universellement pratiqué.

Louis DÉPRET.

LE NOUVEL ÉPINAL A L'USAGE DES GENS DU MONDE

LA LÉGENDE D'HARRY VAN TROTTAR

PAR S. ARCOS

Harry pour un bal costumé
Reçoit un billet parfumé.

Quel costume va-t-il choisir ?
— Asseyons-nous pour réfléchir.

Devant les vieux portraits du temps,
Au Louvre, il médite longtemps.

— Çà, costumier, un Charles neuf ?
Cela me paraît assez neuf.

— Combien, sans vous faire prier.
Cette dague, ô mon armurier ?

— Essayons... Très bien, le pourpoint !
... C'est la manche qui ne va point.

Un bon coiffeur, voilà le hic.
C'est lui qui complète le chic.

Épatement de son cocher !
— Cocher, tâchez de bien marcher !

Il arrive, il entre, il est fier...
— Monsieur, le bal était hier.

EXPOSITION DU CERCLE DE L'UNION ARTISTIQUE. — Dessin par A. DE NEUVILLE, d'après son tableau.

UN HÉRAUT D'ARMES.   COUTCHINE.   COUTURIN.   GRAISSE-D'OURS.   UN OFFICIER.

LE CHATEAU DES CŒURS

CINQUIÈME TABLEAU

(Suite et fin)

SCÈNE V

LES PRÉCÉDENTS, DEUX MANNEQUINS.

Monsieur et dame que l'on apporte. La dame est vêtue à la dernière mode. Le monsieur a une raie derrière la tête, qui se continue, par les poils de son paletot systématiquement divisés, jusqu'au bas des reins; elle se reproduit sur chaque jambe du pantalon; longnon dans l'œil, chic anglais, etc.

COUTURIN.

Considère ces deux honn^{êtes} mannequins qui ressemblent à

ILS SE SECOUENT LES MAINS AVEC VIOLENCE.

des humains : tâche de reproduire leurs mouvements, si tu veux avoir de belles manières. Rappelle-toi leurs discours, et en quelque lieu que tu te trouves, à la campagne, en visite, en soirée, dans un dîner ou au spectacle, tu pourras jacasser hardiment sur la nature, la littérature, les enfants aux têtes blondes, l'idéal, le turf, et autres choses. La clef, Couturine? (Il remonte les deux automates à la poitrine.) Commençons. En appuyant ici, on obtient ce qu'il faut dire devant un beau paysage. (En prenant le monsieur sous les aisselles, il le penche de droite et de gauche, comme on fait à une pendule dont le balancier est arrêté. Couturine fait de même à la dame.) Partez!

LE MONSIEUR, avec de petits gestes rapides de la main droite et l'air guilleret.

Bonjour, chère!

LA DAME, même jeu.

Bonjour, bonjour, mon bon!

Ils se rapprochent ainsi des deux côtés de la scène, en roulant sur leurs roulettes et quand ils sont arrivés face à face, ils se secouent les mains pendant une minute avec violence, en ricanant.

LE MONSIEUR, regardant autour de lui, avec des mouvements de tête saccadés.

Tiens! tiens! tiens! où sommes-nous donc?

LA DAME, minaudant et en détachant ses phrases.

Ah! la délicieuse campagne!... un site pittoresque!... et des petites fleurs! — si poétiques! — et inutiles!... poétiques parce qu'elles sont inutiles, — inutiles parce qu'elles sont poétiques!

LE MONSIEUR, d'un ton bourru.

Moi... je la trouve bête comme chou... votre campagne! — Du sentiment, allons donc! — de l'élégie, ha! ha! ha! — la poésie, ha! ha! ha! — Je suis revenu de tout ça... ha! ha! ha!

LA DAME, avec beaucoup de gestes.

Mais cependant, permettez, si l'on taillait ces arbres... si l'on reculait ces massifs, en faisant avancer le vieux chêne, avec quelques ruines, des paysans bien habillés et un chemin de fer pour être à proximité, on aurait là, avouez-le, un beau sujet artistique, de quoi faire une jolie mine de plomb.

LE MONSIEUR, gaillardement.

En fait de mine, je préfère la vôtre.

LA DAME.

Où donc prenez-vous ce ton-là? Chez vos petites dames? Je voudrais bien, sans qu'on le sache, y aller un peu... pour voir leur mobilier.

LE MONSIEUR.

A vos ordres! (A part.) Une imagination!... elle pétille! (Haut.) Mais, permettez, un conseil : pour vos placements, je m'en chargerais.

LA DAME, vite.

Et des reports aussi?

LE MONSIEUR, vite.

Ça va! J'ai mon carnet.

LA DAME, vite.

Nous disons donc...?

COUTURINE, arrêtant le ressort.

Assez! assez! ils ne s'arrêteraient plus.

JEANNE.

J'aurai bien du mal à retenir...

COUTURIN.

Ah bah! avec de la bonne volonté! Écoute-les plutôt sur les nouvelles du jour. (Il touche un ressort des mannequins à une autre place.)

LA DAME, lentement et d'un air affligé.

Eh bien, — à ce qu'il paraît, — on a encore massacré, là-bas, douze mille de ces pauvres diables.

LE MONSIEUR, chantonnant.

Broum! broum! broum! Qu'est-ce que ça nous fait? Je ne donne plus là-dedans! La vie est courte, turlurette! Amusons-nous!

LA DAME, d'un ton gai.

Vous avez le genre Régence, tout à fait talon rouge.

LE MONSIEUR, gravement, la main dans son gilet.

Oui, avec des idées libérales. Un mélange de l'ancienne aristocratie française et de l'industrialisme américain. Qu'est-ce que ça?

LA DAME, vite, et d'un ton suppliant, en lui offrant une liasse de petits papiers.

Des billets de loterie, pour mes pauvres!

LE MONSIEUR, avec un grand salut.

Trop heureux, Madame! (A part.) Pincé! (Légèrement.) Et le nouveau livre de chose, l'avez-vous lu?

LA DAME, admirativement.

Oh! très beau! Vrai! c'est un grand homme!

LE MONSIEUR, naturellement.

Eh! non, un crétin. Du moins on le dit.

LA DAME.

On le dit. Ah! alors ça se peut. Je vous crois.

LE MONSIEUR, avec un regard amoureux et soupirant.

Si vous pouviez croire tout ce que je vous... (Il s'arrête brusquement.)

COUTURIN.

Ah! j'ai oublié deux demi-tours!

JEANNE.

Mais ils ne s'aiment pas du tout, ceux-là!

COUTURIN, en remontant les mannequins.

C'est ainsi que cela commence; et quand il lui aura dit, en face, assez d'impertinences pour la faire pleurer, ce sera une union si intime et tellement reconnue, que l'on ne manquera pas dans les meilleures maisons de les inviter ensemble. (Les deux mannequins, pendant qu'il les remontait, ont échangé des gestes tendres qui deviennent de plus en plus expressifs.) Non! non! à la valse! à la valse! (Ils se mettent à valser et, pendant qu'ils valsent, Jeanne répète du mieux qu'elle peut tous leurs mouvements.) C'est cela! lui, menton levé et coude en l'air; — elle, droite comme un I et nez baissé; tous deux piquant leurs angles dans l'espace, une vraie figure de géométrie en belle humeur. Assez! qu'on les remmène! Et vous, Couturine, veillez bien à ce qu'on les remette dans leurs boîtes.

On les emporte.

COUTURIN REMONTANT LES MANNEQUINS. — Dessin d'Eug. COURBOIN.

SCÈNE VI

COUTURIN, JEANNE.

COUTURIN.

Voilà! Tu en sais suffisamment pour te produire dans le monde.

JEANNE.

Eh! ce n'est pas le monde qui m'inquiète, mais lui; où est-il? Je veux le voir.

COUTURIN, lentement.

Il me serait possible de satisfaire ton désir.

JEANNE, ravie.

Oh!...

COUTURIN.

A une condition, cependant.

JEANNE.

Dis-la! et quelle qu'elle soit, d'avance... Réponds donc...

COUTURIN.

C'est que jamais tu ne te feras reconnaître, ni à lui ni à son compagnon.

JEANNE.

Pourquoi ?

COUTURIN.

Parce qu'il t'a déjà repoussée quand tu étais une paysanne : l'oublies-tu ? Et, surtout, écoute bien, tu ne doutes pas de mon pouvoir : n'est-ce pas moi qui t'ai donné plus de robes que tu ne possédais d'épingles et plus de perles fines qu'il n'y avait de grains de son dans l'auge de tes pourceaux ? Eh bien, je te jure par cette même puissance que si tu viens à lui dire ton nom, à l'instant même, et comme d'un coup de foudre, tu mourras.

JEANNE baisse la tête, tandis que Couturin l'observe avec anxiété ; puis lentement :

N'importe sous quel nom et sous quelle figure : pourvu qu'il m'aime, c'est tout ce que je veux ! Partons-nous ?

COUTURIN.

Oh ! inutile ! Le voilà qui vient pour des emplettes indispensables à son voyage !

On entend la voix de Dominique dans la coulisse.

BONJOUR, BONJOUR, MON BON! — Dessin d'Eug. COURBOIN.

SCÈNE VII

LES PRÉCÉDENTS, PAUL, DOMINIQUE, COMMIS.

Dans la scène précédente, le décor peu à peu s'est changé en un bazar immense où il y a beaucoup d'articles de voyage. Le fond de la scène se trouve occupé par les couturiers et les modistes.

DOMINIQUE, criant.

Place ! place ! Il nous faut deux sacs de nuit, une aumônière, des couvertures.

PREMIER COMMIS.

A vos ordres !

DEUXIÈME COMMIS.

Tout de suite, Monsieur !

TROISIÈME COMMIS.

Huitième étage ! quinzième rayon !

QUATRIÈME COMMIS.

Non ! par ici !

DOMINIQUE.

Ah ! j'en perds la boule ! (Paul et Dominique sont arrivés au milieu de la scène.)

JEANNE, la main sur son cœur.

C'est lui !

PAUL, apercevant Jeanne.

Quelle beauté !

DOMINIQUE.

Je trouve qu'elle a un faux air. (Riant.) Suis-je bête ! comme si c'était possible !...

PAUL.

Mais je l'ai déjà vue !... Où donc ? Ah !... dans mes rêves, sans doute...

JEANNE, vivement.

Il ne me reconnaît pas ? Bien ! D'autant plus que déguisée par cette toilette...

COUTURIN.

Tu as meilleure chance de lui plaire, certainement ! Mais n'oublie pas mes leçons !

JEANNE.

Non ! non ! Oh ! je me sens de l'esprit ! tu vas voir !

PAUL, saluant.

Madame !... (A part.) Pour qu'un être tellement merveilleux se rencontre ici, avec moi, c'est que le ciel, sans doute, l'a voulu ? Serait-ce par hasard...?

JEANNE, imitant les gestes du mannequin.

Bonjour ! bonjour, mon bon !

PAUL.

Quelle familiarité ! C'est un indice, un signe, peut-être ?...

JEANNE, se rapprochant de lui.

De la tristesse, il me semble ? Et la cause ?

PAUL.

Prêt à partir pour un long voyage, je me demandais, tout à l'heure, si je ne ferais pas mieux...

JEANNE.

Un voyage ? ça me va ! Plus on est de fous, plus on rit ! Votre bras, voyons ! Presto !

HORREUR!!! — Dessin d'Eug. COURBOIN.

PAUL.

Elle est folle !

JEANNE.

Mais regardez ! J'ai trois cent quatre-vingt-douze caisses pleines de robes, des coiffures par douzaine, des serviettes brodées, des torchons à dentelles, des gants à vingt-six boutons et des amours de petites bottes. Oh! mes petites bottes! (Elle montre son pied.) Bottes! bottes! bottes!

PAUL.

Assez! assez!

JEANNE.

Mon chalet d'acajou peut, en un clin d'œil, se poser sur les sites les plus pittoresques, et avec un piano (geste de dégoût de Paul), un bon piano, pour jouer des polkas sur les montagnes... Je sais faire des imitations. Écoute!

PAUL.

Grâce!

JEANNE, vivement.

Le reflet de nos élégances embellira le monde entier. Nous donnerons des raouts dans les pagodes, nous friserons les sauvages; notre poudre de riz se mêlera à tous les vents! Tout pour le chic! chic for ever! Du matin au soir nous ferons des mots! — Nous écrirons notre nom sur tous les monuments! nous blaguerons toutes les ruines, nous cracherons dans tous les précipices! Tu ne t'ennuieras pas! Grâce à la poste, maintenant, on reçoit n'importe où les journaux. Si l'occasion se présente de faire une affaire, un lac de pétrole, quelque gisement de houille...

PAUL, s'enfuyant.

Horreur!!!

JEANNE.

Aimons-nous.

PAUL.

Pas de cette façon-là!

JEANNE.

Reviens!

PAUL.

Jamais! (Il disparaît.)

DOMINIQUE, regardant de droite et de gauche.

Comment? décampé! Elle était bien aimable pourtant! (Il sort.)

COMMENT? DÉCAMPÉ! — Dessin d'Eug. COURBOIN.

SCÈNE VIII

JEANNE, COUTURIN.

JEANNE, atterrée et considérant Couturin.

Eh bien? eh bien?

COUTURIN.

Qu'as-tu donc?

JEANNE éclate en sanglots, et s'appuyant sur l'épaule de Couturin:

Ah! je suis horriblement malheureuse!

CHŒUR DE COUTURIERS ET DE MODISTES offrant les consolations puisées dans les douceurs de leur art.

JEANNE les regarde quelque temps sans comprendre; puis tout à coup:

Misérables! c'est vous qui en êtes cause avec vos fadeurs imbéciles. Allez-vous-en, mensonges du cœur et de la joue, hypocrisies, maquillages, faux sentiments, faux chignons, poitrines

JEANNE ÉCLATE EN SANGLOTS. — Dessin d'Eug. COURBOIN.

débraillées, âmes étroites! Je hais tout cela! Non! non! plus de tout cela! (Elle déchire ses vêtements.) Où est-il?... Je veux lui dire que je le trompais!... Paul! Paul! (Elle court de côté et d'autre, éperdue, haletante, renversant tout devant elle. — Les couturiers et les modistes s'enfuient.) Attends-moi! réponds! Je vais venir! Me vois-tu? Écoute! Paul! (Elle revient sur le devant de la scène, près de Couturin, qui est le Roi des Gnomes.) Ah! je l'ai perdu pour toujours!

LE ROI.

Par ta faute! Tu t'y es mal prise!

JEANNE.

N'est-ce pas? j'aurais dû me nommer!

LE ROI.

Tu en serais morte, l'oublies-tu?

JEANNE.

Ah! mais que fallait-il donc faire? Et c'est moi-même qui l'ai chassé! Plutôt que de me contraindre dans tout ce factice qui m'étouffait le cœur, j'aurais dû lui parler simplement et ne pas l'étourdir par le caquet de mes élégances ineptes. Si j'avais été une autre, je lui aurais plu peut-être? Il lui faudrait quelqu'un avec moins de fard aux pommettes, de sottises aux lèvres, de singeries dans les manières; une femme... qui le gagnerait par la modestie de sa tendresse... une bonne épouse... une simple bourgeoise.

LE ROI.

Tu veux en être une?

JEANNE.

Est-ce qu'il m'aimerait alors?

LE ROI.

Je le pense!

JEANNE.

Comment le devenir?

LE ROI.

Oh! cela est facile!

JEANNE.

Fais donc!

LE ROI.

Tu l'exiges?

JEANNE.

Oui! oui! Où le trouver?

LE ROI, l'entraînant par la main, avec autorité.

Viens! par là! Suis-moi!

FIN DU CINQUIÈME TABLEAU.

G. FLAUBERT, L. BOUILHET, CH. D'OSMOY.

(A suivre.)

MUSIQUE

LÉO DELIBES ET SON *JEAN DE NIVELLE*

Le jeune maître français dont nous donnons le portrait à notre première page, est né en 1836, à Saint-Germain-du-Val, dans la Sarthe.

Après de brillantes études au Conservatoire de Paris, il obtint, en 1853, la place d'accompagnateur au Théâtre-Lyrique, par la protection d'Adolphe Adam, son maître et son ami. Aussitôt que Delibes n'eut plus le souci du

Les costumes de *Jean de Nivelle*. — Dessin de Thomas.

pain quotidien, il sentit venir à lui la tentation du théâtre, et dès 1855 il risquait son premier essai dramatique.

La pièce, qui ne visait pas l'Opéra, mais les Folies-Nouvelles, était intitulée : *Deux sous de charbon*, asphyxie lyrique en un acte. Le rôle principal en était destiné à Hervé, qui ne roulait pas encore dans son âme les projets sinistres qui depuis nous ont valu *Chilpéric* et l'*Œil crevé*.

Une fois le charme rompu, Delibes fait jouer coup sur coup aux Bouffes-Parisiens : *Deux vieilles gardes* et *Six Demoiselles à marier*, productions aimables qui commencent à fixer l'attention sur son nom et lui valent la réception au Théâtre-Lyrique d'un joli acte : *Maître Griffard*, représenté le 3 octobre 1857.

A partir de ce moment, il est lancé et désigné d'avance pour la succession d'Adolphe Adam, dont en effet il a recueilli l'esprit essentiellement français et la grâce mélodique. Mais, n'ayant accepté l'héritage de son maître que sous bénéfice d'inventaire, Delibes a répudié cette facilité banale, ces rythmes vulgaires et plats, qui ont valu à l'auteur du *Postillon* une bonne part de sa popularité.

Au début de sa carrière, Delibes se montre d'une grande fécondité. Il laisse couler de sa plume une foule de partitionnettes parmi lesquelles il convient de citer : l'*Omelette à la Follembuche*, *Monsieur de Bonne Étoile*, le *Jardinier et son Seigneur*, le *Serpent à plumes*, le *Bœuf Apis*, *Mon ami Pierrot* et les *Eaux d'Ems*.

A cette époque, c'est-à-dire vers 1865, Delibes devient second chef de chant à l'Opéra. Il se recueille alors et semble hausser le point de mire de son ambition. Toutefois, après avoir écrit un ballet, *la Source*, en collaboration avec M. Minkous, il a un retour de jeunesse et vient donner aux Bouffes-Parisiens une spirituelle fantaisie : l'*Écossais de Chatou*, et aux Variétés une pièce en trois actes : *la Cour du roi Pétaud*, représentée le 24 avril 1869. C'est son dernier sacrifice à la muse de l'opérette ; dès l'année suivante, il rentre à l'Opéra avec un ballet : *Coppélia ou la Fille aux yeux d'émail*, qui met dans son véritable jour le talent si fin et si distingué de Léo Delibes.

Ce talent s'affirme une fois de plus dans *Sylvia*, autre ballet de style plus classique que *Coppélia* et d'une instrumentation plus symphonique, et dans *le Roi l'a dit*, un charmant opéra comique représenté le 24 mai 1873 et dont la partition serait encore au répertoire, si malheureusement elle n'était écrite sur un poème sans intérêt.

Le nouvel ouvrage de M. Léo Delibes, *Jean de Nivelle*, nous montre le talent du jeune maître sous un nouvel aspect, car ce talent jaloux de perfection est dans une transformation incessante. Le musicien de la grâce et de l'esprit est entré cette fois dans le domaine du drame proprement dit et a élevé son inspiration jusqu'aux régions du grand art.

La partition de *Jean de Nivelle* est une œuvre extrêmement remarquable, que je voudrais pouvoir analyser à tête reposée. Malheureusement je me vois obligé de crayonner ces lignes au sortir de la première représentation, pour ne pas retarder le tirage du journal. Je ne puis donc que donner un rapide croquis de l'œuvre musicale et je risque d'oublier bien des détails qui mériteraient d'être mis en lumière.

Au premier acte, il faudrait presque tout citer. C'est d'abord le chœur charmant : *La plaine est tout ensoleillée*, dans le style des meilleurs morceaux de *Mireille*, encadrant la ballade de la Mandragore, qui devient en quelque sorte le motif principal de la partition. Ce motif est destiné à reparaître plus d'une fois dans le courant de l'ouvrage et sera toujours traité sous une forme nouvelle, montrant ainsi la souplesse extraordinaire du talent du compositeur, habile à retourner sa phrase, comme on retourne un diamant pour en montrer toutes les facettes.

C'est ensuite la mélodie si simple et si touchante : *On croit à tout lorsque l'on aime*, que la voix de Mlle Bilbaut-Vauchelet, troublée encore par l'émotion, n'a pas mise dans tout son jour. C'est encore le duo d'Arlette et de Simonne, avec la phrase coquette :

> Le rossignol et la fauvette
> Ont chanté dès l'aube du jour.

qui se résout dans un ensemble harmonieux, comme le gazouillement des oiseaux.

A ce duo se rattache un trio d'allure dramatique, qui marque, dès le début, le caractère de l'ouvrage.

Les couplets qui suivent sont en quelque sorte la légende de la pièce. La petite ritournelle du cor qui ramène le refrain :

> Voilà pourquoi Jean de Nivelle
> S'en va quand on l'appelle.

est d'un effet harmonique et extrêmement pittoresque.

Je signale, en passant, le joli duo entre Arlette et Jean de Nivelle, afin d'arriver au finale qui encadre avec une adresse que j'admire les différents épisodes de la fête des vendanges, pour en faire un tableau complet d'une ordonnance et d'une couleur qui révèlent la touche d'un artiste hors ligne.

On n'a pas attendu que le rideau fût levé sur le deuxième acte pour redemander une petite pièce instrumentale dont le motif est présenté d'abord par les hautbois, avec un piquant contre-point des bassons. C'est un morceau achevé dans son genre, esquissant une marche française du temps de Louis XI.

Ce joli entr'acte est suivi d'une introduction fort brillante, encadrant un joli motif de ronde.

Les costumes de *Jean de Nivelle*. — Dessin de Thomas.

Un trio bouffe, sur lequel se détache une phrase d'un rythme tout à fait trouvé :

> Ah ! qu'un doux ami cause d'allégresse !

fait diversion, par ses allures guillerettes, avec les couplets chantés par Mme Engally :

> Se consoler ! Il se peut qu'on oublie !

d'un accent sombre et pathétique.

LE CHATEAU DES CŒURS, 6e tableau : *LE ROYAUME DU POT-AU-FEU.* — Décor par H. SCOTT.

LE CHATEAU DES CŒURS

SIXIÈME TABLEAU

LE ROYAUME DU POT-AU-FEU. — DESSINS DE E. COURBOIN

Le théâtre représente la place de ville, en hémicycle. Toutes les rues y aboutissent, de façon que l'on peut apercevoir d'un seul coup d'œil la ville entière. Les maisons, toutes pareilles et d'une architecture pitoyable, à façade nue, sont peintes en couleur chocolat, avec des réchampis blancs. Au milieu de la place, porté par un trépied et sur des charbons embrasés, bouillonne un gigantesque pot-au-feu.

Autour du pot-au-feu, il y a, rangés en demi-cercle, des fauteuils de bureau en acajou, dans lesquels se tiennent assis les épiciers, tous en serpillière et en casquette de loutre. Derrière eux, des deux côtés de la scène, debout, les différentes corporations de la ville, portant des bannières, où l'on voit écrit : Bureaucratie, Sciences, Littérature, etc. Les savants ont des toques et des abat-jour verts; les littérateurs, un mirliton et un encrier passés en bandoulière sur la hanche; les bureaucrates, des bouts de manche de percale noire avec une plume de fer à l'oreille. Tous les citoyens portent la barbe en collier et ont (à l'exception des épiciers) des redingotes à la propriétaire et des chapeaux-tromblons sur la tête.

Le grand pontife, au milieu de la scène, derrière le pot-au-feu, faisant face au spectateur et monté sur un escabeau, dépasse la multitude. Des deux côtés, sur le devant, un groupe de collégiens, coiffés de képis, joue de l'accordéon. Aux fenêtres des maisons, il y a des femmes à bonnets tuyautés et en robe de laine brune; sur les toits à tuiles rouges, des chats. Au delà, un ciel gris.

SCÈNE PREMIÈRE

La toile se lève aux sons mélancoliques des accordéons joués par les collégiens, et qui se prolongent quelque temps encore après qu'elle est entièrement levée. Puis il se fait un silence. On entend bouillonner le pot-au-feu tout doucement, et enfin le grand pontife commence.

LE GRAND PONTIFE.

LE GRAND PONTIFE, une écumoire à la main.

Citoyens, bourgeois, croûtons! En ce jour solennel, où nous sommes réunis pour adorer le trois fois saint Pot-au-Feu, em-

blème des intérêts matériels, autrement dit des plus chers! si bien que, grâce à vous, le voilà maintenant presque une divinité!

COLLÉGIEN ET ÉPICIER.

— C'est à moi, le grand pontife de ce culte sage, qu'il incombe de vous remémorer vos devoirs et de vous relier tous, par un acte commun, à la vénération, à l'amour, à la frénésie du Pot-au-Feu!

Vos devoirs, ô Bourgeois, nul d'entre vous, je le déclare, n'y a transgressé! Vous vous êtes tenus philosophiquement dans vos maisons, ne pensant qu'à vos affaires, à vous-mêmes seulement; et vous vous êtes bien gardés de lever jamais les yeux vers les étoiles, sachant que c'est le moyen de tomber dans les puits. Continuez votre petit bonhomme de chemin, qui vous mènera au repos, à la richesse et à la considération! Ne manquez point de haïr ce qui est exorbitant ou héroïque. — pas d'enthousiasme surtout! — et ne changez rien à quoi que ce soit, ni à vos idées, ni à vos redingotes; car le bonheur particulier, comme le public, ne se trouve que dans la tempérance de l'esprit, l'immutabilité des usages et le glouglou du pot-au-feu! (Accordéons.)

A vous d'abord, colonnes de la patrie, exemples du commerce, base de la moralité, protecteurs des arts, Épiciers! (Les épiciers se lèvent.)

Jurez-vous de toujours mettre de la chicorée dans le café?

LES ÉPICIERS, en chœur.

Oui!

LE GRAND PONTIFE.

Et de ne pas quitter le comptoir, sauf, bien entendu, pour venir sur votre seuil indiquer aux badauds la route qu'il faut suivre; enfin, de vous infusionner dans le monde par toutes sortes de moyens, alliances et propagande, de manière à faire prévaloir vos principes et à demeurer, ce que vous êtes, les rois de l'humanité, les dominateurs universels?

TOUS LES ÉPICIERS, debout, la main étendue vers le pot-au-feu.

Nous le jurons!

LE GRAND PONTIFE.

Et vous, Bureaucrates?

SAVANT ET BUREAUCRATE.

LES BUREAUCRATES.

Présents!

LE GRAND PONTIFE.

Êtes-vous bien résolus à travailler toujours le moins possible, en ne songeant toujours qu'à votre avancement?

LES BUREAUCRATES.

Oh! oui!

LE GRAND PONTIFE.

Jurez-vous de toujours brûler effroyablement de bois dans vos poêles, de vous montrer incivils, de maudire vos chefs en vous plaignant de l'existence. et de dépenser pour cent écus d'écritures dans une affaire de vingt-cinq centimes, dont vous ferez attendre la solution pendant quinze ans?

LES BUREAUCRATES.

Nous le jurons!

LE GRAND PONTIFE.

Messieurs les Savants, lumière du pays, à votre tour! (Les Savants se présentent à demi courbés, avec un tremblement sénile.)

LE GRAND PONTIFE. d'un ton familier.

Vous vous engagez, n'est-ce pas, comme par le passé, à ne faire que des petites recherches innocentes, qui ne troublent rien?

TOUS LES SAVANTS, levant les mains.

Oui! oui! N'ayez pas peur! Nous le jurons.

LE GRAND PONTIFE.

Cela suffit! — Venez maintenant, vous, talents honnêtes qui charmez nos soirées de famille. L'Art étant fait pour récréer, vous nous récréez. Allons!

LES POÈTES COMIQUES étendent tous la main vers le pot-au-feu, en faisant:

Cocorico! (Ricanements dans l'assemblée.)

LE GRAND PONTIFE, souriant aux épiciers qui l'entourent.

Encore un peu d'excentricité dans la forme; mais les intentions sont si pures! (Il frappe avec son écumoire sur le pot-au-feu pour réclamer l'attention.) Un dernier mot, Messieurs, à la Jeunesse, au prin-

temps de la vie! (Sur un signe qu'il leur fait, les collégiens s'approchent avec leurs accordéons sous le bras.) Approchez, Éphèbes, approchez! Jeunes gens, notre espoir, vous allez entrer dans l'âge des passions! Prenez garde, c'est comme si vous pénétriez dans une poudrière; la moindre étincelle, tombant sur vos cerveaux, peut faire sauter l'édifice! On a eu soin d'écarter de vous toutes les torches, je le sais: n'importe! Il n'en faut pas moins se défier des ardeurs du sang et de l'imagination: elles ne produisent que des crimes et des folies! ou plutôt, utilisez vos vices! employez profitablement vos mauvais instincts! Que ceux, par exemple, qui savent gagner au jeu rapportent leur argent à la maison, et qu'ils le placent! Amusez-vous en cachette, économiquement; prenez un bon état, et ne rentrez jamais passé dix heures du soir, Voilà le secret. Jurez-vous de l'observer?

LES COLLÉGIENS.

Nous le jurons! (Ils retournent à leur place.)

LE GRAND PONTIFE.

Je suis ému, Messieurs! Tant de raison dans cet âge m'a touché, et si la fête n'était pas terminée, je succomberais à mon émotion. Elle est terminée, car il n'est pas besoin de vous demander de serment, à vous... (Il s'adresse aux femmes qui sont aux fenêtres) gardiennes et cause de notre félicité, épouses, ménagères, petites-mamans pot-au-feu! C'est par vos soins qu'il mijote! Donc, persévérez dans vos deux préoccupations chéries: 1° raccommoder les chaussettes de vos légitimes, et 2° être toujours en garde contre les séductions de la gaudriole. Ne songez même qu'à cela, incessamment, exclusivement. Bref, n'oubliez pas que l'attitude la plus belle pour une femme, sa position idéale, si j'ose m'exprimer ainsi, est de se tenir quelque peu agenouillée. avec une écumoire à la main, un bas de laine passé dans le bras gauche, tournant le dos à Cupidon, et la tête perdue dans la vapeur du pot-au-feu!

POÈTE COMIQUE.

Et vous, Chats, inconstants quadrupèdes, bohémiens des toits! Si vous n'employez pas tout votre temps et la force de votre gueule à nous prendre des souris. on vous mettra des muselières et l'on vous empalera avec la broche, puisque la Nature vous a créés pour nous être utiles. Mais, que si vous devenez sédentaires et zélés à nous servir, on vous laissera au fond de l'assiette quelques gouttes froides du pot-au-feu!

Et toi, Soleil, puisses-tu, brillant toujours modérément, te transformer en un vaste paquet de chandelles, pour nous économiser l'éclairage ! et que tes rayons fassent tomber dans le creux des mers une pluie de graisse, afin que, se chauffant à la tiédeur, tout le globe entier ne soit plus qu'un immense pot-au-feu !

TOUS *crient :*

Vive le pot-au-feu !

En retirant leurs chapeaux, ce qui laisse voir distinctement leurs crânes étroits et très allongés, en forme de pain de sucre.

LES FEMMES, *aux fenêtres.*

Comme nos maris sont bien !

Les autres corporations qui n'ont pas été nommées s'empressent autour du pot-au-feu, et le grand pontife, décrivant mystiquement un cercle dans l'air, les asperge tous avec son écumoire. Après quoi, la séance étant levée, on retire les sièges, on se cherche et l'on s'aborde avec une certaine animation.

LES BOURGEOIS.

Ah ! une belle fête ! un remarquable discours ! Et quelle musique ! On a fait des progrès dans les arts ! C'est incontestable !...

La confusion et la rumeur peu à peu s'apaisent, et tous se mettent à observer les horloges qui sont au-dessus de la porte, devant chaque maison. L'aiguille marque 5 heures 55 minutes. Ils attendent le nez en l'air, et quand 6 heures sonnent, ils disent tous en même temps :

Allons dîner !...

Ils entrent dans les maisons.

SCÈNE II

La scène reste complètement vide. D'abord, on entend dans les maisons un bruit de gros baisers, ensuite un bruit de chaises ; presque aussitôt après, un bruit de cuillères sur les assiettes, et quelque temps après

DES VOIX *s'élèvent et disent :*

Ah ! ça fait bien !...

Un petit silence, puis cliquetis de couteaux et de fourchettes.

LES MÊMES VOIX.

Voilà ce qu'on ne trouve pas au restaurant !...

Le bruit des couteaux et des fourchettes continue. On entend déboucher des bouteilles de vin, puis

LES MÊMES VOIX.

Nous sommes entre la poire et le fromage.

Alors quelques petits rires de satisfaction.

LES VOIX DES HOMMES, *seulement.*

Donne-nous un verre de liqueurs, hein ?

LES VOIX DES FEMMES.

Mais tu vas te faire mal !

LES VOIX DES HOMMES.

C'est pour mon estomac, une fois n'est pas coutume !...

Ensuite un fort remaniement de chaises, et

IL FAIT CHAUD !

TOUS LES BOURGEOIS *apparaissent à leurs fenêtres, étendent la main et disent :*

Il fait chaud !

UNE FEMME *arrive à chaque fenêtre.*

Oui ! mais le fond de l'air est froid.

TOUS LES BOURGEOIS,

C'est vrai !

Ils se détournent un peu et tapent sur le baromètre accroché en dehors de la fenêtre.

Ça va-t-il se maintenir ?... (Après quelque réflexion) Oui !... oui.. on peut prendre le frais !

AH ! ON EST BIEN ICI !

Les croisées se referment, et bientôt tous les bourgeois rentrent en scène et s'installent devant leurs portes sur des chaises, chaque ménage étant flanqué d'un petit garçon habillé en turco et d'une petite fille habillée en Suissesse.

Ah ! on est bien ici !

Les femmes prennent leur tricot, les hommes leur journal. Jeanne, en costume extra-bourgeois, s'assoit sur le seuil d'une maison, au premier plan, à droite.

SCÈNE III

LES BOURGEOIS, LES BOURGEOISES, JEANNE, LE ROI DES GNOMES.

Dès que Jeanne est assise,

LE ROI DES GNOMES, *ayant retiré quelques-uns de ses attributs de pontife du Pot-au-Feu, paraît derrière elle, et se penchant sur son épaule :*

Tu le vois ! tout me cède ! tout nous sert ! Je n'ai eu qu'à me montrer pour être élu bourgmestre de la ville et pontife de la religion. (A part.) Rien de plus facile : c'est dans la médiocrité que l'esprit du mal triomphe !

JEANNE, *soupirant.*

Mais voilà tant de jours que je le cherche, que je l'attends ; et il va venir, tu crois ?

LE ROI DES GNOMES.

J'en suis sûr ! Patiente !

JEANNE.

Oh ! merci. Protège-moi toujours !

LES MÈRES.

Allons, mes anges ! Voici l'heure où les enfants doivent s'amuser !

Les petits turcos et les petites suissesses s'élancent du seuil des maisons en courant, se prennent par la main et dansent en rond autour du pot-au-feu en chantant quatre vers imités de la chanson des Spartiates :

> Nos grands-pères étaient bêtes,
> Nos pères l'ont été plus !
> Nous le sommes davantage.
> Nos enfants le seront encore bien plus.

Quelques-uns de leurs bonnets tombent dans leur danse, et l'on voit leurs crânes extra-pointus.

JEANNE, *les contemplant.*

Ils sont jolis, ces enfants. Heureuses mères !

UNE DAME, *à côté d'elle, sur une chaise.*

Sans doute ! Vous êtes bien honnête, Mademoiselle, et le

mien, quoique plus jeune, promet beaucoup! — (Elle appelle.) Nourrice!...

DEUXIÈME DAME.

Et le mien aussi. — Nourrice!...

TROISIÈME DAME.

Et les deux miens donc! — Nourrice!...

Alors paraît une légion de nourrices dandinant des poupons dans leurs bras. Les mères s'empressent autour d'eux, pour les montrer.

PREMIÈRE DAME.

Envoyez un bécot à la jolie demoiselle et au bon monsieur.

UNE MÈRE DE POUPARD, *lui retirant ses langes.*

Regardez-moi ces membres...

UNE AUTRE MÈRE.

Et sa tête! (Elle lui retire son béguin.) Voyez!...

TOUTES LES MÈRES DE POUPARD.

La sienne est bien plus belle! la plus belle!

Elles retirent toutes les béguins de leurs marmots, qui ont des crânes fantastiquement pointus.

LE ROI, *prisant.*

Encore mieux que leurs pères! La génération s'annonce crânement!

TOUTES LES MÈRES ET DAMES, *parlant à la fois.*

Récitez votre fable! Une risette! Ah! qu'il est gentil! Il aura du nanan!

Tous les enfants envoient des baisers à Jeanne et commencent à marmotter très vite, pendant que les mères parlent à la fois, que les poupons pleurent et que les nourrices chantonnent. Mais il s'élève dans la coulisse un grand murmure, comme serait l'irritation contenue d'une foule lointaine. Paul et Dominique paraissent. Tous les enfants, effrayés, s'enfuient, les nourrices remmènent leurs nourrissons, et beaucoup de bourgeois et de bourgeoises s'éloignent avec des regards farouches. D'autres vocifèrent :

A bas! canailles, brigands, originaux!

Sifflets, huées.

G. FLAUBERT, L. BOUILHET, CH. D'OSMOY.

(A suivre.)

LA FUITE.

CRITIQUE LITTÉRAIRE

Les Dieux antiques, par M. Stéphane MALLARMÉ. — La Vraie Tentation du grand saint Antoine, par M. Paul ARÈNE. — La Fin de Lucie Pellegrin, par M. Paul ALEXIS. — Mademoiselle Lacour, par M. Henry MOREL. — Voyage au pays des Tziganes, par M. Victor TISSOT. — Œuvres complètes de Millevoye. — Fables de La Fontaine. — Le Pendu de la forêt Noire, par Léopold STAPLEAUX. — Fabien, par M. Albert LE ROY. — Hyacinthe, par M. Alfred ASSOLANT. — Profils intimes, par M. Adrien MARX. — Le Rhin français, par M. Camille FARCY.

M. Stéphane Mallarmé vient de publier, à l'usage des jeunes gens, un beau livre de mythologie, — je devrais dire presque le seul livre de mythologie qui existe en France. Les *Dieux antiques* sont une libre adaptation d'un petit manuel de George W. Cox, inconnu des Français, mais qui jouit en Angleterre d'une réputation méritée, et dans lequel sont résumés tous les travaux parus depuis le commencement du siècle sur la mythologie, absolument renouvelée par les travaux de Grimm, Niebuhr, Grote, Bréal, Louis Ménard et tant d'autres. Tout le monde sait maintenant que les divinités de la fable ont été transformées en phénomènes naturels et délivrées de leur apparence personnelle.

M. Stéphane Mallarmé, qui est un savant et un poète, a remanié le texte de George Cox, qui n'était qu'un questionnaire, ajouté quelques notions sur les mythes congénères, hindous, perses, norses, qui ne sont point classiques, et juxtaposé les dieux grecs et latins selon l'analogie connue. L'œuvre y gagne en clarté et devient ainsi, en même temps qu'un traité scolaire, un livre de lecture de l'intérêt le plus vif. Des illustrations d'après l'antique, choisies avec un goût scrupuleux, servent de commentaire artistique nécessaire « pour fixer un instant en l'esprit la figure des dieux avant leur évanouissement », et font comprendre, selon l'expression même de l'auteur, la différence entre les mythes incarnés par l'art et les mythes expliqués par la science.

Quel adorable livre que la *Vraie Tentation du grand saint Antoine* de M. Paul Arène! Quelle bonhomie charmante, quelle malice ingénieuse éclatent à chaque ligne dans ce conte de quelques pages qui vaut, à lui tout seul, tous les romans naturalistes présents, passés et futurs! Et quel style précieux et savant, ciselé comme les vers d'un sonnet, en même temps simple et naturel au point qu'on ne sent ni le travail ni l'art! Ah! si nous étions encore au temps où une simple nouvelle comme le *Mouchoir bleu*, *Colomba*, ou la *Dot de Suzette*, rendait célèbre un écrivain, M. Paul Arène serait illustre. Mais, par le temps qui court, il en faut davantage, — je dis : au poids, — et les lettrés seuls savent que l'auteur de la *Vraie Tentation du grand saint Antoine* et de *Jean des Figues*, un petit chef-d'œuvre qui deviendra classique comme le *Voyage sentimental*, est tout simplement un des esprits les plus délicats, un des conteurs les plus exquis de notre génération. Mais aussi pourquoi, au lieu de mettre en prose malséante les aventures d'un intérêt discutable d'une demoiselle Vatard ou d'une dame Bécart, s'avise-t-il de nous conter, en poète, comment, pendant la nuit du réveillon, des diables malicieux vinrent tenter le grand saint Antoine, en lui offrant sous la forme affriolante de boudins, de saucisses, de pieds truffés, de rillettes, d'andouillettes, de hure aux pistaches, de jambons et de galantine le corps cruellement manipulé de son infortuné compagnon Barrabas ?

Si M. Paul Arène préfère la fantaisie ailée au naturalisme crotté, M. Paul Alexis et M. Henry Morel sont d'un tempérament tout autre. M. Paul Alexis publie un volume de nouvelles où je ne fais aucune difficulté de reconnaître beaucoup de talent, tout en regrettant de le voir employé de cette façon. La *Fin de Lucie Pellegrin* est une chose atroce de vérité, rendue plus atroce encore par certains détails d'une crudité presque révoltante. Cela ressemble à ces tragiques eaux-fortes de Goya, dans lesquelles l'artiste sans pitié accumule tout ce qui peut, non pas émouvoir, mais épouvanter l'âme. C'est la mort d'une fille poitrinaire, mourant au milieu d'une « licherie » de vermouth, de grog et d'absinthe, avec ses amies, la grande Adèle, l'autre Adèle, Marie la frisée, Héloïse et la concierge Mᵐᵉ Printemps : licherie troublée par l'irruption inopinée de « cette horreur de Chochotte » qui vient faire une scène de jalousie à Lucie Pellegrin. Rixe entre Chochotte et la grande Adèle, mêlée générale, coups, hurlements, bris de verres, inondation de liqueur, de tisane, d'huile de foie de morue, râles de la moribonde, sur le lit de laquelle une chienne pleine fait ses petits, pendant que Lucie Pellegrin meurt au premier soleil du feu d'artifice de l'Élysée-Montmartre : telle est cette nouvelle brutale, encore plus brutalement écrite, mais où éclate un vigoureux tempérament de romancier naturaliste. Il est bien certain que je n'aime pas cela; mais un critique ne doit pas juger une œuvre d'après son goût particulier; les qualités très réelles d'observateur et d'écrivain de M. Paul Alexis sont incontestables, et je les retrouve plus développées encore dans le *Journal de M. Mure*, dont le sujet, moins horrible cependant, ne me plaît pas beaucoup. Je préfère, j'avouerai cette faiblesse, les *Femmes du Père Lefèvre*, une étude de mœurs de petite ville, moins ambitieuse peut-être, mais très exacte et d'une gaieté particulière. M. Paul Alexis ne brille pas par l'imagination, dont font bon marché, trop bon marché, les naturalistes; il s'excuse même, dans de petites préfaces, d'y avoir trop sacrifié, et promet de se corriger de ce défaut à l'avenir. Soit. Le livre de M. Paul Alexis, à mon sens, a surtout une grande qualité, c'est qu'on y sent la nature de l'écrivain, qui ne force pas son talent pour produire un ouvrage dans le goût du jour. M. Paul Alexis est naturaliste par tempérament et non par occasion et pour profiter du bruit fait autour de M. Zola. Je vais même jusqu'à affirmer qu'il est le seul naturaliste réellement sérieux... et convaincu. Je dis dans le livre, car au théâtre c'est une autre affaire, et la petite pièce : *Celle qu'on n'épouse pas*, qu'il a fait jouer récemment avec succès au Gymnase, procède d'une tout autre inspiration. C'est un petit drame un peu poncif, qui ne se distingue des autres œuvres dramatiques de ce genre que par le soin avec lequel il est écrit. En résumé, la *Fin de Lucie Pellegrin* est le début d'un homme de talent, que j'attends à son premier roman de longue haleine, et que je crois capable de produire des œuvres marquantes dans un genre qui n'a point mes sympathies, mais qui m'inspire, je l'avoue, une certaine curiosité un peu malsaine.

.·.

Mademoiselle Lacour, de M. Henry Morel, est, pour moi, un exemple de la facilité avec laquelle on peut écrire un livre naturaliste, pour peu qu'on ait étudié les procédés de l'école. L'imparfait y sévit cruellement. Le sujet est d'un intérêt médiocre, mais les paysages parisiens exactement reproduits, les petits détails assez scrupuleusement observés de la vie réelle, le langage populaire rendu avec ses expressions hardies, donnent à cela une apparence de vérité qui fait illusion. M. Henry Morel s'est dit : Et moi aussi, je suis naturaliste ! Il a trouvé un sujet très simple : — une fille séduite et abandonnée par son séducteur ; — il a placé l'action (?) dans un milieu vulgaire, il a pris quelques types de gens instinctifs, dont il a entouré son héroïne, s'est bien gardé du dénouement *heureux*, a mis par-ci par-là quelques descriptions, quelques renseignements techniques, et il a écrit le tout à l'imparfait. Et *Mademoiselle Lacour* est née ! Vivra-t-elle longtemps ? J'en doute ; mais qu'importe ? En fait d'enfants, Musset l'a dit :

C'est déjà très joli quand on en a fait un !

.·.

Sous ce titre : *Voyage au pays des Tziganes*, M. Victor Tissot vient de faire paraître le récit de ses excursions dans les steppes hongroises, dans les villes magyares, sur les bords de la Save et du Danube. La qualité maîtresse de M. Tissot, c'est l'intérêt. Tout le monde a lu son *Voyage au pays des milliards*, ses *Prussiens en Allemagne*, mélange d'études de mœurs, d'observations pittoresques et de souvenirs historiques. Est-ce bien exact ? Je ne le crois pas. Je pense que M. Tissot s'est soucié avant tout de flatter la passion populaire et de faire ressortir, par la comparaison, la supériorité de la nation française sur la race germanique. Et il nous a dépeint l'Allemagne à la façon de ce voyageur qui, trouvant dans la première auberge où il était descendu une servante rousse, notait gravement sur son calepin cette observation: En France, toutes les servantes sont rousses. Le *Voyage au pays des Tziganes* n'a pas été écrit sous la même préoccupation, au contraire ; mais cela n'empêche pas le livre d'être d'une lecture fort attrayante et je lui prédis un succès *mérité* !

.·.

Je viens de recevoir deux nouvelles publications de M. Quantin, l'éditeur-imprimeur dont le goût va devenir proverbial : le premier livre des *Fables de La Fontaine*, illustrées à l'eau-forte par M. A. Delierre, et les trois volumes des *Œuvres complètes de Millevoye*. La nouvelle édition de La Fontaine est vraiment merveilleuse comme luxe typographique. Larges marges, papier de choix, netteté du caractère et richesse de l'illustration, rien n'a été négligé pour faire de ce livre l'ornement d'une bibliothèque. M. Delierre s'est tenu, dans ses eaux-fortes, à la figuration réelle des animaux, et, sans imiter Oudry, il a su donner aux bêtes du bonhomme leur physionomie précise, par une observation très fine de la nature, qui le place du premier coup parmi les maîtres animaliers.

.·.

Charles Millevoye a joui de son vivant d'une grande réputation comme poète élégiaque, mais depuis sa mort l'admiration publique s'est concentrée sur sa fameuse et trop vantée *Chute des feuilles*, et le reste de ses œuvres est tombé dans un oubli profond. Réputation trop grande, oubli plus injuste encore! Millevoye est un doux poète, plein de sentiment et d'inspirations charmantes. Quelques-unes de ses élégies antiques peuvent rivaliser avec celles d'André Chénier, et Lamartine le reconnaissait comme son précurseur. Le bibliophile Jacob a rassemblé toutes les œuvres poétiques de Millevoye, éparses dans les nombreux recueils littéraires du temps, et qui n'avaient pas encore été réunies ; il a soigneusement revu les textes des éditions précédentes, et il a préparé cette édition définitive, pour laquelle M. Lalauze a gravé de charmantes eaux-fortes, et qui est comme un monument élevé à la gloire du poète.

.·.

J'ai encore sous les yeux quelques livres de diverse valeur, mais qui méritent en général plus qu'une simple note bibliographique. Pour ceux qui aiment les romans à émotions, le *Pendu de la forêt Noire* (brou! quel titre!) de M. Léopold Stapleaux offrira des attraits sans nombre, bien qu'il ne soit pas aussi noir qu'il en a l'air. Cela se passe à Bade, à l'époque des cocottes et du trente-et-quarante; et l'auteur nous fait revivre, avec sa folie d'or et de plaisir, toute cette société interlope qui gravitait autour du Kursaal et dont les échos de l'avenue de Lichtenthal, redevenus muets, ont si longtemps répercuté les cris de joie ou de désespoir. En somme, un roman très parisien et des plus dramatiques.

Fabien, de M. Albert Le Roy, est, si je ne me trompe, l'œuvre d'un débutant, dans laquelle l'inexpérience se sent encore. Les caractères sont vraiment par trop flottants; aucun des personnages n'est doué de vie ou même de l'apparence de la vie. Ce Fabien appartient à une catégorie de héros de roman abolie aujourd'hui, et la catastrophe finale manque absolument d'excuse, — je dirai presque d'intérêt. Si M. Albert Le Roy veut m'en croire, il cherchera pour son prochain livre un sujet plus réel, et il appliquera ses qualités d'écrivain à une œuvre plus étudiée et plus mûrie.

Un des rares romanciers qui fassent *gai* aujourd'hui, c'est M. Alfred Assolant. *Hyacinthe*, qui vient de paraître chez Dentu, est une spirituelle et en même temps tragique peinture de la vie de province, où des types bien observés circulent à travers une action attachante. Lecture agréable, qui repose, dans une certaine limite, du parti pris d'horreur affecté par les naturalistes.

.·.

L'auteur du *Rhin français*, M. Camille Farcy, a voulu revoir, neuf ans après la conquête, l'Alsace et la Lorraine, à l'époque du séjour à Metz de l'empereur Guillaume et des grandes manœuvres de l'armée allemande. Si je ne m'abuse, ce livre est composé en grande partie des correspondances qu'il adressait alors à un grand journal parisien. Aussi la forme en est-elle vive et passionnée, comme tout ce qui est écrit sous une impression récemment éprouvée. Personne ne lira sans une émotion patriotique ce volume, dans lequel à côté d'études sérieuses sur les institutions et les hommes se rencontrent des tableaux pleins de mouvement et des anecdotes caractéristiques des rapports actuels entre les conquérants et les conquis.

.·.

L'information à tout prix est un des produits les plus curieux du dix-neuvième siècle. Jadis le chroniqueur se contentait d'enregistrer les faits dont il était témoin, ou les bavardages de la rue ou de la ruelle. Aujourd'hui, plus scrupuleux, il demande à celui sur lequel il veut écrire les renseignements dont il a besoin. Au moins est-il sûr ainsi d'être *bien informé*. Tel est le procédé inauguré, je crois, par M. Adrien Marx, et telle est l'origine des *Profils intimes*. Pourra-t-on, dans l'avenir, prendre ce livre comme document certain sur les personnalités qui y sont *pourtraictes*? J'en doute un peu. M. Adrien Marx n'est pas — et ne peut pas être — malveillant pour ceux qui ont consenti à poser devant lui. Quoi qu'il en soit, ces portraits légèrement crayonnés, s'ils dissimulent quelques verrues des modèles, en reproduisent la physionomie générale. Et c'est toujours cela!

ARMAND D'ARTOIS.

NOTES DIVERSES

Je me sens un fond d'indulgence égale pour les diverses classes de la société humaine... mais très volontiers je me montrerais plus sévère que pour tout autre envers le maître dont les discours et les infractions peuvent servir d'argument et d'exemple à l'inférieur qui agit mal.

.·.

Il y a des *peurs froides* aussi bien que des *courages à froid*. La profondeur et la solidité, ici et là, s'accusent par le silence. Un trembleur, un timide expansif a des crises d'audace... tandis que la peur en quelque sorte *négative* d'un taciturne, mis à l'épreuve, et qui passait jusque-là pour un homme ferme... cette peur-là, dis-je, est invincible. J'ai découvert ce secret, grâce à une dame dont son entourage vantait l'énergie, à cause d'un certain air de railleuse réserve. Un jour, nous étions à Dieppe, l'on vint à proposer une excursion en mer. Tout le monde, jusqu'aux enfants eux-mêmes, battit des mains. Elle me prit à part. « Notez ceci, me dit-elle : rien au monde, rien, vous m'entendez, ne me fera monter sur le bateau. »

.·.

Assurément, non, je n'aime pas ces *trop bonnes personnes* auxquelles on n'ose jamais rien dire de vif et de sincère, tellement elles sont douces, de peur de leur faire de la peine.

.·.

Le misanthrope et l'avare doivent connaître les plus vifs plaisirs, et qu'eux seuls pourraient dépeindre, puisqu'ils voient, sans en être troublés, prononcer contre eux la conscience, si l'on peut dire, de toutes les autres

EXPOSITION DES AQUARELLISTES : *LE PIPER DU 42ᵉ HIGLANDER*

Dessin d'Édouard DETAILLE, d'après son aquarelle.

ARRIVÉE DE PAUL ET DE DOMINIQUE. — Dessin d'Eugène Courboin.

LE CHATEAU DES CŒURS

SIXIÈME TABLEAU

(Suite et fin)

SCÈNE IV

L'' ROI DES GNOMES, JEANNE, PAUL et DOMINIQUE, en costume
de voyage très négligé.

Ils arrivent par le fond du théâtre.

DOMINIQUE.

Eh bien, quoi? Imbéciles! Est-ce notre costume qui nous
vaut tout cela?

Les bourgeois sortent, en se faisant des signes d'intelligence.

JEANNE, s'élançant vers Paul.

Paul!... Ah! enfin!

LE ROI.

Dissimule! Tu sais qu'il faut de la simplicité!

DOMINIQUE.

Ils ont l'air assez rébarbatif, ces particuliers-là.

PAUL.

N'importe! C'est peut-être ici que se trouve... la bien-aimée
inconnue...

DOMINIQUE.

Ah! nous y revoilà! Décidément, que voulez-vous? que
cherchez-vous? Où est le but? Depuis le temps que nous
vagabondons dans toutes sortes de pays, car c'est la bouteille
à l'encre que votre histoire!

PAUL.

Rien de plus simple! Je dois rencontrer quelque part une
jeune fille à l'âme pure, au désintéressement absolu, la recon-
naitre, en être aimé, et, fort de son amour, m'emparer du château des Cœurs.

DOMINIQUE.

Ah! très bien! Une femme qui n'existe guère, un château
qui n'existe pas. Car, enfin, qu'y a-t-il donc dans ce savoyard de
château? Des trésors?

PAUL.

Non! mais une fortune tellement extraordinaire que tu ne
peux l'imaginer.

DOMINIQUE.

Oh! oh! reste à savoir! Allons, Monsieur, un bon mouvement! Revenons à Paris!...

PAUL.

Oh! laisse-moi, Dominique! Je suis si plein de lassitude, de
découragement! Et puis il y a dans cette ville, malgré sa vulgarité, je ne sais quel charme!

JEANNE, lui offrant une chaise près d'elle.

Oui! restez, Monsieur! (Paul hésite.) Asseyez-vous!

PAUL.

(A part.) On n'est pas plus gracieuse, ma parole! (Il la considère.
Elle baisse les yeux.) Diable! quelle pudeur!

Silence. Ils se regardent face à face.

JEANNE.

On voit que vous êtes complètement étranger à la localité,
Monsieur! (Avec dédain.) Et ce costume... excentrique!...

PAUL.

Mon Dieu! Mademoiselle, je ne pensais pas qu'en voyage...!

JEANNE, sèchement.

N'importe! Il faut suivre la coutume!

DOMINIQUE.

Mais elle est assommante, celle-là! (A part, haussant les épaules et (montrant Paul.) Quel plaisir que de s'entêter!... J'ai envie de voir aux alentours s'il n'y a rien de plus drôle! Vous permettez, n'est-ce pas?...

PAUL.

Oui! Reviens vite!

SCÈNE V

JEANNE, PAUL et LE ROI DES GNOMES, caché par le trône du Pontife, qu'on a roulé au premier plan, à droite.

JEANNE.

Vous ne faites pas comme lui? Tant mieux!

PAUL, à part.

Ah! elle s'humanise!

JEANNE.

Pour demeurer avec nous... (Silence.)

PAUL.

Eh bien?

JEANNE, timidement.

Il faudra... oh! ne m'en voulez pas... ne rien faire, ne rien dire et même ne rien penser qui sorte des actions, des paroles et des idées de tout le monde!

PAUL.

Eh! pourquoi? Où est le mal d'obéir à son cœur quand on sent qu'il est honnête? Moi, quoi qu'il advienne, je soufflète les infamies, je m'écarte des laideurs, et, devant ce qui est grand, je m'agenouille!

JEANNE.

Ah! c'est bien cela! c'est bien!

LE ROI DES GNOMES, derrière Jeanne.

Prends garde!

JEANNE.

Pour un homme fatigué du monde, il serait doux, cependant, d'habiter une de ces maisons. (Paul se détourne avec dégoût.) Oh! l'intérieur vaut mieux! Si vous saviez comme chaque femme soigne son petit mari! Elle l'entoure de prévenances, fait les confitures, lui brode des pantoufles, le dorlote, le bécote, l'aide à s'habiller, et même lui présente... sa redingote! (Jeanne offre à Paul une des redingotes locales.) Passez-la!

PAUL, ébahi.

Pourquoi?

JEANNE.

On est si bien dedans! Je vous en prie!

PAUL, mettant la redingote.

(A part.) Elle est stupide, quoique charmante! (Haut.) Sans doute, cette vie-là possède des avantages. Mais ne croyez-vous pas, vous dont la voix est pure comme un chant d'oiseau et le regard cordial comme une bonne poignée de main, ne sentez-vous pas, dites, qu'il peut se rencontrer parfois des unions plus complètes, une félicité d'une telle ardeur qu'elle envoie ses rayons tout autour d'elle? L'enchantement qu'on a l'un de l'autre fait, au milieu des fanges de la terre, comme une poésie permanente : plus on s'aime, plus on devient bon; l'habitude seule

de la tendresse conduit à l'intelligence de tout; et ce qui paraît de la vertu n'est que l'excès du bonheur!

JEANNE.

Ah! je vous comprends! Oui! oui!

LE ROI DES GNOMES.

Mais tu te perds, malheureuse!

JEANNE, oppressée.

En effet, assurément! et, sans bannir un certain idéal, il y a moyen de s'organiser une petite existence bien tranquille. Pourquoi perdre le meilleur de soi-même en sympathies, en émotions, en démarches, au lieu de réserver tout cela pour son propre individu?

LE ROI DES GNOMES.

Bravo!

JEANNE.

Comme les autres sont les plus forts, soumettons-nous, afin qu'ils nous respectent et qu'il nous servent! Oh! c'est facile, avec des concessions extérieures, et pourvu qu'on n'ait dans ses discours et sur sa personne rien d'extravagant!

Paraît un barbier, avec les ustensiles de sa profession.

PAUL, surpris.

Que voulez-vous?

LE BARBIER, d'une voix caverneuse.

Tailler votre barbe en collier, comme à tout le monde!

PAUL.

Voilà, par exemple, une exigence!

JEANNE.

Oh! pour me plaire!

Elle lui attache la serviette autour du cou.

PAUL.

Je suis d'un ridicule achevé, n'importe! Mais d'où vient qu'elle me fascine, et que j'obéis comme un enfant!

JEANNE, pendant que le barbier travaille.

Un peu de patience. C'est presque fini! Encore un coup! Ah! que vous serez bien! et quels bons soirs, cet hiver, dans le salon à rideaux de perse, décoré par des photographies de famille, au coin du feu, près de mon piano! Il y a, dans le faubourg, de petits jardins avec des tonnelles de bâtons verts. Nous viendrons là, tous les deux, le dimanche; et, nous promenant bras dessus bras dessous, nous parlerons sans cesse de notre bonheur, à côté des légumes, en regardant l'espalier.

PAUL, le barbier ayant fini, se lève. — A part.

Elle a raison peut-être. Un fond de jugement se découvre dans ce qu'elle dit. D'ailleurs, une fois ma femme, je l'éduquerai!

JEANNE.

Mais tournez-vous donc pour que je vous voie! Ah! bravo! Merci! Je suis contente. Vous ne me quitterez plus.

Elle lui prend les mains.

PAUL.

Ah! chère mignonne! Non! non! je te le jure!

JEANNE, ravie et le contemplant.

Est-ce possible? Mais oui! Rien ne lui manque!

ASSEYEZ-VOUS. — Dessin d'Eug. Courboin.

LE ROI DES GNOMES, *tendant vivement à Jeanne un tromblon.*

Et cela?

JEANNE, *posant le tromblon sur la tête de Paul.*

Oui, cela! (Appelant.) Tous! tous! venez! c'est fini.

Des trois côtés, un flot de bourgeois se précipite sur la scène.

Le Barbier. — Dessin d'Eug. Courboin.

SCÈNE VI

LES Précédents, BOURGEOIS, puis DOMINIQUE.

LES BOURGEOIS, *applaudissant et embrassant Paul.*

— Ah! très bien, très bien!
— Excessivement convenable!
— Nos félicitations!
— Mon cher compatriote, je suis heureux...!

PAUL.

Permettez... Que signifie! Tout à l'heure on a failli me lapider, et maintenant...

UN BOURGEOIS.

C'est que vous êtes un des nôtres!

LE ROI DES GNOMES, *lui présentant un miroir.*

Tiens! regarde!

PAUL, *après s'être considéré quelque temps dans le miroir et comme un homme qui sort d'un songe.*

Comment! le collier! l'odieux tromblon du bourgeois! (Il jette par terre le chapeau. — Cris d'indignation de la foule.) Et la redingote à la propriétaire! (Il se l'arrache du corps.) Moi, j'ai pu me déshonorer avec ces deux couvre-idiots, sous ces infâmes symboles! Jamais! jamais! (Il trépigne sur le chapeau et sur la redingote avec rage.)

JEANNE.

Le malheureux! Grâce!

LES BOURGEOIS.

Il est fou! Prenez garde!

JEANNE, *éperdue.*

Calmez-le! Voyons! que faire?

VOIX DE LA FOULE.

Qu'on le saisisse! Un bouillon! L'épreuve du bouillon!...

JEANNE.

Apportez-le, vite!... Là! C'est bien! Prenez mon ami!

Paul est entouré, tenu par les pieds et par les mains. Jeanne lui tend une tasse de bouillon, qu'on vient de lui remettre et l'approche de ses lèvres.

Buvez-moi cela, lentement.

PAUL *renverse la tasse d'un revers de main.*

Je ne me moque pas mal de votre bouillon!

TOUS.

Sacrilège! — Au cachot! au cachot! — Dans un cul de basse-fosse!

La foule s'est ruée sur lui et on le garrotte aux poignets.

PAUL.

Oui! battez-moi! J'aime mieux vos injures que vos applaudissements et vos supplices que vos bienfaits! Avec vos cœurs d'esclaves et vos têtes en pain de sucre, vos grotesques costumes, vos hideux ameublements, vos occupations abjectes et vos férocités d'anthropophages...

LA FOULE.

C'est du délire!

PAUL, *levant au ciel ses mains enchaînées.*

Ah! que n'ai-je, pour vous exterminer, la foudre du ciel!

LES BOURGEOIS.

Il devient dangereux! Un bâillon!...

On le bâillonne.

UN BOURGEOIS.

Et à son domestique!...

Il piétine sur le chapeau et sur la redingote avec rage
Dessin d'Eug. Courboin.

TOUS LES BOURGEOIS.

Oui! oui!

DOMINIQUE reparaît avec la redingote et le tromblon, et se débattant.

Mais j'ai la redingote, moi! J'ai le tromblon! Je ne demande pas mieux!

UN BOURGEOIS.

Ça n'y fait rien! En vertu de la solidarité…!

DOMINIQUE.

Je boirai le bouillon!

LES BOURGEOIS.

Silence!

DOMINIQUE.

J'en ai même besoin!

LES BOURGEOIS.

Insolent!

On le bâillonne et on les enferme tous les deux, au rez-de-chaussée, dans la prison qui est à droite au second plan. — On les aperçoit à travers les barreaux.

LA FOULE pousse un grand soupir de satisfaction.

Ah! il s'agit maintenant de les moraliser un peu, de les catéchiser!

SCÈNE VII

LES MÊMES, LE GRAND PONTIFE.

LE GRAND PONTIFE.

Ça me regarde! C'est mon devoir, mon sacerdoce! Je commence!

Infortunés! vous êtes convaincus d'attentat contre la redingote et le pot-au-feu!

LES BOURGEOIS, ricanant.

Ah! ah! ces Messieurs n'en voulaient pas!

LE GRAND PONTIFE.

De dédain pour l'Épicerie, de sentiments, idées, paroles, manières et costumes bizarres, en un mot d'excentricité!

UNE VOIX.

La guillotine!

LE GRAND PONTIFE.

Non, Messieurs! Grâce au ciel, nos mœurs sont plus douces! Nous ne demandons, misérables! qu'à vous lessiver par le châtiment, à vous purifier par le remords, et même nous voudrions que plus tard, si c'est possible, à force de bonne conduite, vous vous réhabilitassiez! Le bouillon que vous avez rejeté, on vous l'ingurgitera de force, mais plus clair; les murs de votre appartement seront embellis par des inscriptions morales, et ce sera, au lieu d'apprivoiser des araignées, votre distraction unique!

Les prisonniers s'agitent en remuant leurs bras à travers les barreaux.

Je n'ai pas fini! La juste fureur du peuple veut, puisque vous ne pouvez à présent nous faire aucun mal, que je vous assomme ainsi en vous disant un tas de choses! Donc on tentera sur vous des expériences!…

Un petit râle se fait entendre à toutes les horloges au-dessus des portes, et huit heures sonnent. Au premier coup, tous les bourgeois tirent leurs bonnets de coton de leur poche et le mettent sur leur tête. Le grand pontife s'interrompt subitement et se coiffe du sien en même temps.

L'heure de se coucher! A demain!

Tous les bourgeois rentrent chez eux.

SCÈNE VIII

JEANNE, LE ROI DES GNOMES.

JEANNE, avec emportement.

Délivre-le! Délivre-le donc, ou je vais moi-même…

LE ROI.

Prends garde!

JEANNE.

Mais c'est par ta faute qu'il se trouve là, et que je l'ai perdu encore une fois!

LE ROI.

Par la tienne!

JEANNE.

Ah! non content de m'avoir trompée…!

LE ROI.

Je ne t'ai pas trompée! Je puis te donner tout ce que tu demandes, mais il m'est impossible d'agir sur tes sentiments comme sur les siens; choisis mieux! A ta première réquisition, je t'ai accordé les élégances du monde et les niaiseries qu'elles comportent; à la seconde, la simplicité bourgeoise avec son cortège de laideurs. De quoi te plains-tu? que te faut-il?

JEANNE, après un long silence.

Eh bien! je vais te le dire; car je l'ai deviné enfin, lorsqu'au milieu de la populace qui l'enchaînait, le rêve de son cœur a jailli dans une explosion d'orgueil! Ce que je veux? Écoute : C'est un pouvoir tellement démesuré qu'il l'éblouisse! Je demande des palais de basalte avec des escaliers de diamant, et à le faire asseoir auprès de moi sur un trône d'or, pour qu'il contemple de plus haut toutes les têtes de mes peuples esclaves prosternés dans la poussière!

LE ROI.

Bien! bien! Mais pas si fort, ma princesse, de peur de réveiller ces honnêtes populations.

Il tire de sa poche un bonnet de coton démesuré, se l'enfonce sur le chef et relève ses lunettes bleues. Son visage est effroyable, avec des dents jaunes, des yeux cernés jusqu'aux oreilles, tandis que son collier de barbe rouge, se développant sur les deux côtés, ressemble à deux gros plumets. La mèche de son bonnet de coton flamboie. Il disparaît avec Jeanne.

SCÈNE IX

Aussitôt le pot-au-feu, dont les anses se transforment en deux ailes, monte dans les airs et, arrivé en haut, il se retourne entièrement. Tandis que les flancs du pot-au-feu vont s'élargissant toujours, de manière à couvrir la cité endormie, des légumes lumineux, carottes, navets, poireaux, s'échappent de sa cavité et restent suspendus à la voûte noire comme des constellations.

Dès que l'obscurité est complète, on entend s'élever dans toutes les maisons un ronflement général.

Mais il se fait un bruit sec comme d'un barreau qu'on brise; puis de la prison sortent deux ombres humaines, frôlant les murs et marchant sur la pointe des pieds. Paul apparaît d'abord, ensuite Dominique avec le tromblon et la redingote à la propriétaire, et portant sous ses bras ses deux bottes pour ne point faire de bruit. Il contemple un instant avec effroi les constellations-légumes.

Le ronflement général repart.

La toile tombe lentement.

FIN DU SIXIÈME TABLEAU.

G. FLAUBERT, L. BOUILHET, CH. D'OSMOY.

(A suivre.)

LE THÉATRE

Variétés. *La Petite Mère*, comédie en trois actes, de MM. Meilhac et Halévy. — Palais-Royal. *La Victime*, comédie en un acte, de M. A. Dreyfus. — Porte-Saint-Martin. *Les Étrangleurs de Paris*, drame en cinq actes et douze tableaux, de M. Adolphe Belot.

Aux lecteurs de la « Vie Moderne ».

Mes chers lecteurs,

Deux voyages qu'il m'a fallu faire coup sur coup, le premier du côté du Midi, le second du côté du Nord, m'ont privé du plaisir de vous entretenir d'une quantité de comédies, de drames et de vaudevilles joués en mon absence. Je me vois aujourd'hui tant de pièces sur les bras que je ne sais vraiment par où commencer. Il me prend envie, pour me tirer d'embarras, d'imiter le célèbre et très ingénieux cardinal Dubois qui, trouvant chaque matin sur son bureau des lettres innombrables qu'il n'avait ni le temps ni le goût de lire, les jetait toutes au feu et s'écriait : « Me voilà au courant! » Mais peut-être me blâmeriez-vous de recourir absolument à ce procédé trop sommaire. Il se rencontre, parmi les nouveautés dont je n'ai pas parlé, deux ou trois ouvrages qui ont emporté le succès. Je dirai donc quelques mots de ceux-là et je livrerai les autres à un oubli commode. Puisse, mes chers lecteurs, cette combinaison vous agréer pour un jour!

..

Premièrement, voici la *Petite Mère* de MM. Meilhac et Halévy, comédie en trois actes représentée avec éclat au théâtre des Variétés. Je n'ai jamais dissimulé mon faible pour le répertoire superlativement délicat, ouvertement capricieux et merveilleusement spirituel, des auteurs du *Roi Candaule*, de la *Cigale* et de cette farce grandiose qui s'intitule « la *Grande Duchesse de Gerolstein* ». Je vois en eux des Marivaux aristophanesques. Leurs personnalités, fondues en une seule et désormais inséparables, ne ressemblent à aucune autre. Ce qui est défaut chez leurs confrères devient qualité chez eux. Ils se moquent de la vraisemblance, ils affectent le dédain de l'action logique, ils vont où leur fantaisie les pousse, à droite, à gauche, de face ou de biais; ils traitent la réalité comme une radoteuse et ils trouvent moyen d'être les plus gais, les plus fins et parfois les plus profonds des observateurs. On croit avoir affaire à des inventeurs de paradoxes effrénés; leurs personnages agissent avec la drôlatique désinvolture des marionnettes qu'on fait mouvoir à l'aide de fils de fer; tout à coup voilà le cri de la vie, du sentiment, de la passion, de la raillerie cruelle qui sort d'une de ces bouches tordues à plaisir et les philosophes parisiens se démasquent. Nicolas Boileau-Despréaux, de classique mémoire, semble avoir écrit en vue de Meilhac et Halévy son vers fameux que j'eus, certain jour, dans ma blonde jeunesse, l'heur de copier cinq mille fois en châtiment de je ne sais plus quelle indiscipline :

Souvent un beau désordre est un effet de l'art.

Je me rappellerai toujours l'effet presque foudroyant que produisit un mot de leur comédie de la *Mi-Carême*, jouée naguère au Palais-Royal. Le théâtre représentait une porte cochère avec la loge du concierge. Un jeune gommeux attendait, en compagnie du fonctionnaire du cordon, les volontés de sa maîtresse ou quelque chose d'approchant. Les visites se succédaient sans interruption chez la demoiselle; l'amoureux n'en revenait pas de l'impudence de sa belle. « J'ai été son amant pendant une année, disait-il, et son concierge pendant vingt-cinq minutes et j'en ai plus appris sur son compte dans ces vingt-cinq minutes que dans cette année. » — « Eh! Monsieur, répliquait l'honnête portier, que serait-ce si vous aviez été son concierge pendant une année et son amant pendant vingt-cinq minutes ? » Ce trait admirable mit toute la salle en joie. Le fait est qu'on en citerait difficilement un plus typique et qu'il suffit à donner une idée du genre d'esprit des deux auteurs.

Je me garderai bien d'analyser longuement la *Petite Mère* : ce serait meurtrir le papillon sans pouvoir recueillir la poudre d'or de ses ailes. Une maîtresse servante de vingt-deux ans s'est constituée l'ange protecteur de deux orphelins, un garçon et une fille. Le garçon est un compositeur de talent; la fillette a toutes les curiosités défendues. La petite mère quitte avec eux la campagne et vient à Paris. Là elle sauve ses protégés de mille et mille pièges galants et autres; elle marie brillamment la fille et se marie avec le garçon. Voilà le corps du papillon : je n'ose et je ne veux le toucher davantage. Allez plutôt aux Variétés vous assurer de ses couleurs.

Vous y applaudirez à mains dégantées Mlle Céline Chaumont, la nerveuse, inquiète, impressionnable, taillonnante et vibrante artiste; vous y encouragerez aussi d'un bravo la charmante Mlle Beaumaine et vous ne manquerez pas de faire fête à M. Dupuis, ce comédien de tant de verve et de belle humeur piquante. MM. Meilhac et Halévy ont l'habitude de choisir leurs interprètes parmi les meilleurs. Cette fois, ils ont agi comme de coutume.

..

En second lieu, je brûlerai une chandelle en l'honneur de M. Abraham Dreyfus pour sa comédie de la *Victime*, créée par Geoffroy au Palais-Royal. M. Dreyfus est un des rares nouveaux venus au théâtre qui aient la gaieté naturelle et franche. L'idée et le développement de sa petite pièce me paraissent également comiques. Un gros bourgeois, gonflé de son importance et d'une lâcheté fanfaronne, s'est cru attaqué, une nuit, par un agresseur en blouse et il l'a frappé de sa canne plombée. L'homme est tombé sur le pavé, mais le gros bourgeois soudainement s'est fait horreur et pour à lui-même. Il recueille sa victime dans sa maison, lui procure un avocat de cour d'assises et en arrive à lui accorder sa fille. Il est vrai que le soi-disant agresseur n'était autre qu'un homme du monde, déguisé en ouvrier pour un bal naturaliste et plus chauffé qu'il n'eût fallu des vapeurs du champagne.

Geoffroy n'aura jamais son pareil dans ces rôles timorés et vantards de rentier à cheveux ras et favoris courts. Geoffroy n'est pas un acteur, c'est le personnage même. Ajoutons qu'il a pour le seconder, dans la très spirituelle et très divertissante fantaisie de M. Abraham Dreyfus, deux partenaires excellents : Mlle Marot, qui emplit l'action de son sourire et la scène de l'éblouissement de sa toilette rose, et Numès, avocat mondain et plein d'aisance, qui doit être tout feu et flamme pour les séparations de corps.

..

Aux amateurs du drame judiciaire, M. Adolphe Belot dédie le drame en cinq actes et douze tableaux, tiré par lui de son roman les *Étrangleurs de Paris*. Le théâtre de la Porte-Saint-Martin s'emplira cent fois et plus de spectateurs avides des émotions violentes de ces nouveaux *Mystères de Paris*. Je ne répéterai pas, à propos des *Étrangleurs* de M. Belot, ce que j'ai dit à plusieurs reprises des pièces de théâtre découpées dans les pages des romans-feuilletons. L'intrigue se compose d'épisodes tragiques ou comiques reliés les uns aux autres tant bien que mal et qui promènent le public à travers les milieux les plus divers et les plus excentriques. C'est là de l'art consciemment inférieur et l'écrivain m'en voudrait certainement de ne pas le déclarer. Toutefois cette infériorité se rachète par l'intérêt des scènes. L'attention est constamment tenue en éveil, les péripéties s'accumulent et le gros effet est produit. C'est quelque chose.

M. Taillade, comédien puissant, saccadé, héritier du shakespearien Rouvière, joue le principal rôle d'une saisissante façon. Il excelle à graduer l'intensité des violences jusqu'aux complètes suffocations de la douleur ou de la rage. M. Taillade est, au théâtre, une figure à part, et son isolement lui est un honneur. Il domine du haut de son originalité le reste de l'interprétation des *Étrangleurs de Paris*, laquelle d'ailleurs est satisfaisante.

..

Voilà, mes chers lecteurs, les impressions et les jugements que mes brusques départs ne m'avaient pas permis de vous soumettre. Laissons en paix les autres pièces qui ont paru sans relief aux feux de la rampe et du lustre et reprenons avec régularité nos études hebdomadaires.

FOURCAUD.

La Fête du marquis de Tseng. — Dessin de S. Arcos.

ACTUALITÉS

Nous avons dit quelques mots, dans notre dernier numéro, de la soirée du marquis de Tseng, ambassadeur de Chine à Paris. Nous donnons aujourdans un intérieur tout imprégné de coquetterie féminine ; l'autre est une fileuse auprès de son rouet. Il en est même un troisième que le catalogue ne mentionne pas et qui représente une jeune femme encore, dont le corsage d'un vert bouteille est traité avec une in-

EXPOSITION DES AQUARELLISTES : *LA TORERA.* — Dessin de WORMS, d'après son aquarelle.

croyable flexibilité de ton. Tout cela, femmes et fleurs, est plein de talent et charmant.

Et puisque j'ai parlé d'abord des aquarellistes demeurés dans la rigueur de leur art, je citerai, immédiatement après Jacquemart et Mᵐᵉ Madeleine Lemaire, Mᵐᵉ la baronne Nathaniel de Rothschild dont l'art est aussi sans concessions. Ses envois sont au nombre de six, ayant tous cette qualité primordiale d'une exécution pleine de liberté. J'aime beaucoup la *Maison à Saragosse*, avec son toit à terrasse, ses fenêtres mal jointes et ses pierres qu'on dirait disjointes par des rayons de soleil. Une impression de brique d'une grande intensité et d'une grande justesse recommande le petit coin de ruines ayant pour titre : *A Pompéi*. L'eau est transparenté et le ciel d'une belle limpidité dans la vue du *Grand Canal à Venise.*

Le nom de M. Français se rattache au temps le plus glorieux du paysage contemporain. Il a vécu dans l'intimité des maîtres qui s'appelaient Rousseau, Millet, Corot, Diaz. Comme eux aussi, il a vécu dans l'intimité profonde de la nature, aimant en poète jusqu'au brin d'herbe et jusqu'à l'oiseau qui fuit sur le lac argenté. Il est virgilien par nature et fait souvent penser aux deux jolis vers de Gallus :

> Hic gelidi fontes, hic mollia prata, Lycori !
> Hic mecum ! hic ipso tecum consumerer ævo !

Je n'ai rien à dire, à propos de ses nouveaux envois, que je n'aie dit cent fois. C'est plein de sincérité et de conscience. Le vrai talent n'est qu'à ce prix. Il est charmant, ce *Paysage du Bas-Meudon,* avec son échappée de rivière et son ciel alourdi de brouillard. Comment ne pas s'intéresser à l'*Étude de transparence* dans les bois de Vaux-de-Cernay où le soleil semble, pour ainsi parler, palpiter entre les feuilles. J'aime encore beaucoup la *Vue de la côte de Sorrente,* prise des bains de Tibère, avec son coin de rocher jauni dominant le gouffre céruléen. L'*Offrande à Flore* nous montre, dans un bois sacré sur lequel le couchant ferme un rideau rouge comme celui d'un tabernacle, deux femmes au bord d'une source, arrosant de libations les pieds d'une statue antique. Corot a cent fois traité ce sujet, mais par de tout autres moyens et dans une impression toute différente. Des sept envois de M. Français il n'en est pas un qui ne mérite d'arrêter l'attention.

Armand SILVESTRE.

(A suivre.)

LA MAISON

TRIOMPHE DES FLEURS DÉMODÉES

Messieurs, le mois de mai va revenir. C'est certain. Méritera-t-il l'épithète de *joli* que lui décerna jadis un poète ignoré, — et si digne de l'être ! — auteur d'une chanson sans valeur, mais restée à peu près aussi célèbre que l'*Iliade ?* J'aime à l'espérer.

Mais quand je me rappelle les froids de chien et les gelées qui ont fendu toutes les pierres pendant le mois de décembre, je me sens autorisé à déclarer que le futur mois de mai, fût-il très joli, n'apportera évidemment pas avec lui autant de feuilles qu'on en désire en été dans les jardins de Paris et des villas de ses environs.

Ils sont morts, et pour longtemps, les lierres, les fusains, et tous ces arbustes à feuillages persistants qui formaient ce vert paravent appliqué sur les grilles et les treillages, et derrière lequel, dans son jardin, on pouvait sûrement être à l'abri des regards curieux des passants, à Paris comme à la campagne.

Ils sont morts, là-bas, sous la neige, comme les braves de la retraite de Russie,

FLEURS. — Composition de Théodule RIBOT.

et le tambour... pardon ! je veux dire, et le meilleur engrais ne parviendra pas à les réveiller.

Le peu qu'il en reste est languissant. Soumis à un traitement radical à coups de sécateur, ce reste, tout amputé de ses branches, ne reverdira d'une façon convenable que dans quelques années.

D'autre part, dans les pépinières, le nombre des arbustes tout venus qu'on pourrait se procurer pour remplacer les morts est des plus restreints, et ces remplaçants se vendront au poids de l'or.

Donc, l'oraison funèbre des lierres et fusains prononcée par tous les jardiniers de France et de Murcie, il convient de proclamer que les plantes rustiques et charmantes d'autrefois, aujourd'hui méprisées par les Lenôtre de la *high life,* pourront seules combler délicieusement les vides faits par l'hiver dans les cadres de l'armée florale.

Les fleurs démodées vont triompher !

A vous de tenir de nouveau la corde, plantes grimpantes aux bouquets délicats et odorants, plantes assez gentilles pour ne coûter presque rien, pour croître n'importe où, et pour grandir vite, sans être espagnoles.

Mon cœur nage dans la joie, fleurs démodées, en songeant que votre tour d'être appréciées et bénies est enfin revenu.

Pois de senteur, capucines, cobéas, volubilis, liserons, chèvrefeuilles, vignes vierges, et même toi, modeste et vigoureux houblon des tonnelles, vous allez prouver de nouveau que pour garnir rapidement, et comme à volonté, les grilles et murailles d'un rideau impénétrable et d'un décor ravissant, vous valez cent fois tous ces arbustes poi-

trinaires, sans fleurs, au feuillage verni comme des visières de képi, qui vous avaient supplantés depuis trop longtemps.

Peut-être la chère baronne, peut-être la jolie marquise seront assez ingrates, cet été, en se promenant dans leur jardin bien clos et tout parfumé grâce à vous, plantes grimpantes démodées, pour prétendre que vous donnez à leur noble propriété l'air engageant de la fenêtre de Jenny l'ouvrière ou l'aspect frivole des berceaux amoureux des joyeuses guinguettes du Bas-Meudon : mais, cette remarque une fois faite, — en soupirant peut-être de ne pouvoir être assises à l'ombre de ces mêmes berceaux loin du marquis et loin du baron, — ces belles dames entonneront un chant de reconnaissance à l'adresse des fleurs démodées.

Bonnes petites fleurs, je veux être un des premiers à vous féliciter de cet heureux retour des choses d'ici-bas.

Oui, vous allez triompher sur toute la ligne, sur toute la ligne des grilles aristocratiques des Champs-Élysées qui sont si horribles en ce moment avec les squelettes des lierres crucifiés à leurs barreaux, et sur toute la ligne des clôtures désolées des villas.

Mais, chères fleurs, je n'ai pas attendu, vous le savez, pour vous célébrer en prose, que l'opinion publique repentante fût revenue de ses préventions élégantes contre vous, et bien avant que l'hiver eût détruit ces plantes vos rivales, j'avais cent fois juré que vous leur étiez préférables.

Je l'ai dit en prose, mais je l'ai dit en vers aussi. En voulez-vous la preuve?

Voici quelques rimes adressées à une svelte et jeune Française qui adore les simples fleurs de son pays :

Les fleurs que vous aimez, je les aime; elles ont,
Modestes comme vous, votre charme profond
Fait d'élégance calme et fait de grâce tendre.

Je crois vous voir sourire et je crois vous entendre,
Point loquace et jamais banale, chaque fois, --
Simple et fine beauté, -- que je les aperçois
Dans le troupeau des fleurs au printemps reparues.

Avec quel trouble exquis, tout à coup, par les rues,
Je reconnais vos fleurs, si touchantes sans art,
Et de loin leur envoie un baiser du regard !

C'est vous que je rencontre alors, car leur arome
De celle qui les aime est l'odorant fantôme.

Au revers de l'habit je les porte souvent,
Avec respect, vos fleurs, et je m'en vais rêvant,
Grisé par leur senteur délicate et discrète,
Tout tremblant d'une joie infinie et secrète,
Il me semble, — ô doux cœur si purement aimé, —
Que c'est d'un peu de vous que je suis parfumé.

Ernest D'HERVILLY.

LES ŒUFS DE PAQUES

DE LA « VIE MODERNE »

On n'a pas oublié le grand succès qu'ont obtenu, au mois de décembre dernier, les tambours de basque peints par les plus illustres collaborateurs de la *Vie Moderne* et vendus au profit des pauvres de Paris et de Murcie.

La réussite de ces petits tableaux de forme si originale nous a engagés à imaginer d'autres inventions d'art qui pussent être recherchées à la fois pour le talent et la signature de leurs auteurs et pour leur forme décorative.

En consultant un almanach, nous avons trouvé l'idée que nous cherchions. Voici, en effet, Pâques qui approche : pourquoi ne ferions-nous pas des œufs de Pâques?

Il va sans dire que le chocolat et le sucre même le plus cristallisé nous ont paru des matières indignes de notre entreprise, qui n'a pas de rapports ni avec l'épicerie ni avec la chocolaterie. Il nous fallait des œufs naturels, offrant une surface assez grande pour se prêter à la décoration et une solidité capable de résister à tous les chocs. Poser ce problème, c'était le résoudre. L'œuf d'autruche s'imposait à nous. Aussi bien, depuis longtemps, ces beaux œufs aux tons d'ivoire servent-ils à la décoration dans tout l'Orient et chez les Arabes, ces héritiers de la grande race maure.

Nous nous sommes adressés tout simplement à l'un de nos amis qui habite le Caire ; nous l'avons prié de réunir pour nous un certain nombre des plus beaux œufs d'autruche qu'il pourrait trouver, et de nous les expédier d'urgence.

Il y a trois semaines que les œufs nous sont arrivés. Nous les avons aussitôt remis à ceux de nos collaborateurs artistiques que notre idée originale a tentés. Un de ces œufs nous est revenu hier couvert de la plus gracieuse décoration qui se puisse imaginer; ce matin, il nous en est arrivé deux qui sont tout à fait charmants. Demain, après-demain, on nous en apportera d'autres également intéressants. Nous les exposerons cette semaine dans les vitrines de notre galerie qui donnent sur le boulevard des Italiens, afin que tout le monde puisse les voir. Nous ne saurions trop engager les amateurs à pousser leur promenade jusque-là, car le nombre de ces œuvres d'art, d'un caractère si nouveau, est restreint et il est à craindre que les derniers venus ne trouvent plus que des coquetiers.

Vraisemblablement, notre tentative doit réussir : nous avons vingt et quelques raisons de le croire. La dix-neuvième, c'est que les artistes qui ont bien voulu consentir à peindre ces œufs sont les plus aimés du public ; la vingtième, c'est qu'il est impossible d'imaginer un bibelot plus moderne et plus décoratif que cet œuf dont l'éclosion artistique date de la semaine ; la vingt et unième, c'est que le bonbon et la dragée sont usés, et qu'on ne peut rien offrir de plus nouveau et de plus intéressant que l'œuf de Pâques de la *Vie Moderne*. Nous vous faisons grâce des autres motifs.

Et cependant il en est un sur lequel nous devrions insister. Les Arabes, très forts magiciens comme on sait, maugrabins de toute éternité, attachent aux œufs d'autruche une vertu singulière. Pour eux, l'œuf suspendu a le don de porter bonheur aux habitants de la maison. C'est pour cela que, dans tous les intérieurs de Tlemcen, de Biskra, de Tunis, du Caire, de Constantinople, l'œuf protecteur occupe la place d'honneur et triomphe avec ses glands de soie et ses versets du Koran au milieu des plus belles salles. Si cette puissance occulte existe, l'art des peintres français, en enrichissant nos œufs de motifs rares, n'a pas pu la leur faire perdre. Œuvre d'art ou talisman, l'œuf de Pâques de la *Vie Moderne* est la plus curieuse innovation de la saison.

Il va sans dire que nous publierons dans notre prochain numéro la liste des artistes émérites qui ont bien voulu s'associer à notre idée.

VIEUX MOTS A RAJEUNIR

G

GOGUELU, ricaneur, railleur, du vieux mot *gogue*, plaisanterie, d'où *goguenard* et *goguette*.

.˙.

GRACIEUSER, faire des gracieusetés. — Un verbe affable et gracieux à qui on ne fait pas la grâce de le conserver.

.˙.

GRINGOTER ?

Vous ordonnez que je *gringote*
Quelques vers sur la ravigote.

DESMOULINS.

LES RÉGATES DE NICE. — Dessin par H. SCOTT.

LE CHATEAU DES CŒURS, 7ᵉ tableau : *LA COUR DE PIPEMPOHÉ.* — Dessin par Eugène COURBOIN.

M. Féry d'Esclands a tiré à la fin de la séance, en a été singulièrement ébranlé. Toutefois la lutte a été bien soutenue de part et d'autre. M. Alfonso de Aldama a, en outre, affronté un des amateurs les plus redoutables de Paris, M. Polonini.

Mérignac, bien que ne figurant pas sur le programme, n'a pu résister à la fascination de l'exemple, et nous avons eu le plaisir de le voir tirer contre M. Saucède, le président de la séance. Nul jeu n'a été plus charmant et partant plus applaudi.

Nous devons citer avec éloges les noms connus de MM. d'Ariste et Roulez, qui se sont montrés dignes de leur réputation en tirant le premier contre Ruzé aîné, le second contre Hottelet, professeur à la Faisanderie; et nous allons terminer ce dénombrement homérique par la pléiade de la salle Mimiague.

Cette salle fameuse, cette pépinière de tireurs, était représentée par huit de ses membres; il suffit de les nommer sans commentaires. Certes, MM. Chabrol et Tony Girard sont des adversaires dignes de maîtres militaires aussi renommés que Rouleau et Bergès; nous avons parlé de MM. Guignard et Derué, et nous n'apprendrons rien à personne en parlant de la parade de quarte de M. de Villeneuve, de la *ficelle* de M. Sarlin, de la *furia* de M. Devillers, et de la souplesse et de la régularité de M. Gomez.

Aux professeurs dont les noms figurent au cours de ces notes, il faut joindre avec éloges MM. Désiré Robert, Michel, Collin, Boulanger, Ruzé cadet, Destrée, Mérignac cadet.

Nous regrettons de n'avoir pas eu l'occasion d'admirer le jeu de Rue, professeur gaucher dont on entendra bientôt parler.

Il s'est passé dernièrement un évènement qui nous ramène aux époques chevaleresques : Katzenfort, professeur à Bordeaux, ayant entendu parler, dans sa ville lointaine, des prouesses de Mérignac, est arrivé à Paris pour acquérir *los et renom*. La rencontre a eu lieu à la salle Crémorne, à la suite d'une séance d'escrime organisée par des professeurs. L'expérience a montré que Katzenfort n'était pas présomptueux en venant au-devant de son terrible adversaire. L'assaut a été balancé dans la première partie; puis Mérignac a fait un coupé dessous en riposte, suivi d'un dégagement et d'une riposte de quarte qui lui ont assuré l'avantage.

FLANCONADE.

LE CHATEAU DES CŒURS

SEPTIÈME TABLEAU

LES ÉTATS DE PIPEMPOHÉ

Le théâtre représente une vaste salle d'une architecture indo-moresque, ayant dans le fond une galerie (praticable) à doubles arcs correspondants, soutenus par des colonnettes géminées. Il y en a trois, et celui du milieu, faisant porte, s'ouvre sur l'escalier à trois marches par où l'on descend dans la salle.

Le plafond a des poutrelles or et bleu, successivement. Les colonnettes sont en ébène avec des incrustations de nacre, et les arcades du côté extérieur de la galerie closes par des stores en petits bambous dorés.

Sur la plinthe qui supporte la galerie, comme sur toutes les murailles, des losanges vermillon et azur alternent dans la couleur noire.

A droite, une grande portière de cachemire. A gauche, sur un trône flanqué de chimères, à fond d'or mat et que surmonte un baldaquin de plumes blanches, Jeanne, en costume royal et éblouissante de pierreries, est assise dans une attitude impérieuse.

Près d'elle, debout, se tient son premier ministre (le Roi des Gnomes). Par derrière, des négresses agitent des éventails en plumes de paon; et devant elle, des nains barbus, habillés de rouge et accroupis sur leurs talons, occupent symétriquement tous les degrés du trône. Les deux derniers, en bas, soufflent à pleine poitrine sur deux cassolettes un peu plus hautes qu'eux.

Au milieu de la scène danse un groupe de bayadères, — tandis qu'au fond, devant chaque arcade et tranchant ainsi sur la couleur dorée des stores, il y a un géant, habillé d'une longue robe noire, et qui reste immobile.

Une musique langoureuse bourdonne. Les tourbillons des parfums montent lentement; et la lumière du soleil, passant par les intervalles des roseaux, enveloppe tout d'une atmosphère ambrée.

SCÈNE PREMIÈRE

JEANNE, LE ROI DES GNOMES, en premier ministre,
LES NAINS, LES DANSEUSES.

LE ROI DES GNOMES, bas, à l'oreille de Jeanne.

Es-tu heureuse, maintenant ?

JEANNE, souriant.

J'espère l'être bientôt !

Les bayadères, après un de leurs pas et avant d'en recommencer un autre, s'inclinent devant le trône.

LE ROI DES GNOMES.

Oui, c'est cela ! Tous te prennent pour la reine, morte la nuit passée, et l'erreur du peuple va durer. Tu n'as plus qu'à le retenir quand il viendra, mais sans te faire connaître, car n'oublie pas quelles conséquences terribles...

JEANNE.

Je sais ! Merci, bon génie, qui as eu pitié de ma tendresse, et puisque tu es mon premier ministre, ne me quitte plus.

LE ROI DES GNOMES.

Si parfois je m'écarte, ce sifflet d'or m'appellera. (Il lui donne un sifflet d'or, qu'il avait à son cou et qu'elle passe au sien.)

La portière de cachemire faisant face au trône s'entr'ouvre, et il entre un nain d'aspect farouche, avec une aigrette à son turban, de très longues moustaches, et un bâton d'ivoire à la main. Il conduit, marchant au pas et effroyablement armés, une escouade de six géants. Tandis qu'il s'avance jusqu'aux pieds du trône pour se prosterner, les géants s'alignent en haie contre la muraille et y restent immobiles.

LE ROI DES GNOMES EN PREMIER MINISTRE

Dessin d'Eug. Courboin.

SCÈNE II

LES MÊMES, LE NAIN, général des géants, puis UN OFFICIER,
puis LE CHANCELIER.

LE NAIN, après sa prosternation, se retourne vers les géants.

Plus haut, drôles ! plus haut ! Le menton levé ! Qu'est-ce

qu'une tenue pareille !... (Tous les géants tremblent d'effroi devant lui.)
Place au messager des désirs de la souveraine ! (En gardant le dos
toujours collé contre la muraille, ils s'écartent de droite et de gauche; et alors
paraît un officier en turban rose, avec des pantalons de mousseline claire, une veste
bleue et un large sabre suspendu contre sa hanche par un baudrier.)

UN OFFICIER. — Dessin d'Eug. Courboin.

L'OFFICIER , ayant fait un long salut.

D'après les ordres de Votre Majesté sublime, nous venons de
hacher en petits morceaux les douze misérables qui ne se sont
pas prosternés assez vite, hier, quand vous passiez dans le bazar
des soieries sur votre éléphant blanc.

JEANNE.

D'après mes ordres... par morceaux... mon éléphant... ?

L'OFFICIER , souriant.

Il ne s'agit pas de votre trois fois divin éléphant blanc, Majesté; ce ne sont que des hommes.

JEANNE , indignée.

Malheureux !

L'officier la regarde, ébahi.

LE ROI DES GNOMES, bas.

Tu te compromets par cette indignation. Pense donc à lui, à
ton but, et récompense ce bon serviteur pour son exactitude.

JEANNE.

Jamais je ne pourrai !

LE ROI DES GNOMES.

Il le faut cependant !

JEANNE , d'une voix hésitante.

C'est bien, nous sommes contente, va ! (L'officier sort. — A part.)
Ah ! mon Dieu ! qui m'aurait dit que j'aurais le courage... !

LE ROI , à part.

Allons ! elle commence bien !

Entre le Chancelier, vêtu d'une grande pelisse bordée de fourrures par-dessus sa
robe verte, avec un bonnet d'astrakan, un encrier dans sa ceinture noire, et à la
main gauche, entre les doigts, plusieurs longues bandes de papier.

LE CHANCELIER.

Je me hasarde sous vos puissants rayons, lumière des étoiles,
pour vous faire observer qu'il manque à cette place votre auguste sceau !

JEANNE.

Qu'est-ce ?

LE CHANCELIER.

Votre Majesté, sans doute, se rappelle l'insolence de cet
homme qui osa pleurer en sa présence, avant-hier, sous le prétexte qu'il mourait de faim ?

JEANNE.

Je... ne me souviens pas.

LE ROI , bas.

Tu te souviens, au contraire.

LE CHANCELIER.

C'est l'ordre pour son exécution immédiate !

JEANNE.

Horreur ! Retirez-moi cela !

LE ROI , au chancelier.

Donne, je m'en charge ! Sortez, vous tous !

JEANNE.

Oui , sortez !

Le nain sort, suivi des six géants, dont les têtes touchent aux voussures des arcades dans la galerie. Les bayadères s'en vont ensuite, et les nains, accroupis sur
les marches du trône, sauf un seul qui demeure à demi caché.

LE ROI , désignant les deux géants du fond près des stores.

Ceux-là peuvent rester, étant muets !

SCÈNE III

LE ROI DES GNOMES, JEANNE.

JEANNE , descendant du trône.

Qu'as-tu donc pour exiger cette mort ?

LE ROI.

Moi ? Oh ! pas le moindre motif !

JEANNE.

Eh bien, comme j'ai le droit de pardonner...

LE ROI.

Pardonner ? Mais ils ne croiront jamais que tu sois la reine !

JEANNE.

Pour avoir pleuré ! quel crime ! Elle était donc bien cruelle,
l'autre !...

LE ROI.

Elle était forte. Imite-la !

JEANNE.

Il m'est impossible cependant...

LE ROI.

Tu veux donc te perdre, et pour un scrupule indigne de ce
pouvoir tant rêvé, quand il te le faudrait plus fort que jamais...

JEANNE.

Que dis-tu?...

LE ROI.

Car bientôt, tout à l'heure peut-être, tu auras à tirer d'un péril mortel ton frère et ton amant.

JEANNE, après un long silence.

Et tu crois que ce papier...

LE ROI.

Il ne s'agit que de retourner dans tes mains ton sifflet d'or et d'en appuyer le pommeau sur cette cire rouge. (Il la lui présente.)

JEANNE.

Oh! non! c'est trop horrible!

LE ROI.

Mais si le peuple se révolte, s'il te chassait? Je ne peux rien sur les multitudes, moi! Il est accoutumé chaque jour à des supplices. Tu le prives de sa joie, il va douter de sa reine. (De grands cris s'élèvent au dehors.) L'entends-tu?

JEANNE, prêtant l'oreille.

En effet!

VOIX LOINTAINES.

Vengeance! La mort! la mort!

LE ROI DES GNOMES, à un des géants près des stores.

Relève!

Le géant, sans monter sur les marches, allonge le bras et il relève d'un seul coup jusqu'en haut le store de bambous dorés qui ferme l'arcade extérieure du milieu de la galerie. On aperçoit une ville orientale, minarets, coupoles.

JEANNE gravit vivement les trois marches et se penche pour voir.

Quelle foule! et avec des piques, des haches, des épées! La voilà qui bat contre les portes du palais!

LE ROI.

Hâte-toi donc, malheureuse! pour sauver ceux que tu aimes!

JEANNE.

Donne! (Elle repousse le papier.) Non! non!

LE ROI DES GNOMES.

Garde au moins le pouvoir quelque temps, ne fût-ce qu'un jour, une heure, et que ce supplice montre...

JEANNE, emportée.

Eh bien! qu'il ait lieu quand je n'y serai plus!

LE ROI, servilement.

Demain, si tu veux, tes désirs sont des ordres, Majesté. Voilà!

JEANNE, apposant vite le cachet.

Oui, demain!

LE ROI remet le papier au nain resté près du trône.

Cours!

Le nain se précipite à droite par la portière, en riant à gorge déployée.

Eh! eh! il est d'humeur folâtre, ce bouffon!

JEANNE, se tordant les mains.

Miséricorde de Dieu! si j'avais su tout cela...!

LE ROI DES GNOMES, à part.

Nous la tenons! Elle a été coquette, puis stupide; elle de-

vient cruelle! C'est complet! (Cris de joie et applaudissements au dehors.) Ton peuple te remercie, ô reine!

JEANNE.

Mais un grand bruit de pas se rapproche!...

LES VOIX, de plus près.

La mort! la mort!

LE ROI, tout en remontant jusqu'au fond, au delà des trois marches, contre la grande baie du milieu.

C'est qu'il vient lui-même jusqu'ici, pour aider à tes bourreaux et jouir de ton aspect trois fois saint. Entrez!

Alors s'avance par la galerie d'abord le nain général, puis derrière lui des nègres portant sur leur épaule le bout d'une énorme chaîne qui attache Paul et Dominique. Un flot de peuple les accompagne.

Tout ce cortège, avec le nain en tête, descend les marches de l'escalier et se déploie au fond contre le petit mur de la galerie, laissant au premier plan Paul et Dominique en haillons, très pâles, les yeux hagards, tandis que le Roi des Gnomes reste sous l'arcade du milieu et que les géants en robe noire, dominant par derrière la multitude, se tiennent toujours immobiles devant les stores dorés

PAUL ET DOMINIQUE ENCHAÎNÉS. — Dessin d'Eug. COURBOIN.

SCÈNE IV

JEANNE, LE ROI DES GNOMES, PAUL, DOMINIQUE, LE NAIN GÉNÉRAL, Nègres, Foule, etc.

JEANNE, apercevant Paul.

Lui!... (Puis elle s'est contenue, et quand il se trouve en face d'elle, au nain:) Enchaînés! Pourquoi?...

LE NAIN, GÉNÉRAL DES GÉANTS.

Ils ont franchi les limites de vos États, Majesté!

JEANNE.

Eh bien?...

LE ROI DES GNOMES, descendant vers elle par le côté gauche.

N'est-ce pas le plus grand des crimes? O lumière des étoiles!

JEANNE, comprenant.

Ah!... en effet... certainement!... Vous avez bien agi, général! et vous aussi, les noirs!... et vous aussi, mon peuple!... Mais... en raison même de cet excès d'audace, nous désirons interroger les deux coupables, seule! (Au Roi des Gnomes) sans notre premier ministre! (Il s'incline.) S'il est besoin de vous... (lui montrant le sifflet) on vous appellera, vous savez! (Il disparaît brusquement par une trappe, dans le trône.) Comment? disparu déjà?... Je ne l'ai pas vu sortir! (A demi-voix.) Ah! tant mieux, il nous importunerait!...

G. FLAUBERT, L. BOUILHET, Cte D'OSMOY.

(A suivre.)

LE CHATEAU DES CŒURS, 7e tableau : *LE PALAIS DE PIPEMPOHÉ.* — Décor par CHAPERON.

LE THÉATRE

Opéon. *Les Noces d'Attila*, drame en quatre actes en vers,
par M. Henri de Bornier.

Il y a eu, mardi dernier, grande frénésie d'applaudissements au second Théâtre-Français. On jouait pour la première fois les *Noces d'Attila*, de M. Henri de Bornier, à qui sa *Fille de Roland* a fait presque une popularité et failli ouvrir les portes académiques. Par quelles mésaventures et quelles péripéties son nouveau drame, assurément conçu et réalisé en vue de la Comédie-Française, a-t-il émigré à l'Odéon? C'est ce que je ne pourrais dire. M. Duquesnel, jaloux de couronner sa direction par un coup de littérature, a monté de son mieux et sans perdre un instant l'œuvre sonore qui s'offrait à lui. Cette représentation a été une manière d'événement. La salle a pris feu pour les nobles sentiments qui vibrent dans les vers de M. de Bornier; elle a souligné d'énergiques bravos certaines scènes d'ordre héroïque et certaines allusions patriotiques, fêté longuement les interprètes et salué d'une triple ovation le nom de l'auteur proclamé par M. Dumaine à la fin de la soirée. Le succès, en un mot, s'est haussé jusqu'au triomphe. S'ensuit-il que la pièce échappe aux objections? Je suis fort loin de le penser.

L'histoire, qui est tantôt la bâtarde des épopées et tantôt l'innocente complice des poètes, est restée muette sur la mort d'Attila. Une tradition assez communément acceptée veut cependant qu'il soit tombé, comme un autre Holopherne, sous le poignard d'une autre Judith. M. de Bornier, de même que le vieux tragique allemand Zacharias Werner, si vanté par Mme de Staël, a reçu pour vraie cette légende et en a fait la source de son drame. Au premier acte, nous voyons le grand barbare désireux de se polir au contact de la civilisation occidentale et de s'unir à la petite-fille de Théodose, à la princesse Honoria, sœur de Valentinien César. En attendant la réponse de l'empereur d'Occident, il se réserve, parmi les proies de ses batailles, deux captifs illustres : Herric, roi des Burgondes, et Hildiga, sa fille. Au second acte, dans le palais à la mode romaine qu'il s'est bâti à grands frais aux bords du Danube, il apprend de la bouche d'un ambassadeur de Rome que jamais Honoria ne sera sa femme :

> Roi, tu nous a vaincus, tu peux nous vaincre encor;
> Nous pouvons te livrer nos richesses, notre or,
> Nos colonnes de bronze et d'airain revêtues,
> Une ville de marbre, un peuple de statues,
> Nos temples, nos palais, nos vaisseaux, nos soldats,
> Nos empereurs, nos dieux; — mais nos femmes, non pas!

Le sauvage monarque ne peut contenir sa colère, à ces fières paroles : il annonce la guerre universelle et se décide brutalement à épouser Hildiga, qu'il contraint à lui donner sa main sans rien laisser apercevoir de l'horreur qu'il lui inspire. Au troisième acte, il célèbre les cérémonies nuptiales et fait décapiter un jeune prisonnier dans lequel il soupçonne un rival. Au quatrième, il est assassiné lui-même par sa tragique épouse, devenue tout à coup à ses yeux la vivante apparition d'une statue de Vierge écrasant la tête d'un serpent, entrevue jadis pendant le sac de l'église de Trèves, et, en mourant, il jure qu'il s'est frappé de sa propre hache, dans une minute de démence. Ainsi s'expliquera le mystère historique; la mort du roi des Huns s'enveloppera d'éternelles ténèbres et telle est, à grands traits, l'économie de la pièce. Je dois convenir que cette conception ne manque pas de grandeur.

Mais le malheur d'une œuvre pareille, c'est d'être un compromis entre le genre classique et le genre romantique. Nous ne sommes franchement ni dans la tragédie ni dans le drame. Deux ou trois scènes sont très belles; en particulier, celle de la réception de l'ambassadeur romain, celle des objurgations des captifs burgondes à la princesse Hildiga qui semble les trahir, et celle de la mort d'Attila. Seulement, les caractères sont peu ou point tracés, les intentions du poète ressortent beaucoup plus des discours que de l'action et les allusions dites patriotiques se présentent trop complaisamment à l'applaudissement forcé. Le temps est passé de ces tentatives hybrides. Si M. de Bornier veut conquérir les lauriers qui ne se flétrissent pas, qu'il renonce à la rhétorique philosophique, qu'il mette sur pied des personnages vraiment humains et vraiment actifs. Il nous est impossible de reconnaître des hommes de chair et de sang en ces fantômes bavards, drapés de pourpre, haillonnés de bure ou armés d'acier, qui viennent, tout le long des *Noces d'Attila*, réciter des harangues émaillées de sentences ou même de strophes lyriques, comme cette ode à la hache d'Attila qui fait pendant à la chanson des deux épées de la *Fille de Roland*.

Dans un article publié récemment dans une revue catholique, l'auteur du drame écrivait ceci : « J'ai pour habitude de chercher l'idée philosophique avant le fait dramatique. L'idée des *Noces d'Attila* est fort simple : tout vainqueur se détruit lui-même par l'abus de la victoire; voilà l'idée philosophique. Un tigre veut manger une gazelle, mais la gazelle se fâche; voilà le fait dramatique. » Selon moi, cette méthode est détestable. Je suis persuadé qu'au théâtre le fait porte l'idée bien plus que l'idée ne porte le fait. Si les deux éléments ne jaillissent pas à la fois de la cervelle du dramaturge, il y a chance que son œuvre ne soit pas homogène. Guidé par le fait seul, l'écrivain risque de s'égarer dans les complications des mélodrames. Au contraire, guidé seulement par une pensée morale, il est conduit à imaginer des figures symboliques et à faire non parler, mais déclamer ses acteurs. Ce dernier cas est celui de M. de Bornier. Son drame s'élève, si vous voulez, bien au-dessus de la réalité vulgaire, mais il est incontestable qu'il se tient en dehors de l'humanité.

Soutiendrez-vous, par exemple, qu'Attila est une création véridique et hautement humaine? L'affreux souverain dépense tout son souffle à menacer, à crier qu'il est impétueux, cruel, sans pitié, et il souffre patiemment les mille injures que chacun lui prodigue. S'il retient prisonnier un guerrier franck venu en parlementaire, il laisse échapper l'ambassadeur de Valentinien, en se contentant de lui jurer qu'il tirera de l'outrage une éclatante vengeance. Tous les captifs l'assaillent tour à tour du cri de leur haine; il dédaigne tout. C'est à grand'peine qu'il se résout à livrer au bourreau l'amoureux de la femme qu'il s'est choisie. On a reproché à Voltaire d'avoir mis à la scène un Mahomet trop raisonneur. Le même reproche doit s'adresser à M. de Bornier. Son Attila n'abuse que bien petitement de sa victoire; il raisonne sa barbarie, il se livre à des orgies de phrases sans effet. Les érudits m'apporteront des textes et des gloses pour me prouver que le roi des Huns qui a respecté les cheveux blancs du pape Léon, la mitre de l'évêque Aignan et la jeunesse de Geneviève de Paris, était peut-être plus débonnaire qu'on ne suppose. Que m'importe! Ce qu'un auteur dramatique peut arracher à une histoire incertaine, c'est un caractère humain et vraisemblable. Le personnage d'Attila, tel que l'a conçu M. de Bornier, est médiocrement humain et peu vraisemblable, sans compter qu'il ne répond aucunement à la donnée exposée dans le fragment d'article que j'ai cité. L'auteur était assuré d'émouvoir à fleur de peau un public superficiel en faisant souffleter à satiété le tyran par ses victimes; mais je doute qu'à la réflexion il s'enorgueillisse d'un si facile succès. Il n'a fait, en dépit de ses honorables visées et de son talent réel, que vernir à la façon moderne une tragédie classique à la mode du siècle dernier.

Reste la forme dont il serait injuste de ne pas parler. La langue du poète est toujours élevée, correcte et saine. En revanche, elle laisse à désirer de l'abondance, de la variété, de l'imprévu et de la couleur. J'ai transcrit plus haut quelques vers de la scène de l'ambassadeur romain avec Attila; voici quelques vers décochés par le roi Herric à son vainqueur terrible. Ces deux citations donneront exactement la note poétique du drame :

> Attila, roi des Huns, qui toi-même te nommes
> Fléau de Dieu, prends garde à cette heure où nous sommes;
> Quand un homme, conduit par la céleste main,
> A, pour les temps nouveaux, balayé le chemin,
> Dans sa joie insensée et son orgueil barbare,
> Il croit avoir détruit le monde... il le prépare!
> S'il veut aller trop loin d'un seul pas, un seul jour,
> L'aile du châtiment le renverse à son tour;
> La victoire n'est pas seulement infidèle,
> Elle sait se venger quand on abuse d'elle!...
> Si tu n'as pas compris ma parole, c'est bien;
> C'est que Dieu veut te perdre et l'homme n'y peut rien.

Les vers détachés, frappés comme des sentences, et les antithèses à facettes sonnent à tout propos dans le dialogue. M. de Bornier poursuit obstinément la grandeur, mais il vise aussi constamment l'effet. On relèverait dans sa tragédie un grand nombre de beaux morceaux; néanmoins son style me paraît moins spontané que volontaire, moins riche qu'enrichi et bien plutôt amplifié que naturellement ample. Je puis répéter ici au sujet de la forme ce que j'ai dit ci-dessus touchant le fond : l'auteur des *Noces d'Attila* est un poète classique de l'école théâtrale de Voltaire atteint du désir de s'émanciper. Cette définition est rigoureuse.

L'acteur Dumaine serait parfait dans le rôle du Fléau de Dieu s'il n'apportait dans le débit de ses tirades des vestiges d'habitudes prises au boulevard. Physiquement, on rêverait un Attila fait d'autre sorte. Corps énorme et surnourri, voué à toutes les débauches, face puissante, mais quelque peu bestiale avec ses narines dilatées et sa barbe en double pointe. C'est ainsi que l'artiste a présenté son personnage. Mlle Rousseil nous a surpris de la sobriété de son jeu, de la chasteté de son allure et de la vérité concentrée de ses accents : elle n'avait pas encore eu l'occasion de se montrer sous cet aspect de réserve digne et douloureuse dans un rôle tout intérieur comme celui de Hildiga. Nommons ensuite et d'un seul trait de plume M. Marais, M. Pujol et Mlle Méa qui, tous trois, méritent un éloge. M. de Bornier n'a pas à se plaindre des comédiens de l'Odéon.

FOURCAUD.

revenaient au village, en jouant la retraite si vigoureusement que toutes les vitres tintaient; tous les ménagers sortaient sur leurs portes, et les têtes se décoiffaient devant Papélou, dont le torse robuste cambré dans une tunique râpée dominait la masse serrée des tambours.

Marius avait mis des mois à produire cette œuvre. L'idée lui en était venue un matin où, désœuvré, il fumait une pipe au soleil, dans son enclos.

Depuis qu'il avait quitté le régiment, jamais] il n'avait senti son cœur aussi ulcéré par la nostalgie du passé. Il lui manquait quelque chose dans la grasse vie qu'il coulait au village sans rien faire, sans avoir à obéir à personne. Et désolément il se ressouvenait de la caserne du Prince-Eugène, de sa chambre aux murs tapissés de photographies de femmes, de sa fenêtre qui regardait les lions de bronze accroupis autour de la fontaine du Château-d'Eau et la place immense encombrée de passants et d'omnibus. Il se ressouvenait des bouisbouis des boulevards extérieurs au fond desquels il avait toujours des filles en cheveux sur ses genoux. Et les revues de Longchamps où, devant le régiment, il passait le premier, rayant le ciel du vol altier de sa canne à pommeau doré! Et les aubades du jour de l'an aux Tuileries! Et l'argent qu'on fricotait avec les camarades dans les bastringues de la banlieue! Le brouhaha sourd de Paris, les sonneries nocturnes de la caserne ne berçaient plus ses sommeils. Il n'avait pour horizon que l'immensité muette des champs. Il avait même oublié le patois gascon. Son ami le meilleur, celui qui creusait les fosses, était mort d'une mauvaise fièvre l'année d'avant. Et Marius souhaitait presque d'aller engraisser les pissenlits du cimetière, lui aussi. Est-ce que cela ne valait pas mieux que de rouler sa bosse à l'aventure comme une pauvre vieille rosse qu'on a chassée de l'écurie parce qu'elle ne pouvait plus travailler?

Ces rancœurs amères le tourmentaient si implacablement qu'il en avait laissé éteindre sa pipe. Les rides se creusaient plus profondes à son front. D'une main nerveuse, il décapitait un à un les tournesols qui balançaient leurs disques safranés contre le mur, quand un roulement poussif de tambour sonna du côté de la mairie. Papélou sursauta comme un dormeur qui se réveille d'un cauchemar.

« Triple Cosaque! fit-il. Ça ne sait seulement pas tenir une baguette et ça voudrait rabioter! »

Puis, après un silence, pendant que le crieur continuait ses rata-plan, il secoua la cendre de sa pipe d'un air songeur.

« Tout de même, si j'apprenais le maniement à ces clampins... Passalorgues a son orphéon, Caucillon ses sauteurs, Habélijas les pompiers, Mongélus aura ses tambours, et, nom de Dieu, ça fera un de ces effets au 15 août...! »

Il courut aussitôt communiquer son projet à ceux qui étaient attablés à l'auberge. Et il exposa la chose d'une façon si alléchante,

IL ÉTAIT SUPERBE. — Dessin de JEANNIOT.

il vida tant de bouteilles que tous l'acclamèrent. Le village apprit bientôt la grosse nouvelle, et, le soir, ce furent des feux de joie et une farandole en l'honneur du tambour-major de Mongélus.

Mais où dénicher les vingt-cinq tambours?

On ne connaissait que celui du crieur, une caisse antique, encore fleurdelysée, qui se transmettait de père en fils ainsi que la charge dans la famille de Barnabé Loustric. Et la commune ne possédait pas deux écus vaillants. Papélou se creusait la cervelle, pris d'un âpre entêtement. Il lui fallait ses tambours. Il eût écrit à l'empereur pour les obtenir. Il n'en buvait et n'en dormait pas. A l'auberge, les gens se gaussaient déjà de lui.

Et un dimanche, après vêpres, il arriva, la figure épanouie :

« Quel est le député du pays? questionna-t-il impatiemment.

— Moussu le marquis de Pons-Poussinet.

— Un vieux?

— Très vieux, le marquis, dirent des voix nombreuses, et qui n'attache pas sa meute avec des saucisses, pécaïré!

—Après, sambleu! Avec ça, qu'on n'en a pas vu d'autres à Solférino! Où perche-t-il, le Pons-Poussinet? »

Personne ne s'expliquait les questions rapides du tambour-major. Par les fenêtres, on lui montra le château, une bâtisse blanchâtre qui se profilait au loin dans le moutonnement argenté des oliviers.

« Compris! Demain, l'ancien se met en tenue, panache et le tremblement, et monte présenter sa requête au Poussinet... »

Toutes les bouches s'esclaffèrent. Demander les tambours au marquis! Pourquoi pas le château aussi? Et comment s'y prendrait-il pour obtenir le cadeau?

« Suffit! interrompit-il. Foi de Marius Papélou, ex tambour-major au 48e de l'arme, Mongélus aura ses tapins. Et si vous tenez à savoir de quelle façon le dénommé Marius fera cracher les monacos à votre marquis, je vais vous le dégoiser en quatre paroles... Primo, salut militaire. On connaît son monde. Après, à haute et intelligible voix, on lui dit : Mòssieu notre député, Mongélus aurait besoin pour son bonheur de vingt-cinq tambours. Voulez-vous les payer?... S'il fait la grimace et m'expédie au diable, j'ajoute doucement : Pas de tambours, pas de votes! Là-dessus, bonsoir la société!... »

Le député fut convaincu par les bonnes raisons de Papélou et il paya les vingt-cinq tambours.

Et maintenant, chaque jour, au coucher du soleil, les travaux finis, avait lieu l'école dans le sentier pierreux qui dégringole vers le Mas-Moulys.

Cependant le 15 août était arrivé. Les rues étroites de Villemagne ruisselaient d'une foule houleuse, bigarrée, dans laquelle pointaient de ci, de là, les casquettes galonnées des orphéonistes, des fichus écarlates enroulés au cou des femmes et les casques des pompiers. Le ciel avait des azurements profonds de mer calme. Sur le foirail, les mâts de cocagne s'enlevaient dans une nappe lumi-

M. DE PONS-L'OUSSINET.

neuse au milieu des drapeaux secoués par le vent et des ballons roses qui flottaient légers. Des rumeurs croissantes couraient devant les affiches jaunes où le programme de la fête était imprimé. Ceux de Mongêlus triomphaient bruyamment avec leurs vingt-cinq tambours qui devaient, avant le feu d'artifice, exécuter par la ville une retraite aux flambeaux. Et les paysans des autres bourgs, les vignerons d'Habélijas surtout, mordus d'une colère jalouse, s'étaient groupés et péroraient avec de grands éclats de voix, se consultant, proférant de longues menaces contre cette invention nouvelle qui allait remplir la ville de son tapage vainqueur.

La nuit vint, toute brodée d'astres. La ville qui se gorgeait dans une saoûlerie folle avait une haleine bestiale d'ivrogne. Et derrière les remparts, dans le feuillage noir des arbres, les rossignols inquiets ne chantaient plus, la rivière se lamentait en des sanglots éperdus.

Dans la cour du *Lion-d'Or*, une dernière fois avant la retraite, Marius Papélou faisait tourner sa longue canne entre ses doigts. Il était superbe, les moustaches cirées, le bonnet à poil posé de travers sur le front avec son panache qui ondulait, l'uniforme collant à ses membres nerveux comme un maillot de lutteur et le sabre recourbé lui battant les mollets. C'était toujours le beau tambour-major du 48ᵉ, celui que les camaros avaient couronné un soir de noce du surnom triomphal de Tournecœur. Ses yeux luisaient et il ne pouvait songer sans un sourire gouailleur aux hâbleries mauvaises des vignerons d'Habélijas qui avaient parié de faire manquer la retraite. Il était bien tranquille là-dessus. Il avait donné la consigne aux vingt-cinq. Les vingt-cinq seraient au *Lion-d'Or* à huit heures, et on donnerait de la musique à Habélijas, on lui en donnerait pour son argent !

Les huit coups de l'heure tintèrent aux clochers, puis le quart, puis la demie. Les tambours n'arrivaient pas. Marius frissonna malgré lui. Il sortit de la cour à grandes enjambées et anxieusement il épia de tous côtés. La rue était déserte. A la fin, comme il allait rentrer dans l'auberge, il distingua confusément une bande qui s'approchait en désordre et braillant à tue-tête.

Il poussa un cri tragique. Il avait reconnu ses hommes mêlés bras dessus bras dessous aux vignerons d'Habélijas. Tous étaient gris. Les vignerons avaient royalement payé la ripaille.

« Canaille ! gueux ! cochons ! » hurla Papélou. Et, la canne levée, empoignant ses tambours au collet d'une étreinte brutale, il les rangea un par un devant lui.

La retraite commença hoquetée, grotesque, pareille à un charivari de mardi-gras. Les peaux se crevaient ; les baguettes tombaient des mains des tambours et, les jambes flageolantes, la tête hébétée, ils titubaient, glissant sur les galets humides, se raccrochant entre eux, s'abattant de ci de là dans les tas d'ordures. Et, derrière la retraite, les gens d'Habélijas riaient très fort, flagellant de leurs moqueries le vieux tambour-major. Morne, raidi, désespéré, celui-ci marchait droit devant lui ; il ne détournait même pas la tête pour répondre aux insulteurs.

A la place des Moines, les vingt-cinq n'étaient plus que douze. Au foirail, il en restait neuf. Mais à ce moment, guidée par les garçons de Pessalorgues qui avaient déployé leurs tailloles rouges, la farandole passa, criant son refrain endiablé. Et, poussés par les vignerons, les huit derniers se joignirent à la chaîne. Il n'en restait plus qu'un : Barnabé Loustric, le crieur. Alors, gravement, Papélou lui prit sa caisse.

« Va-t'en, murmura-t-il d'un air farouche, va-t'en avec les autres. Papélou sonnera la retraite tout seul ! »

Et, jetant sa canne, il s'attacha le baudrier sur la poitrine. Il parcourut ainsi la ville, s'enfonçant dans les ténèbres, dans les

TOUS ÉTAIENT GRIS. — Dessin de JEANNIOT.

carrefours et les rues perdues et toujours rabotant ses ra-fla-fla comme un défi affolé. Il dépassa les remparts. Il courait ainsi qu'un aveugle poursuivi par des chiens errants. Il ne s'arrêta qu'au pont de l'Aygastrou. Il étouffait et ses bras ballaient tordus de fatigue.

L'arche du pont traçait dans la rivière une ellipse mystérieuse. L'eau avait des transparences attirantes. Les sanglots s'apaisaient. On eût dit une voix faible qui consolait. Et dans l'ondulation des herbes qui verdissaient le fond, palpitaient comme des regards amis les clartés blondes des constellations. Papélou contempla longtemps la rivière. Puis, sans prononcer une parole, il enjamba le parapet.

Dans la ville, les fusées du feu d'artifice sillonnaient déjà le ciel, ensemençant d'or la voie lactée. Les lueurs boréales du bouquet incendiaient l'horizon. Les feuillages, l'eau, étaient radieusement illuminés et l'énorme bonnet à poil du noyé qui descendait le courant semblait une épave sinistre glissant dans un sillage ensanglanté.

L'ÉNORME BONNET A POIL DU NOYÉ DESCENDAIT LE COURANT. — Composition de JEANNIOT.

MAIZEROY.

LE BRAS

Notre collaborateur Ernest d'Hervilly va publier cette semaine une plaquette fantaisiste chez l'éditeur Ollendorf. Nous lui empruntons les quelques pages que voici :

Certes, dans son auguste et sereine nudité, elle est plus que belle, elle est splendide et triomphante, la grande Immortelle de marbre, exhumée de la terre chaude et friable de Milo.

Qui la voit pour la première fois est d'abord comme pris tout entier sous les mailles du filet de l'enthousiasme et de l'admiration ; mais, l'instant d'après, une inquiétude indéfinissable, un vague malaise, un regret confus s'emparent de l'esprit en constatant que ce glorieux corps est incomplet, que deux des plus puissantes armes de la femme lui manquent, que ses bras sont absents.

Cette amputation de l'idéal attriste.

Qui ne les cherche, qui ne déplore leur chute, qui n'essaye, en imagination, de les modeler de nouveau pour les rattacher aux nobles épaules tombantes de la *Vénus victorieuse* tronquée par le temps, ces bras magnifiques, ces bras faits pour l'étreinte amoureuse, disparus à jamais !

Heureusement, si la célèbre Déesse est manchote, nombreuses sont les simples mortelles armées de bras polis et élégants ; et de quelques-unes de ces bras flexibles et purs je veux essayer de dire les charmes visibles et permanents.

Bras de la femme, merveille délicate, bras souples et frais, vous êtes onduleux comme d'irrésistibles serpents, mais à vos insidieux enlacements quel Laocoon ne s'offre sans retard, avec transport, dût-il en sortir pâle et mourant ?

Bras de la femme, c'est vous que je vais décrire et louer ici avec des adjectifs de premier choix et des adverbes de la Comète, comme les bons vins !

Hélas ! je ne serai pas le laudateur de tous, mais seulement de ceux-là dont j'ai gardé douce souvenance.

Et je le ferai avec l'air rêveur et tendre de Don Carlos, le futur Charles Quint, disant à Hernani en lui remettant la Toison d'or :

Mais tu l'as, le plus doux et le plus beau collier,
Celui que je n'ai pas, qui manque un rang suprême,
Les deux bras d'une femme aimée et qui vous aime !

I

Un bras romanesque.

Fuselé, long, pâle, il tombait avec abandon d'une manche courte, ou plutôt d'un soupçon de manche à gigot, sur la soie couleur abricot d'une robe dont le corsage en pointe n'en finissait point.

Le poignet était cerclé d'un large velours, noir avec boucle d'acier dont les facettes étaient légèrement rouillées.

Par les larmes, sans doute ?

C'était le bras d'une Muse de Câteau-Cambrésis, extraordinairement pourvue de vague à l'âme.

Certainement, en chemin de fer, si le vague à l'âme avait été compris sous la rubrique Colis, cette Muse aurait dû payer un fort excédent de bagage.

La responsabilité d'une partie de ce vague à l'âme m'incombait.

Mais le bras était joli !

Très joli, et satiné. Je n'en dirai pas davantage.

Nous collaborions.

Après les soins empressés que je prodiguais au vague à l'âme de cet ange, — ma parole, elle me semblait un ange ! — on se livrait à la confection d'un drame en de nombreux actes, dont les personnages, fortement moyen âge, s'appelaient Galeswinte, Irmangarde, Spidizafer (*sic*) et Courtcheuse. Pour ce dernier-là, je n'en mettrais pas ma main au feu.

Mais enfin il y avait le lâche, le perfide Spidizafer, et c'était déjà bien gentil.

Ce personnage se livrait à une série d'atrocités variées sous les costumes les plus magnifiques, avec autant de plumes à sa toque qu'un corbillard de première classe ; et moi je contemplais, béat, le bras fuselé et pâle de ma collaboratrice, dont la main, armée d'une plume, décrivait sans relâche les hauts faits de Spidizafer !

C'est égal, j'avais dix-huit ans, et j'ai bien aimé le bras de ma Muse de Câteau-Cambrésis ; quand je songe à lui, c'est avec une reconnaissance souriante, mais profonde.

Parfois, sur la cheminée d'un salon de vieux parents, on voit des vases,

Dessin de Rochegrosse.

de forme et de décor démodés, débordant de fleurs nouvelles et parfumées. Le vase date de loin, mais les fleurs charmantes sont d'hier.

Tel était l'amour que me versait ce bras romanesque !

II

Perverse et perfide, et sachant que, de ma fenêtre, je pouvais apercevoir, dans les vitres de la croisée ouverte de son cabinet de toilette, le vague reflet, l'irritant reflet, confus et fugitif, mais reconstitué, fixé, terminé par l'imagination et le souvenir, de sa séduisante personne, cette femme aux yeux humides d'un gris pâle, aux narines frémissantes, avait la cruauté de déshabiller ses bras savoureux comme des fruits mûrs, et de les enfariner de poudre de riz, après les avoir lavés, longuement, devant cette fenêtre infernale. Elle, je ne pouvais la voir, mais dans les carreaux luisants, miroirs légers, l'éclair de ses beaux bras blancs passait et repassait sans cesse, et j'en avais l'âme brûlée. Elle le savait, elle le savait, l'impitoyable coquette ; elle le savait, la rusée Circé !

Mais le soir, quand nous nous rencontrions, à table, ou dans le jardin, et comme je la regardais suppliant, le cœur gonflé des sèves folles des années de jeunesse, je ne lisais dans ses larges prunelles, humides et d'un gris pâle, que la plus parfaite ignorance des corruptions de ce monde.

Flegmatique, d'une froideur opaque, elle me saluait avec un sourire d'une chasteté d'ange, et moi j'en tremblais de fureur et d'énervement.

La misérable ! — Cela l'amusait !

Elles ne sont pas mortes sans postérité, ces Romaines qui, pour le plaisir, essayaient des philtres et des poisons sur d'innocents et dévoués esclaves.

III

Desdémone expirait.

Le barbare Othello, les veines du front injectées d'un sang furieux, pressait en rugissant sur la bouche exquise et loyale de sa bien-aimée l'horrible coussin qui en absorbe le souffle et la tue.

On n'entendait plus que de faibles gémissements, étouffés sous la mollesse invincible du coussin, et l'atroce langueur de la mort coulait déjà dans les membres convulsés de la pauvre fille enthousiaste.

Cependant, débordant du fatal oreiller sur le lit nuptial, son bras décoloré pendait et s'agitait encore. Doux, frêle, tendre, il s'agitait dans un dernier geste de supplication suprême, de protestation d'innocence et d'amour éternel.

Mais le barbare Othello, aveuglé par la rage, ivre de folie, n'ayant plus dans le cœur qu'un seul souvenir — Iago ! — ne voyait pas ce bras tendre, pâle, doux, amoureux, qui si souvent entoura son cou noir et solide d'un collier tiède et passionné ; et de ses deux mains crispées il pétrissait toujours avec furie l'horrible coussin sur les lèvres de Desdémone.

IV

Comme englouti dans les coussins d'un divan, après dîner, et fumant, j'écoutais, d'une oreille bienveillante, cette jeune femme assise au piano.

Elle en jouait admirablement, oui, c'était mathématiquement inouï. Il n'y manquait que le je ne sais quoi qui prend au cœur les plus endurcis et fond leur âme de fer en larmes chaudes.

Les bougies de l'instrument découpaient, en l'auréolant d'une lueur vive, la silhouette de cette jeune femme assise avec une pudeur étudiée sur le tampon du tabouret.

Les deux bras, étroitement emprisonnés dans la soie de la robe, descendaient des épaules, et, méthodiquement pliés au coude, envoyaient, nus et ronds, les avant-bras jouer des mains sur le clavier.

Le corps restait immobile dans sa rectitude. La tête ne bronchait pas. Le souffle enivrant de la musique traversait la coiffure haute et compliquée sans agiter un seul de ces cheveux que le fer fumant du coiffeur avait domptés.

Quelle singulière chose ! Cette jeune et jolie créature, droite, invariable dans sa pose, donnait naissance à de l'harmonie irréprochable, sans avoir l'air d'être en proie aux baisers du brûlant Apollon.

Le dieu s'évertuait. En vain !

Elle restait calme, droite, immobile, sans tressaillir une seule fois, et du piano s'envolait toujours, pourtant, un concert parfait.

A la fin, il me sembla que les deux bras de cette jeune femme étaient tout simplement deux tuyaux froids et ronds, coudés en leur milieu, et par l'orifice desquels, sur le clavier, s'écoulaient les flots d'une musique abondante, venue on ne sait d'où.

V

Que de fois, dans mes rêves confus et troublants de collégien que les professeurs de belles-lettres mettaient chaque jour, imprudemment, dans l'intimité des déesses et des adorables mortelles de l'Odyssée, que de fois j'ai vu et admiré, le cœur battant d'une émotion suffocante, les bras délicats et vigoureux de la charitable Nausicaa et de ses jolies suivantes jouant à la balle après le bain, sur les rives du fleuve aux belles ondes de l'île des Phéaciens !

O Nausicaa, royale blanchisseuse, tes bras parfumés après le travail et oints d'une huile exquise donnée par ta mère, je les voyais étinceler au soleil du matin, comme le timon d'ivoire doré des chars de ton père, le grand Alcinoüs.

Que j'aurais voulu être Ulysse, tout crasseux qu'il se déclare et tout couvert de débris de plantes marines qu'il se montre, pour venir, voilé de feuillages, te supplier de me donner un peu de savon et quelque vêtement sec, ô Nausicaa aux bras blancs !

VI

Ce qu'on remarquait surtout dans ce bras d'adolescente, noté parmi mes souvenirs, c'était l'olécrane, ou, en d'autres termes plus vulgaires et moins anatomiques, le coude.

Un coude de jeune fille, saillant, pointu, comique, et pourvu néanmoins d'une grâce bizarre et touchante.

Car les fillettes, avec leurs angles et leurs maigreurs, ainsi que les petits chevaux avec leurs gros genoux, leurs gros sabots, leurs grosses têtes et leur crinière en balai, sont des créatures dont l'inachevé et le grotesque n'attristent pas le regard et n'inspirent aucune répugnance.

Cela surprend et cela ne choque pas. Cela fait sourire et cela attendrit.

On est si bien convaincu que l'avenir modèlera cela en pleine pâte !

Rien de pénible à voir comme ces vastes et informes morceaux d'étoiles éteintes qu'on place dans les galeries de minéralogie. On sent que cela est mort et fini pour jamais. Au contraire, quelque grêle et quelque aiguë que soit une étincelle, une étincelle est toujours réjouissante à voir. C'est le commencement d'une flamme.

Aussi, c'est avec plaisir que je regardais l'amusant coude de ce bras d'adolescente. Il avait en quelque sorte fait son nid dans l'étoffe de la manche, et celle-ci, à chaque mouvement, dessinait gaiement, avec une profonde insouciance, un cône extraordinaire.

VII

Je me souviens d'un bras blanc, d'un bras d'une blancheur artificielle éclatante, — c'était le bras d'une tragédienne, — languissamment lové avec la douceur onduleuse d'un col de cygne, une coupe d'or au bout des doigts.

De la coupe tombait sur le bûcher d'Agamemnon, roi des rois, le flot parfumé d'une libation funèbre.

Modelé par la vive lumière de la rampe, ce bras un peu grêle, mais d'une grâce parfaite, découpait sa ligne charmante sur la verdure fausse du décor. Il y avait de la douleur et comme une lassitude désespérée dans ce bras fin et par accomplissant un des rites pieux de l'élégante antiquité.

La coupe vide, le bras s'arrondit, lentement, comme un arc tendu dont le nerf se rompt peu à peu, et, lentement, éclatant de pâleur, brisé de chagrin, il retomba le long du corps affaissé de la tragédienne qui pleurait au tombeau d'Agamemnon, roi des rois, dans les *Érinnyes* de Leconte de Lisle.

VIII

On faisait une partie de volant.

Le *liège emplumé*, comme disait, comme a dit, évidemment, l'abbé Delille en ses vers truffés de périphrases, le liège emplumé voltigeait, avec un léger froufrou, de la raquette de mademoiselle Clotilde à la raquette de votre serviteur.

Un aimable soleil d'automne éclairait la scène. Parfois la brise équinoxiale se levait, avec un bruit d'oiseaux en fuite, dans les lilas défeuillés qui bordaient l'allée où nous jouions, et le volant déviait de la ligne droite.

Alors, pour le rattraper au vol, mademoiselle Clotilde, sans bouger de place, mais le torse, cambré dans un mouvement superbe qui en faisait saillir les lignes galantes, déployait son bras avec un grand geste, le poignet replié en arrière, et de fines veines bleues apparaissaient soudain à fleur de peau, au delà de la manchette, sous la poignée garnie de cuir de la raquette.

C'était charmant, ce geste subit !

Mais, en le constatant, je devenais maladroit à la riposte.

Mon œil, oubliant le volant relancé avec autant de force que de grâce, admirait dans toute sa chère longueur, du poignet à l'épaule, ce joli bras souple et nerveux, et le liège emplumé s'abattait sur la terre avec un choc mou.

En même temps on me criait, pleine d'impatience :

« Mais allez donc ! »

Je prétendais alors que les flèches d'or du soleil de septembre, tamisé par les feuillages éclaircis, m'entraient à chaque instant dans l'œil, et que c'était cela, uniquement cela, qui m'empêchait de jouer correctement.

IX

Dans le monde.

Ce monde-là, je l'ai bien oublié. Mais ce que je ne cesserai jamais de me rappeler avec un frémissement de cœur mélancolique et passionné, c'est le bras rond, jeune et plein, ganté de blanc jusqu'au coude, — c'était la mode alors et il n'y a pas longtemps, — qui daigna, dans ce monde-là, s'appuyer sur mon bras, pendant que nous faisions une incursion dans l'oasis où les verres de punch fleurissent.

Oh ! cher bras ! Bras de svelte jeune femme où il y avait encore beaucoup des grâces hésitantes et timides d'une grande jeune fille !

Cette reine secrète de mon cœur, je l'appelais, dans ce monde-là, mon *hiver blond*.

Habit noir que j'avais alors, et qui depuis, chez quelque fripier sans nom, médites sans doute sur l'instabilité des modes humaines, comment n'ai-je pas eu l'idée dévote et amoureuse de couper dans le drap de ta manche, pour en faire une relique et la conserver toujours, la place où s'appuyait gentiment, avec une vague pression d'amitié tendre, le bras rond, jeune et plein, ganté de blanc jusqu'au coude, auquel je pense toujours maintenant avec un frémissement de cœur mélancolique et passionné !

Ernest D'HERVILLY.

L'ESCRIME A PARIS

LE MUR

N rencontre parfois dans les rues des gens qui prennent machinalement le contre de quarte avec leurs cannes. Deux hommes entrent au café, s'arrêtent face à face, les talons réunis, à droite et à gauche des porte-chapeaux et se débarrassent de leurs vêtements par des mouvements simultanés ; on croirait qu'ils vont faire le mur. « A vous l'honneur ! — Je n'en ferai rien. — Par obéissance. »

Ce sont des maîtres ou des amateurs d'escrime.

L'escrime est un art qui laisse de profondes empreintes et détermine des habitudes du corps et de l'esprit ; elle enseigne les nobles attitudes, donne de l'aplomb, étend la respiration et influe sur la politesse non seulement par les traditions chevaleresques qu'elle perpétue, mais encore par des considérations plus directes et plus intelligibles.

On dit de la musique qu'elle adoucit les mœurs ; on pourrait le dire à plus juste titre de l'escrime.

Le maniement de l'épée ou du fleuret n'est pas un exercice solitaire auquel on puisse se livrer sans froissement, en couvant des illusions saugrenues. Par exemple, un savant allemand, dans le recueillement du cabinet, loin de toute contradiction, déclarera après une séance du spirite Slade que les esprits sont des êtres sortis de la quatrième dimension de l'espace et soutiendra cette opinion d'un ton tranchant sans se soucier des répliques.

Pour *tirer*, il faut un adversaire, lequel n'est pas ordinairement

LA LEÇON DE M. JOURDAIN
Dessin par Delort.

d'humeur à se laisser boutonner; car les amours-propres d'escrime sont vifs et ne le cèdent en rien à ceux qu'engendrent les autres arts. Mais, de ces deux amours-propres en lutte, l'un est nécessairement blessé. Et cependant il est d'usage, après l'assaut, de tendre la main à son adversaire et d'échanger des compliments. Personne n'y manque; l'amour-propre même se surmonte, de peur du ridicule.

Après quelques épreuves, le caractère le plus fougueux est complètement maître de soi; c'est ce qu'on appelle prendre le taureau par les cornes. Un exercice qui arrondit ainsi les aspérités les plus saillantes de notre nature, n'a-t-il pas une haute valeur d'éducation, et ne contribue-t-il pas singulièrement à la politesse et à l'adoucissement des mœurs?

Si on invoque encore en faveur de la musique les vers fameux:

> Les cœurs sont bien près de s'entendre
> Quand les voix ont fraternisé.

que dira-t-on pour exprimer la sympathie qui naît si fréquemment du contact du fer?

Le maître de M. Jourdain, s'il n'eût préféré en venir aux coups, aurait pu faire valoir de tels arguments contre la musique. Malgré leur apparence paradoxale, nul n'en contestera la profonde vérité, s'il a quelque connaissance des salles de Paris. En effet, les duels sont très rares entre amateurs, et la plupart des gens qui vont sur le pré n'ont d'autre préparation qu'une leçon de terrain. L'honneur d'un homme étranger à l'escrime est beaucoup plus chatouilleux que celui des soi-disant bretteurs: on ne veut pas paraître ignorer les armes, on ne veut pas passer pour lâche, et on ne fait aucune concession, tandis qu'un pilier de salle sait parfaitement qu'un duel ne prouve rien et que l'honneur ou plutôt l'honnêteté la plus élémentaire consiste à reconnaître ses torts. Cette conduite est facile à quelqu'un d'exercé qui craint, en outre, de se trouver dans le cas de commettre une sorte d'assassinat en acceptant un combat disproportionné.

L'abus des attitudes a pu faire une fausse impression sur l'observateur superficiel. On remarque, dans la démarche de quelques amateurs convaincus, une certaine emphase; ils ont les moustaches cirées, l'habit boutonné et semblent de solennels croquemitaines. Il n'en est rien: ce sont d'excellentes gens qu'on peut aborder, qu'on peut toucher sans péril, mais qui font le mur sans s'en apercevoir. Leur affabilité naturelle forme le plus surprenant contraste avec leur tenue. D'ailleurs ils sont peu nombreux et tendent de plus en plus à disparaître. Ils ont été façonnés par ces vieux maîtres hiératiques qu'a connus Daumier et qui pontifiaient en donnant leçon; qui, eux-mêmes, avaient reçu des brevets coloriés où les demoiselles les admirent, fendus à fond ou solidement assis sur leurs jarrets, parant et ripostant.

De même que le mur est un assouplissement et une préparation à l'assaut, nous avons voulu présenter ces observations avant d'entrer au vif de la matière; mais, afin que notre titre ne soit pas un leurre, nous allons parler un peu de cet usage respectable, établi, consacré, qui menace de tomber en désuétude parmi les amateurs.

M. Alfonso de Aldama, à la séance du cercle du *Correspondant*, et MM. Conrad et Maufray chez Ruzé ont été seuls à faire le mur. Ces messieurs ont été bien inspirés et on ne saurait trop les louer de ne pas laisser aux professeurs le privilège d'un exercice si gracieux et

si utile. Combien de tireurs, qui retirent le bras, se dressent, cavent et font casse-cou, auraient été préservés de ces écarts déplorables par la salutaire habitude du mur! Même à la salle, entre soi, on ne devrait jamais faire assaut sans ce prélude et les maîtres devraient y donner tous leurs soins. Alors plus de bourrades, plus de mauvais départs de pied; en un mot, plus de *bricole!* Le remède contre le jeu romantique est dans cette observance sacro-sainte que tout tireur devrait pousser à sa dernière perfection. Mais on a hâte d'en venir à l'essentiel, aux coups de bouton; car le programme des séances d'apparat est toujours beaucoup trop chargé pour qu'on puisse y donner place à des mouvements de pure forme. Aussi ces séances n'ont-elles pas l'intérêt qu'elles offriraient si l'emploi en était mieux réglé, le nombre des jeux et le temps de la lutte mieux distribués. On emporte, en sortant, l'impression d'une cohue où l'on a vu se dessiner par moments le jeu fin et élégant d'un maître.

Revenons au mur, Messieurs! C'est au pied du mur......
..... Mais voici un vilain jeu de mots.

CHRONIQUE DE L'ESCRIME

Au moment où le Royaume-Uni et ses colonies savent le poids de chacun des jeunes gens qui rament sur les galères d'Oxford et de Cambridge, pouvons-nous espérer d'intéresser aux luttes de l'escrime quelques-uns de nos compatriotes? D'ailleurs, sommes-nous bien avides de popularité? — Moins pour nous que pour la propagation de notre art. — Peut-être touchons-nous cependant à la réalisation de nos désirs. Il y a dans la société française des signes précurseurs de temps meilleurs, un acheminement vers les pratiques athlétiques. Un homme du monde a donné dernièrement, dans un manège construit à son usage, une soirée acrobatique où d'autres gens du monde ont marché sur les mains, fait la roue de brouette et le saut périlleux, présenté des lapins dressés en liberté, tandis qu'un duc authentique et fort connu exécutait des exercices de trapèze volant, et que plusieurs dames montaient à cheval en haute école. Faut-il saluer l'aube des temps nouveaux? Verrons-nous encore la force et l'agilité se décorer de grâce française?

Le Cercle de l'Union Artistique, suivant de louables traditions, a donné samedi soir la plus brillante séance d'escrime de la saison. On avait disposé dans la longueur de la salle de spectacle, à deux degrés au-dessus du sol, une longue planche pour les assauts. Autour de ce champ clos, trois ou quatre rangées de chaises ont reçu les nombreux invités. Il y avait sur chaque siège un programme dont la première page, illustrée de charmants dessins d'Arcos, était suivie de la liste des tireurs, distribués par jeux dans l'ordre de succession.

M. Saucède, président de la salle d'armes du Cercle, occupait, au centre et face à l'entrée, la chaise de la présidence, assisté du général Ney d'Elchingen et de MM. Waskiewicz, Leroy, de Borda, Alfonso de Aldama, etc. Quelques-uns de ces messieurs, devant prendre part aux assauts, étaient en veste, leur masque entre les jambes.

Le premier engagement a été pris vers neuf heures, et le dernier cri de « touché! » proféré vers minuit et demi, sans aucune lassitude de la part de l'assistance, qui, à maintes reprises, a témoigné son enthousiasme par de vifs applaudissements. Pendant ces trois heures et demie, il nous a été donné d'admirer quelques passes brillantes où amateur et professeur ont rivalisé de ruse, de vitesse et de correction. Nous avons retrouvé la rapidité foudroyante et la vigueur de poignets de M. de Borda, dont la main gauche et l'impétuosité ont mis à une rude épreuve la science et le doigté de Breton, professeur à la Faisanderie. M. Guignard a fait un assaut très gracieux contre G. Robert: fuites ailées, retours aériens, mouvements de pointe légers et variés comme des arabesques, c'était véritablement une lutte de sylphes. L'assaut du capitaine Derué contre Ayat, professeur, a présenté les mêmes qualités de souplesse et de légèreté, et les parades les plus compliquées y ont été nettement trompées.

Prévost, le sympathique professeur du Cercle, a eu l'honneur rare de tirer en public contre M. Féry d'Esclands. Depuis plusieurs années, M. Féry d'Esclands, retiré dans la salle de la rue Saint-Marc, dont il est vice-président, n'avait fait aucune apparition au dehors. Les amateurs s'interrogeaient sur le degré d'entraînement du tireur qui pendant si longtemps a partagé, avec MM. Antonio de Ezpeleta et de l'Angle, le sceptre de l'escrime. On l'a revu samedi soir, en garde, immobile comme une statue, parant, le bras presque tendu, un contre de tierce sifflant fermé par la seconde, et attaquant par des froissés coups droits d'une rapidité prestigieuse. C'est un jeu dur et peu varié, mais exécuté avec une vigueur, une vitesse et une stabilité incroyables. Le doigté délicat de M. Alfonso de Aldama, contre qui

L'ESCRIME A PARIS. — LES PROFESSEURS : *MICHEL*, par STEWART.

Composition de G. ROCHEGROSSE

LE PETIT PANIER

Oh ! ce petit panier !

Je me revois encore sur la route de Moustoirlan avec mon petit panier au bras.

Nous étions partis tous les deux de très bon matin pour ne réveiller personne dans la maison. J'avais mes souliers à la main, et je retenais mon souffle, surtout en passant devant la porte paternelle. Il me semblait alors que les pères ne pouvaient penser à autre chose qu'aux fredaines possibles de leurs enfants. Outre quoi, j'avais, deux jours auparavant, été blackboulé au baccalauréat (une blanche, trois rouges et sept noires !!!) et la maison, depuis cet échec non immérité, ne retentissait plus que d'un mot trop fréquemment, hélas ! répété :

« Travaille ! Travaille ! Tous tes amis ont été *reçus*, et toi qui as eu un prix au grand Concours !... »

Il faut dire que ce prix était de vers latins et qu'au baccalauréat on demande de tout, excepté des vers latins.

On m'avait dès lors refusé jusqu'aux subsides qui me permettaient de loin en loin une partie de poule avec les sous-officiers du 12e dragons.

Sur ces entrefaites, j'étais devenu, d'aucuns diraient tombé, amoureux de Pauline.

Ce n'est pas que Pauline fût d'une beauté transcendante, mais je venais d'avoir dix-sept ans, le seul âge auquel toutes les femmes sont réellement des femmes.

De par mes dix-sept ans, Pauline, en dépit d'un nez légèrement relevé, de pommettes un peu saillantes, d'un teint plus coloré que les pommes d'api n'ont la réputation de l'être... Seulement elle avait des yeux qui me faisaient l'effet de vers luisants dans les touffes d'herbes, ces pauvres vers que je cueillais le long des routes, dans les fossés, pour en faire des guirlandes lumineuses à mon chapeau de gamin. Et puis elle m'avait appris à fumer la cigarette. Elle seule m'avait fait connaître les délices du vrai tabac. Jusqu'à elle j'avais essayé de tout, des feuilles de tilleul desséchées dans mes bouquins de collégien, des feuilles de châtaigniers et surtout, oui surtout, de l'écorce des vignes. Un jour elle me roula, entre ses doigts fluets, une véritable cigarette, et les feuilles de tilleul si amoureusement desséchées, et les feuilles de châtaigniers, et des vignes l'écorce si savamment dissipée en fumée ne furent plus qu'un souvenir dont je me défends à grand'peine de sourire encore aujourd'hui.

Parbleu ! je m'en souviens à merveille, c'était un jeudi. Le printemps venait de décorer sa boutonnière de sa première feuille. Dans notre jardin, à travers les branches attendries par un afflux de sève, les merles au bec jaune se poursuivaient à grand bruit d'ailes, et les bouvreuils guettaient sournoisement les bourgeons qu'ils préfèrent à tout. Le soleil se levait de bon matin.

C'est en fermant la porte que j'eus un moment de frayeur bien justifié. Le loquet retomba bruyamment sous mon doigt qui tremblait. On ne sait pas, on ne saura jamais ce que c'est qu'un loquet qui retombe le matin vers cinq heures dans une petite ville de province. Joignez à cela que je venais de la cave, et, dans le petit panier déjà bourré de gâteaux, j'avais trouvé le moyen de glisser une vieille bouteille de vin. Tout ça, pour déjeuner sur l'herbe avec elle. N'est-ce pas que ce n'était pas trop pour un premier amour ?

Pour aller à Moustoirlan, la route va en montant tout du long. Ce n'est pas joli, mais à moitié chemin il y a le château de Talhouët, avec sa large avenue de gros hêtres qui vous repose l'œil très agréablement. De là, il ne me déplaisait pas de regarder avec une indicible satisfaction la petite ville endormie sous un dais de vapeur, avec la ligne blanche de sa rivière qui serpente là-bas dans les herbes hautes des prairies sans fin.

Je ne parle pas de Pauline, par cette bonne raison qu'elle s'amusait tout le temps à courir avec ses bottines dans les ajoncs, au risque de déchirer sa robe, et j'étais à ce point naïf que je n'étais en rien jaloux, ni du ciel bleu qui l'émerveillait, ni des marguerites qu'elle fauchait à pleines mains, ni des joies d'enfant où son âme tout entière s'éparpillait alors qu'un oiseau s'envolait de la brousse. Aujourd'hui je me dis qu'elle aurait peut-être un peu bien pu s'apercevoir que j'étais là, mais je me contentais, à cette aube heureuse de ma jeunesse, de n'être qu'un écho de son rire, qu'un pressentiment de ses futures amours.

Elle était rude à gravir, allez, la butte de *Crève-Cœur*, la bien nommée. A droite, à gauche, d'immenses crevasses, le terrain partout éventré par la mine, des blocs de granit abandonnés et couchés sur un lit de poussière blanche et fine, et de ci, de là, des menhirs dressés dans les bruyères, dans les landes, comme les austères re-présentants d'un âge détruit qui seraient venus se réchauffer au spectacle de nos juvéniles tendresses.

Elle eût pourtant été bien gentille, la petite Pauline, en me disant seulement ceci :

« Donne-moi donc le panier un moment, tu dois être fatigué.

— Moi fatigué ! Oh ! par exemple. Allons donc ! »

J'aurais refusé, naturellement, mais cette marque d'attention ne m'aurait pas déplu.

Devant nous, à travers les ramures sombres des sapins s'élevait ce que nous appelions le château de Moustoirlan. Le château ! C'était tout au plus une maison de campagne, une maison d'épicier qui ne peut rester le dimanche chez lui et se plaît à monter des gymnases pour ses enfants. Dans l'abandon des alentours pelés et grillés par le soleil, quelques bouquets d'arbres clairsemés parlaient à ma jeune imagination des oasis sahariennes, et mon regard cherchait, avec les vagues inquiétudes d'un orientaliste en herbe, de blancs clochetons dentelés sur le vulgaire toit d'ardoises du château.

Nous étions enfin entrés dans la zone de l'ombre. Les tapis de mousse fine s'allongeaient sous nos pas.

« J'ai faim », dit Pauline.

J'étalai sur le gazon tout le contenu du panier, et elle battit des mains.

Ma gravité seule m'empêchait d'en faire autant.

Nous mangions tous les deux avec une cordiale voracité, et nous buvions aussi, comme quatre, sans verre, à même la bouteille. C'était bien meilleur à son avis, et j'en étais convaincu pour mon compte personnel ; si bien qu'au bout d'un petit quart d'heure le panier était vide.

Vide, absolument vide !

Je ne savais trop ce que j'avais à dire à Pauline, mais j'attendais qu'elle commençât. Je la regardais avec de grosses larmes qui roulaient dans mes yeux et je sentais le besoin de me serrer contre elle et de lui dire que je l'aimais.

Elle me montra un gros nid d'épervier qui se balançait au bout d'une branche.

Je montai, je montai, et vite, vite. L'épervier mâle ou femelle voltigeait au-dessus de ma tête en poussant des clameurs étranges. Que m'importaient les éperviers ! Je tenais le gros nid où roulaient deux œufs tachetés de rouge, et je descendais le long du tronc, pressé d'arriver près d'elle et heureux de lui avoir montré de quoi j'étais capable.

Crac ! En mettant pied à terre, je glisse sur une grosse racine et me voilà allongé sur le sol, les œufs écrasés sous moi.

Et j'avais une culotte blanche !

Pauline ne me demanda pas si je m'étais fait mal. Elle partit d'un éclat de rire qui me blessa profondément.

« Partons, dis-je d'un ton sec.

— Et le panier ? fit-elle.

— Ah ! c'est vrai ! »

Je repris le panier sur l'herbe, le petit panier vide, vide, mais le cœur dégonflé à jamais d'un amour dont je souffrirais peut-être au-jourd'hui si je n'avais fait une omelette avec des œufs d'épervier.

Ce soir, en passant dans une rue, j'ai rencontré une femme en noir qui s'est retournée me voyant. Je me suis retourné, moi aussi, et j'ai eu comme un ressouvenir, mais j'ai pensé au petit panier que j'avais porté tout le temps.

Je suis bien guéri décidément.

Émile TABOUREUX.

VOLLON DANS SON ATELIER

Le très curieux dessin que nous donnons cette semaine à la pre-mière page de la *Vie Moderne* a été fait d'après nature par Dufeu, un élève distingué du bon maître Antoine Vollon et l'un de ses plus intimes amis. Ce dessin, que l'on dirait l'œuvre de quelque Ostade ou de tout autre élève de Franz Hals, au beau temps de l'école de Harlem, n'est pas seulement une bonne pièce d'art, chaude, vibrante et colorée, c'est encore un document des plus intéressants sur l'his-toire de la peinture contemporaine. Vollon, en effet, dans la grande mêlée des écoles, des systèmes et des individualités actuelles, me semble être le maître le moins contesté et le plus incontestable. Il est tellement rare de rencontrer des détracteurs de son talent que cela même ne m'est pas encore arrivé. J'estime que la postérité lui sera fidèle et fera raison à la grande coupe d'éloges que la critique verse depuis quinze ans au peintre lyonnais.

Entre toutes les qualités de son art propre, Vollon possède à un degré inconcevable la virtuosité de la brosse. Sa dextérité est vrai-ment prodigieuse et ceux qui l'ont vu peindre n'osent plus toucher une palette pendant un mois. Pour arriver au relief et à la vie de l'objet, le maître n'a recours cependant à aucune alchimie. Mais il ne craint pas d'entrer dans la pâte et de se salir les doigts. Peindre c'est peindre après tout, et l'on n'est pas là pour délecter des duchesses. Le poisson placé sur la table, dans son lit de varech brun, l'ouïe rose entr'ouverte, il s'agit d'arriver à rendre l'éclat de son argent humide, sa nitescence et toute son orfèvrerie. La palette chargée, et lourdement, je vous en réponds, de six ou sept monti-cules de pâte et d'un Himalaya de blanc, un godet d'huile énorme sur un escabeau, et la porte de l'atelier bien close, le maître empoigne son faisceau de brosses et la lutte commence. Mais bientôt ces brosses ne suffisent plus et tout lui devient pinceau, le bois de la brosse, le couteau à palette et son manche, le chiffon, le pouce, le gras de la main, n'importe quoi, pourvu que l'effet vienne, et l'effet vient tou-jours. Quel batailleur ! Jamais la nature ne s'est vue et sentie prise corps à corps par un plus rude athlète. En général, quand Vollon est dispos et bien en train, le morceau est enlevé dans la séance. Alors le maître passe sa redingote, prend avec lui son petit garçon ou sa petite fille, et s'en va faire un tour et prendre l'air.

On pourra servir le poisson le soir même à la table de famille, il n'en a plus besoin.

Fort souvent Vollon adopte pour but de ses promenades la *Vie Moderne*. A la tombée du jour, je le vois arriver dans mon cabinet, toujours inquiet de la besogne à faire, jamais content de la besogne faite. Mais il vient causer d'art avec nous et cela le repose. Il n'est pas besoin, je pense, d'apprendre à nos lecteurs que Vollon adore notre chère *Vie Moderne ;* combien de magnifiques dessins, spécia-lement faits pour elle, ne devons-nous point déjà à cette amitié qu'il professe hautement pour notre entreprise, et à la protection dont il la couvre !

« Que diriez-vous, mon cher ami, me dit-il, d'une grande vue des moulins de Montmartre, au crayon noir, avec un effet de nuit ? Voulez-vous cela pour la *Vie Moderne ?* Ne vous gênez pas, vous savez, et si vous préférez autre chose, dites-le-moi. Ainsi j'ai l'idée du grand polichinelle, en double page, quelque chose de caractéristique. Je vous ferai cela. Non, vous ne voulez pas ; eh bien ! alors une pièce d'orfèvrerie ?... Hein, un casque ? Enfin parlez. Il faut, voyez-vous, que la *Vie Moderne* se distingue. Vous devriez donner des dessins de Car-peaux, ils sont admirables. J'en connais d'étourdissants. Du Daumier aussi, du Daubigny, du Corot, des Delacroix. Vous verriez quel succès. Et puis j'ai pensé à une chose : les maîtres anciens ! J'ai chez moi des Véronèse, des Watteau. Je vous enverrai tout cela, vous les ferez reproduire par Gillot ; il en faudrait un par numéro. A propos, je vous ai fait une grande mappemonde : la voulez-vous ? Ça sera toujours ça en attendant. Moi, j'y crois, à la *Vie Moderne :* la collection est déjà si intéressante ! Vous n'avez eu qu'un seul tort, je vous l'ai dit souvent, c'est de ne pas l'appeler la *Vie Moderne illustrée.* Il y a aussi votre couverture. Il faudrait en demander une à Vierge. En voilà un qui est fort ! »

Tel est l'excellent homme et le grand artiste dont la nature ardente, vivante, répond si bien au talent et enflamme de son feu tout ce qui l'entoure. Dufeu l'a représenté dans l'intimité du travail, et seul peut-être il pouvait nous donner ce précieux document, car Vollon s'enferme presque toujours et n'a pas l'atelier banal. Peu de personnes connaissent cet atelier et peuvent se vanter d'y avoir pénétré. Il est rempli de peintures précieuses et de beaux dessins de maître, car Vollon est en communion d'idées avec les anciens, et il n'est pas de ceux qui pensent que la peinture ne commence qu'aujourd'hui, et qu'avant nous il n'y avait point d'hommes supérieurs dans les arts. C'est un libre, mais c'est un respectueux. Personne ne possède son musée du Louvre plus que lui et nul n'en parle avec plus d'autorité. On sent, en l'écoutant, qu'il y a sa place.

ÉMILE BERGERAT.

LE YACHTING

Au moment même où l'élégante plage de Nice retentit des derniers échos des régates qui viennent d'y être courues, il n'est pas sans intérêt de jeter un coup d'œil rétrospectif sur le sport si utile du yachting. Calino et M. Prud'homme ont tour à tour lourdement plaisanté l'amateur de navigation de plaisance, et ce n'est que depuis quelques années que les bons bourgeois et les jolies bourgeoises ne classent plus ce qu'ils nomment dédaigneusement *canotage*, dans les sept péchés capitaux. — L'autre jour, j'entendais demander à mon sympathique ami Marcel H...: « Faites-vous toujours du canotage? » Et cette question était faite à basse voix, comme au confessionnal, par une bouche d'Hébé mondaine. « Oui, répondit non moins bas mon ami, j'ai encore, malgré mes trente ans passés, la faiblesse de canoter sur une goélette de cinquante tonneaux, avec un équipage de six hommes, non compris le capitaine. Tout en canotant, pendant le dernier été, j'ai visité le littoral de la France, de l'Angleterre, de la Belgique et de la Hollande, et, vous l'avouerai-je (ici Marcel prit un air repentant et exhala un soupir), je n'oserai jamais dire à Paris que ce n'est pas en chemin de fer que j'ai fait cette petite excursion de canotier. » J'en connais un qui, n'écoutant que son courage et sa générosité, risqua son canot et peut-être sa vie pour sauver les deux cents malheureux naufragés de la *Normandie*. — Il est vrai que son canot est un steamer de trois cents tonneaux. Bien des gens appellent encore canotage ce sport auquel un public malheureusement trop restreint a donné le nom français et exact de navigation de plaisance.

BORD DE SEINE, par de BELLÉE.

L'origine de ce fortifiant exercice se perd dans le noir du passé; il est d'ailleurs tout parisien : Paris n'a-t-il pas un navire dans ses armes? — Ce n'est guère qu'à l'époque de la renaissance romantique que la *furia* du bateau envahit certains esprits. Alexandre Dumas et Alphonse Karr furent des premiers amateurs; Lamartine aussi fréta un yacht. Et encore Alphonse Karr, si spirituel mais aussi si original, est-il le seul de cette trinité illustre qui se soit occupé sérieusement, effectivement de ses embarcations et qui ait fait école dans le genre. Quoique le père de la *Pénélope normande* se soit depuis longtemps retiré de la partie militante des navigateurs de plaisance, son heureuse influence se fait encore sentir parmi nous. Ce n'est pas la première fois que j'ai l'occasion de le dire et de l'en remercier publiquement. — Et cependant contre combien de sots préjugés n'avait-il pas à lutter, à combien de questions saugrenues n'avait-il pas à répondre? — Je n'en veux pour preuve que les pointes d'un article à facettes publié en 1859 par M. Duckett. Le navigateur parisien y est représenté comme une sorte de monomane ridicule et plutôt à plaindre qu'à blâmer. D'ailleurs l'auteur le dit agréablement lui-même : « On ferait des volumes avec toutes les plaisanteries que l'on a faites sur le compte des canotiers. »

C'est ainsi que s'exprime un homme d'esprit que le succès des régates niçoises aura certainement dû faire réfléchir, si toutefois le canotage du Styx n'a pas absolument modifié ses idées sur la question yachting.

Malgré tout, contre vent et marée, l'idée a fait du progrès et de la vitesse, et à l'heure actuelle deux sociétés importantes la représentent à Paris : le Cercle de la Voile et le Yacht-Club.

Le plus ancien des deux, sinon le plus riche, le Cercle de la Voile a, surtout depuis quelques années, une vitalité exubérante qui se traduit souvent et heureusement en progrès réels. Il donne environ vingt-quatre régates, soit à la voile, soit à vapeur, par année, et fait aussi courir un prix annuel au Havre et un autre à Trouville. Il est bon d'ajouter qu'il a la singulière habitude de les gagner. Le prix d'honneur du Havre est passé pour lui à l'état de rente viagère. Tous les mardis, pendant l'hiver, d'intéressantes conférences faites sur des questions maritimes ou fluviales par les yachtsmen les plus autorisés attirent au siège du Cercle un public d'élite, parmi lequel il serait fort difficile de rencontrer la silhouette si connue, mais toute de convention, des canotiers de Daumier et de Cham. La Société des Régates de Nice, en signe des bonnes relations qu'elle a depuis sa fondation avec le Cercle de la Voile, a placé le pavillon de cette dernière société dans le coin supérieur du sien, en yacht, au point de drisse. La flottille du Cercle compte 117 bateaux, tant à voiles qu'à vapeur, divisés en six séries et jaugeant en totalité 2,042 tonnes.

Le Yacht-Club s'occupe exclusivement de navigation maritime; son influence toute officielle s'étend administrativement d'un bout à l'autre de notre littoral; il favorise et subventionne certaines sociétés de son choix et ne donne pas de régates lui-même. C'est une réunion d'hommes du monde qui, à l'époque de la belle saison, dans des circonstances données, sont heureux d'encourager la navigation de plaisance pourvu qu'elle soit exclusivement maritime.

Après ces deux sociétés parisiennes viennent celles des Régates du Havre et des Régates de Nice. Chacune de ces sociétés a sa jauge et son code de course particulier. Je reviendrai prochainement sur leurs divergences capitales et particulièrement sur les rendements de temps.

Quoi qu'il en soit, l'existence assurée de ces réunions, pour la plupart florissantes, prouve que le sport de la navigation de plaisance a de plus en plus pénétré dans nos mœurs. Quant à moi, je suis de ceux qui affirment et qui démontrent que c'est un excellent moyen d'éducation pour la jeunesse, et, pour l'homme, la cause d'un utile emploi de ses aptitudes morales et physiques.

G. CONTESSE.

BORD DE SEINE, par H. SCOTT.

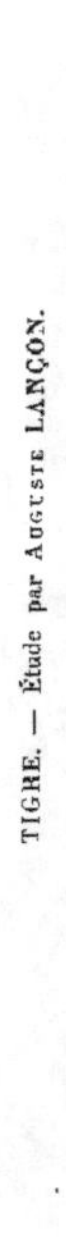

TIGRE. — Étude par Auguste LANÇON.

EXPOSITION DU CERCLE DE L'UNION ARTISTIQUE. — A LA PORTE DE LA MOSQUÉE. — Dessin de PASINI, d'après son tableau.

LE CHATEAU DES CŒURS

SEPTIÈME TABLEAU

(Suite et fin)

SCÈNE V

JEANNE, PAUL, DOMINIQUE, puis LE ROI DES GNOMES.

JEANNE, après que la foule s'est écoulée.

Bien que je sois la reine, il me faut subir pourtant les lois de ce pays. C'est en vertu d'elles que mon peuple vous a tout à l'heure arrêtés. J'ai dû, quand il était là, lui donner raison. A présent je vous pardonne, vous êtes libres !

DOMINIQUE, à part.

Quelle bonne femme !

JEANNE.

Je veux d'abord vous retirer ces chaînes, sans que personne le sache toutefois, excepté le premier ministre. — Où est-il ? — Ah ! le sifflet ! (Elle siffle. — Le Roi des Gnomes, à l'instant, se trouve près d'elle.)

DOMINIQUE, à part.

D'où sort-il donc, celui-là ? Je n'aime pas ces manières d'entrer ! Quand nos affaires allaient si bien !

PAUL, considérant le Roi des Gnomes.

C'est étrange ! Je l'ai déjà vu... mais oui !... Dans ce bal... ou plutôt... ne serait-ce pas l'homme du cabaret ? Il y a là-dessous... quelque piège...

JEANNE, au Roi des Gnomes.

Faites tomber leurs chaînes ! (Bas.) J'avais besoin du secret... tu m'excuses ?

LE ROI.

Sans doute ! (Haut.) Oh ! immédiatement, Majesté !... (Il s'avance gravement vers les deux prisonniers, et sans effort, rien qu'en les touchant, il brise leur chaîne, anneau par anneau, avec ses doigts. Les tronçons tombent sur le sol, avec un grand bruit de fer.)

DOMINIQUE.

Tudieu ! quel poignet !

PAUL.

C'est lui ! (Il se penche pour l'examiner ; le Roi des Gnomes a disparu.)

JEANNE, à part.

Aussi discret que dévoué, ce bon génie ! (Haut à Paul.) Mais qui vous gêne encore ? Cependant, voyez vos mains, elles sont délivrées ; toutes ces portes, elles sont ouvertes. N'avez-vous rien à nous dire ?...

PAUL, froidement.

Des remercîments, il est vrai !

JEANNE, piquée.

Ah !... c'est tout ?...

PAUL, lentement.

Que demandez-vous de plus ! Sais-je d'ailleurs quel motif... ?

DOMINIQUE, à part.

L'imprudent ! (Haut.) Ah ! Majesté, reine, déesse, reflet de la lune, nos cœurs débordent de reconnaissance !...

JEANNE.

Bien ! — Plutôt que de continuer vos courses périlleuses, il serait meilleur pour vous de rester dans ce royaume.

DOMINIQUE.

Certainement ; moi, j'accepte !

JEANNE, à part.

Il ne répond pas !... (Haut.) Je dis dans cette ville, à ma cour, où je vous offrirais quelque fonction.

PAUL, brièvement.

Je refuse !

JEANNE.

Même celle de premier ministre.

PAUL.

Oui !

JEANNE, à part.

Que veut-il donc ?... (Elle étend son bras vers l'arcade du milieu ouverte.) Regarde ! Voici la capitale de mes États, ma grande ville de Pipempohé. Elle a vingt-quatre lieues de tour, trois millions d'habitants, six fleuves qui la traversent, des palais d'or, des maisons d'argent, et des bazars tellement interminables qu'il faut un guide pour vous conduire dans la forêt de leurs piliers de cèdre. Je te la donne.

PAUL.

Je n'en ai pas besoin !

JEANNE.

Ah ! quel orgueil ! (Au géant qui est au fond, à droite.) Relève ! (Le géant relève, comme a fait l'autre, le store de bambous dorés. On aperçoit un golfe semé de navires, — une forêt plus loin.) Et tu auras mon port, mes marins, mes vaisseaux, toute la mer, avec les îles et les contrées que l'on découvrira.

PAUL.

A quoi bon ?

JEANNE.

Tu accepteras ceci, j'espère ! (Au second géant.) Relève ! (Le géant relève le store de gauche et l'on aperçoit, entre des rochers noirs et d'aspect horrible, un grand bloc éclatant de blancheur.) Cette montagne est tout en diamant. Les magiciens qui sont à mon service la couperont, et je te fournirai des éléphants pour en emporter les morceaux.

PAUL.

C'est un bagage trop lourd, Majesté !

JEANNE.

Est-ce mon trône que tu désires ?... Je puis t'y faire asseoir près de moi ! (Avec tendresse) et même en descendre, pour que tu y restes seul ?

PAUL.

Ma place est plus loin ; j'ai une tâche à exécuter.

JEANNE.

Ah ! Et si je t'en empêche ?

PAUL.

Elle se trouve au-dessus de tous les pouvoirs !

JEANNE.

Mais si je te retenais !

PAUL.

J'aurais encore la liberté de vous haïr !

JEANNE.

Me haïr ! — Et tu refuses mon trône ? Qu'est-elle donc, cette mission si extraordinaire ?...

PAUL.

Personne, je vous le dis, n'en doit rien savoir.

JEANNE.

Mais moi ?

PAUL.

Vous, surtout !...

JEANNE.

Quelle audace !

DOMINIQUE, bas.

Monsieur ! Monsieur ! pas de folies ! D'un mot elle peut faire sauter nos deux têtes comme deux volants ; si vous ne voulez pas, refusez avec politesse ! Du calme ! de l'astuce !

PAUL.

Eh ! je ne crains rien ! A mesure que je me rapproche du but, il se fait des lumières dans mon esprit. Et vous qui m'apparaissez maintenant sous la figure d'une reine au milieu d'épouvantes et de somptuosités, vous n'êtes rien autre chose que cette même femme qui a déjà voulu m'arrêter par d'absurdes élégances, et qui plus tard a tâché de me séduire avec les charmes d'un bonheur vulgaire. Ah ! je vous connais.

JEANNE, à part.

Malheureuse ! A moitié seulement, et pour m'exécrer davantage.

PAUL.

Car vous n'êtes, avouez-le donc ! que l'instrument des génies funestes ! Mais je ne succomberai pas plus sous votre puissance que je n'ai été vaincu par les autres tentations ! Accumulez les obstacles ! Ma volonté est plus solide que vos citadelles et plus fière que vos armées.

DOUTES-TU ENCORE DE MA PUISSANCE ? — Composition d'Eugène Courboin.

JEANNE.

Insensé ! (Appelant.) Les nègres ! les nègres ! (Arrivent quatre nègres avec des poignards. — Aux deux premiers.) Approchez, vous deux !... Tirez vos poignards. (Ils marchent sur Paul et Dominique en levant leurs longs coutelas. Paul reste impassible, Dominique est presque évanoui de terreur. — Froidement.) Tuez-vous ! (Les deux nègres tremblent et hésitent.) Avez-vous entendu ? (Ils se percent de leurs poignards et tombent morts. — Aux deux autres.) Emportez cela ! (Les deux nègres survivants emportent les deux cadavres. — A Paul.) Doutes-tu encore de ma puissance ?

DOMINIQUE, à genoux, les mains jointes.

Non ! non ! Moi, d'ailleurs, je n'ai rien dit !

JEANNE.

Penses-tu qu'avec un peuple pareil je manque de moyens pour te contraindre ? J'ai ma tour de fer, bâtie sur un roc d'airain, dans un lac de soufre ; et au-dessus d'elle pour empêcher de fuir par les airs, il y a continuellement quatre griffons tenant des nuages dans leur gueule et qui tourbillonnent en regardant sous eux. J'ai au fond d'un puits de marbre, après des centaines d'escaliers, un cachot plus étroit qu'un cercueil, dont les pierres vous dévorent, et où les captifs ne peuvent pas mourir ! Mais je te ferais, s'il me plaisait, écraser sous mes chariots, brûler dans mes fours à porcelaine, dévorer par mes tigres, ou boire d'un tel poison qu'immédiatement tu disparaîtrais et qu'il ne resterait de toi sur la terre, pas plus que d'une goutte d'eau évaporée ! Eh bien... va-t'en !... tu es libre.

PAUL, croisant les bras.

De quelle façon ?

JEANNE.

Tu peux sortir de mon royaume. (Paul fait un geste de doute.) Oui, sans que personne t'en empêche.

PAUL.

Qui me l'affirme ?

JEANNE déchire son écharpe au-dessus de la frange, et y imprime son cachet.

Mon nom sur cette bribe de satin suffira pour vous mener

jusqu'aux frontières... et peut-être, un jour, si tu la conserves, tu t'accuseras d'avoir répondu par des outrages aux offres les plus magnifiques et les plus tendres que jamais un homme ait reçues d'une reine ! (A Dominique, lui tendant le sauf-conduit.) Tiens, prends ! (Avec un geste d'autorité.) Sortez !!!

Ils s'en vont par la galerie. Jeanne les suit du regard pendant longtemps.

SCÈNE VI

JEANNE, seule.

Que lui ai-je donc fait, pour qu'il me fuie toujours ? Il m'a été impossible de l'éblouir avec mon pouvoir, et ma générosité, ne l'a pas ému ! (Elle marche lentement en regardant les murs.) Qu'ai-je besoin de tout cela maintenant, puisqu'il le refuse !... Je vais abandonner ce royaume... et le suivre... partout... de loin... (Elle s'affaisse sur les degrés du trône.) Ah ! j'avais plus de bonheur au-

ELLE S'AFFAISSE SUR LES DEGRÉS DU TRÔNE.
Dessin d'Eug. Courboin.

trefois, quand je n'étais qu'une pauvre laitière. Un jour... je me rappelle... je suis venue dans sa mansarde, il me vanta ma jolie figure... mes mains, qu'il a presque portées à ses lèvres... Et aujourd'hui non seulement il ne me reconnaît plus, mais il me hait. Par quelle fatalité ? Et pourquoi se trompe-t-il sur ces bons génies, quand ils ne travaillent au contraire qu'à notre félicité commune. (Des éclats de rire stridents éclatent en dehors, à gauche, derrière le trône.) Ah ! ce sont mes petits bouffons, dans la salle à côté, qui s'amusent ! (Un bruit de voix joyeuses s'élève.) Quelle gaieté !

SCÈNE VII

JEANNE, LE ROI DES GNOMES, entrant de côté, dans son costume de gnome.

JEANNE, à sa vue, pousse un cri d'effroi.

Qu'est-ce donc ?

LE ROI.

Rien ! Nous nous amusons beaucoup ! tu l'as dit !

JEANNE.

Ces voix tout à l'heure, cette apparence... que signifie...?

LE ROI.

Ceux qui rient là, à côté, ce sont les génies acharnés à ta perte, comme à celle de ton amant. Moi, qui t'ai conduite partout, conseillée et fait semblant de te servir, je suis leur maître, le Roi des Gnomes.

JEANNE, atterrée.

Le Roi des Gnomes !... des Gnomes !...

LE ROI.

En vertu de ma volonté, jamais il ne t'aimera, et à peine arrivé sur nos terres, il est perdu.

JEANNE.

Impossible ! Je cours après...

LE ROI.

Il est trop tard ! et quand même il reviendrait, je suis sûr de sa défaite.

JEANNE, avec impatience.

Non ! non ! non ! Je vais donner des ordres.

LE ROI.

Oh ! tant qu'il te plaira !

JEANNE.

Tu vas t'y opposer, n'est-ce pas ?

LE ROI.

Au contraire ! Tu seras obéie ponctuellement. Essaye.

Le Roi des Gnomes sort en riant ; et les rires, dans la coulisse, redoublent.

SCÈNE VIII

JEANNE, seule.

Que veulent-ils donc contre lui ? et dans quel but ? Qu'importe ! un péril le menace. Il y tombe, peut-être ? Il est perdu. Ah ! qu'il revienne ! Que faire ensuite ? Je n'en sais rien. Nous fuirons. (Appelant.) Général ! (Le nain, général des géants, paraît.) Oh ! non pas lui ! C'est un des leurs ! D'autres ! le chef de ma garde, le chancelier, des soldats, quelqu'un ! Venez donc ! venez donc !

SCÈNE IX

JEANNE, UN OFFICIER avec des soldats, LE CHANCELIER.

JEANNE, à l'officier.

Ces deux étrangers partis tout à l'heure, cours après ! Malgré notre sauf-conduit royal, quoi qu'ils fussent, tu m'entends, je les veux ! ramène-les ! Tu m'en réponds sur ta tête ! plus vite. (L'officier et les soldats sortent par la droite. — Au chancelier.) Pourquoi donc t'ai-je appelé, toi ? Ah ! tu dois avoir encore entre tes mains l'ordre du supplice de cet homme... tu sais... qui a pleuré l'autre jour.

LE CHANCELIER, avec une grande révérence, le lui montrant.

Le voici, gracieuse Majesté.

JEANNE.

Donne ! (Elle le déchire en morceaux.) Je lui fais grâce !... (Le chancelier la regarde, stupéfait.) Oui ! entièrement grâce !... Va le délivrer toi-même, et tu auras soin qu'on lui porte, pour qu'il n'ait plus faim à l'avenir, trois tonnes d'argent et la charge en blé de quatre dromadaires. (Fausse sortie du chancelier.) Écoute donc ! Il doit y avoir beaucoup d'esclaves dans mes jardins ? Qu'on brise leurs chaînes et qu'on les renvoie, sur des vaisseaux, dans leur patrie ! Ensuite, tu prendras aux magasins du palais tous les vêtements qui s'y trouvent : les dolimans de fourrures, les vestes en brocart d'or, les robes tissues de perles, et tu les distribueras aux habitants de ma ville, en commençant par les plus pauvres ! Reviens ! je n'ai pas fini ! On tirera des arsenaux toutes les armes, et l'on en fera sur les places de grands bûchers qui réjouiront les veuves ! Comme j'ai trop de parfums, qu'on les jette par les fenêtres pour laver les rues. J'ordonne qu'il n'existe rien des commandements portés jusqu'à ce jour en mon nom ! Je veux qu'il n'y ait plus dans mon royaume une seule douleur ! mais un même sourire de joie sur la face de tout mon peuple ! Rien, maintenant, que des larmes d'allégresse et des bénédictions pour moi ! (Paul et Dominique rentrent à droite, par la portière, avec l'officier et les soldats.) Ah ! (A l'officier.) C'est bien ! Laissez-nous !

SCÈNE X

JEANNE, PAUL, DOMINIQUE.

PAUL, ironiquement.

Je me doutais de cette clémence, ô Reine!

JEANNE.

Malheureux qui me calomnie encore! Écoute, il y va de ton salut.

DOMINIQUE.

Peut-être du mien? Miséricorde!

JEANNE.

De ta vie!

PAUL.

Que vous importe?

Un long silence.

JEANNE.

C'est à moi que tu le demandes, toi!... toi, Paul de Dam-villiers!

PAUL.

Qui vous a dit mon nom?

JEANNE, fièrement.

Eh! que t'importe à ton tour?

Silence.

PAUL.

Ah! je comprends. En effet, vous avez pour vous la science des Gnomes; moi, j'ai la protection des Fées. Je vous défie.

JEANNE.

Ah! oui, insulte-moi, méprise-moi, exècre-moi bien! Mais au nom de tout ce qu'il y a de plus sacré, par les âmes de ceux qui te sont les plus chers, par pitié pour toi-même, je t'en supplie, reste, reste ici!

PAUL.

Je partirai, cependant!

JEANNE.

Pourquoi donc t'obstines-tu à ne jamais me croire?

PAUL.

C'est que vous m'avez déjà trompé sous tant de formes! Tout à l'heure encore, vous m'accabliez d'offres et de protestations, et puis à propos de rien, subitement, voilà que vous reprenez avec violence cette liberté que vous aviez eu tant de mal à fournir!

JEANNE.

Mais tu ne sais pas que tu te précipites à une mort certaine, puisque je ne le savais pas moi-même. Jusqu'à présent, j'étais la victime d'esprits infernaux dont je ne soupçonnais pas les desseins.

PAUL.

Ah! c'est un autre artifice maintenant?

JEANNE.

Non, je te jure. Ne t'en va pas!

PAUL.

Eh! tous les hasards sont moins périlleux que vos serments.

JEANNE.

Regarde-moi donc! Est-ce que j'ai l'air de mentir?

PAUL.

Un nouveau piège! Car plus je vous considère et plus votre visage, évoquant pour moi des souvenirs lointains, m'en représente un autre... celui d'une jeune fille.

JEANNE.

Achève!

PAUL.

Elle valait mieux que toutes les reines; et j'aurais bien fait peut-être de retourner en arrière dans ma vie, plutôt que de toujours poursuivre en avant!

JEANNE.

Grandeur de Dieu! quelle punition!

PAUL.

Rien qu'une justice!

JEANNE.

Mais c'est affreux! Tu ne me reconnais donc pas, quand tu sauras... quand je te dis...!

LE ROI DES GNOMES, apparaissant tout à coup.

Prends garde!

PAUL, à part.

Encore lui!

JEANNE.

Je ne t'ai pas appelé, toi?

LE ROI DES GNOMES, avec un grand salut.

Raison de plus pour venir, ô Reine!

JEANNE.

Va-t'en, va-t'en! Je le sauverai seule!

LE ROI DES GNOMES.

Mais tu vois bien que le misérable lui-même ne veut pas de ton secours.

JEANNE, à Paul qui est déjà remonté au milieu de la scène.

Grâce! Reviens!

PAUL.

Jamais! (Il entraîne Dominique immobile de terreur, et s'en va par le fond.)

JEANNE.

Au nom du souvenir dont tu parlais tout à l'heure! Dussé-je pour te convaincre donner ma vie...!

PAUL.

Je n'en ai que faire de vos dons!

JEANNE.

Écoute, je suis... (Paul et Dominique ont disparu. Le Roi des Gnomes

ELLE TOMBE COMME FOUDROYÉE. — Composition d'Eug. Courboin.

áteud sa main sur Jeanne qui balbutie d'une voix mourante :) Jeanne la laitière !

Elle tombe comme foudroyée sous la main du Roi des Gnomes... Alors, toutes les marches du trône s'entr'ouvrent ; et LES NAINS, avec les têtes de gnomes qu'ils avaient au 1er tableau, s'élancent autour d'elle, dansant et chantant.

Elle est morte, elle est morte ! Personne désormais ne nous contrariera. Enfin ! nous triomphons ! Haha ! haha ! haha !

LA REINE DES FÉES apparaît debout sur le trône.

Non, elle n'est pas morte ! (Elle descend gravement les marches du trône et étend son manteau sur Jeanne comme pour la défendre.) Son abnégation l'a sauvée !

Les Gnomes, reculant, font un cercle au milieu duquel se trouve Jeanne et la Reine des Fées.

FIN DU SEPTIÈME TABLEAU.

G. FLAUBERT, L. BOUILHET, Ch. D'OSMOY.

(A suivre.)

POÉSIES D'ARMAND SILVESTRE

L'excellent éditeur Alphonse Lemerre vient de réunir en un joli volume de sa petite bibliothèque littéraire les poésies de notre collaborateur Armand Silvestre, et j'ai profité de cette occasion pour relire ces vers magnifiques qui sont, à mon avis, les plus beaux cris d'amour et de passion qu'ait jetés une poitrine humaine.

Ce fut en 1866 que parurent les premières poésies d'Armand Silvestre, avec une préface de George Sand : « Voici de très beaux vers. Passant, arrête-toi, et cueille ces fruits brillants, parfois étranges, toujours savoureux et d'une senteur énergique. » Ainsi George Sand présentait le volume de notre collaborateur, et certes il était difficile de le faire d'une manière plus exacte.

Ce sont en effet des fruits brillants, parfois étranges, mais toujours savoureux et d'une senteur énergique, que ces *Sonnets païens*, d'un lyrisme éperdu, expression délirante du culte de la beauté. Armand Silvestre chante sur un mode admirable l'enivrement de la matière ; c'est la beauté physique qu'il idolâtre et qu'il accuse de le tuer, — étrange contradiction ! — sous le prétexte qu'elle n'a pas d'âme !

> Fleuris dans mon esprit, ô fleur de volupté,
> Fleur du rêve païen, fleur vivante et charnelle,
> Corps féminin...

s'écrie-t-il, en guise d'invocation, dès le début de son œuvre.

Et voilà le poète qui s'élance à la poursuite de son idéal, l'antique Vénus, à la splendeur marmoréenne, et dès les premiers pas il reconnaît l'impossibilité de l'atteindre ; et cependant il va, cherchant sous les corps de fange des courtisanes exilées de la Grèce

> Les débris du marbre brisé.

Il rencontre alors Rosa, prêtresse de Vénus, et, dans ses bras, il oublie l'idéal rayonnant, s'anéantissant sous son charme vainqueur, séchant ses pleurs

> A ses regards qui n'ont jamais pleuré,

et admirant parmi le tumulte où son corps s'abandonne le repos éternel de son cœur.

Car Rosa n'a pas d'âme, si elle a des sens :

> Et du feu qui nous brûle, immobile vestale,
> Garde comme un autel le tombeau de son cœur.

Mais l'extase du poète est complète. Il décrit complaisamment les trésors de sa bien-aimée, il s'agenouille devant sa beauté souveraine, il lui crie :

> N'espère pas que tu l'apaises,
> Le désir qui brûle mes reins.

Il lui reproche ses baisers glacés, il voudrait sentir un moment

> Le souffle, et la morsure, et la chaleur cruelle
> De sa bouche un instant avide et sensuelle.

Puis il demande qu'après leur mort on les couche tous deux sous le même gazon, pour que leurs deux corps s'unissent encore en une dernière métamorphose. Elle deviendrait une rose empourprée et plongerait ses racines dans le cœur du poète

> Pour y puiser l'éclat de ses lèvres de fleur.

Il ajoute :

> Je voudrais devenir la source de ta sève,
> Ou, si tu ne veux pas réaliser mon rêve,
> Que tu boives, vivant, tout le sang de mon cœur.

Puis, voyant toujours la femme rebelle à l'amour, il s'écrie douloureusement :

> Rosa, puisque les Dieux de beauté t'ont vêtue,
> O gloire de la chair, ô corps marmoréen !
> Qu'importe, n'est-ce pas ? que ta beauté me tue,
> Moi qui maudis les Dieux et n'en espère rien !
>
> Comme un lierre qui mord les flancs d'une statue,
> A tes flancs de granit mon désir irrité
> Tord ses rameaux vivants, s'épuise et s'évertue...
> Qu'importe ! ma souffrance a paré ta beauté !
>
> Mon sang fuit de mon cœur, et des veines nouvelles
> Promènent, sur ton corps aux splendeurs immortelles,
> Mon âme qui voudrait en toi s'emprisonner !
>
> O Rosa, fleur de pierre au Carrare ravie,
> Va ! les Dieux n'ont rien fait, — il te manque la vie,
> Et tout mon sang, hélas ! ne peut te la donner !

Il ne peut s'habituer à cette pensée que Rosa n'aime pas. Il revient à plu-

ARMAND SILVESTRE, par DE LIPHART.

sieurs reprises sur ce mystère qu'il ne parvient pas à approfondir jusqu'à ce qu'enfin renonçant à l'inutile tourment d'aimer sans retour, il dit adieu à la femme qu'il a vainement tenté de fléchir, adieu plein d'une adoration profonde et qu'il lui adresse à genoux. Et le poète désespéré s'éloigne, non sans avoir exhalé une dernière plainte :

> Je vais, le cœur lassé des vaines meurtrissures,
> Cherchant une douleur qui ne puisse guérir.
> Seul, l'idéal nous fait de mortelles blessures,
> Et le mal de l'aimer console d'en souffrir.
>
> Le temps essaye en vain ses savantes morsures
> Aux choses qu'ici-bas la beauté vient fleurir.
> Elle passe, et partout met ses empreintes sûres,
> Et le bien de l'aimer console d'en mourir !

C'est fini cependant, — pour un temps du moins, — des amours cruelles. A combien de folles amoureuses les *Vers pour être chantés* ont-ils mis aux lèvres des baisers joyeux ?... Et pourtant, dans ces petits *lieder* d'une forme parfaite et d'une grâce exquise, il se trouve parfois une note douloureuse. Car dans toute l'œuvre du poète se retrouvent constamment mêlés l'amour et la mort. Et le second volume, *les Renaissances*, débute par une suite de poèmes réunis sous ce titre : *la Vie des morts*.

La *Vie des morts*, c'est la Nature qui donne à l'âme une forme nouvelle, dans laquelle se retrouve encore

> Un souvenir flottant des corps évanouis.

Ce sont les Arbres, qui portent en eux tous les débris épars de l'humanité morte qui flotte dans leur sève ; ce sont les Sources, dont les yeux pleins de larmes reflètent des remords inattendus ; les Nuages, nés des pleurs éternels de l'onde, qui sont remontés vers le ciel bleu ; la Mer,

> O Mer, sinistre Mer, pleine de funérailles !
> O Mer, joyeuse Mer, que peuple un flot vivant !
> La Vie avec la Mort en toi semble souvent
> S'unir pour féconder tes profondes entrailles.

Et les Parfums, qui sont les exhalaisons des âmes qui dorment sous l'herbe.

Donc partout, toujours, le poète semble demander à l'amour son secret, à la tombe son mystère. La mort ne l'effraye pas, elle lui semble au con-

LE CHATEAU DES CŒURS. — Décor du 8e tableau : *LA FORÊT PÉRILLEUSE*, par A. RUBÉ.

Allez au diable, mon ami : nous avons nos peintres ! Et Jean Bonhomme ferme sa porte au nez de l'intrus. Oui ; mais si l'intrus a raison, s'il est courageux et résolu, s'il lutte et s'il s'obstine, il vient un moment où il triomphe de l'ignorance et de l'indifférence de Jean Bonhomme, qui le proclame grand artiste ; ce jour-là, il lui vend sa peinture très cher : c'est sa vengeance.

**

Ce qu'Édouard Manet a apporté de nouveau dans l'art, c'est d'abord sa façon de placer ses figures et ses objets dans l'atmosphère, sa recherche scrupuleuse à préciser exactement les milieux. On sait toujours, en contemplant ses toiles, où, quand, à quelle époque, à quelle heure elles ont été faites. Ses personnages vivent et se meuvent dans un air ambiant qui leur est propre. Tout est vrai en eux et autour d'eux. Il a, de plus, un sentiment particulièrement juste des gestes et des attitudes. Comme il veut conserver à ses œuvres tout leur charme d'impression et toute leur sincérité d'effet, il procède à grands coups, indiquant, par de larges taches claires, le jeu des membres, leur anatomie et leur couleur, les enveloppant du ton général qui leur convient. Ses objets rayonnent dans la lumière, sans contours accusés, sans arêtes vives, noyés et fondus, pour ainsi dire, dans la tonalité générale des lieux où ils sont placés. Manet peint la plupart du temps en pleine lumière. Il n'use pas de ces facilités et de ces ressources que donne à l'artiste l'emploi savamment combiné des ombres : il ne cherche pas à faire, comme on dit, du clair avec du noir. C'est presque toujours en plein air qu'il fait poser ses modèles et souvent dans la clarté ardente et crue du soleil.

Son procédé est simple. Il vise surtout à la synthèse et à la simplification des choses. Manet n'a souci que des masses et attache peu d'importance aux détails. Dans la symphonie d'une œuvre, il fait, d'un coup de brosse, sonner à chaque objet sa note particulière. Ce qui le préoccupe avant tout, c'est de rendre de la façon la plus exacte et la plus sommaire l'objet tel qu'il lui est apparu au moment où il s'est appliqué à le reproduire. Il tient à conserver fidèle et vivante l'impression qu'il en a ressentie et croit avoir assez fait lorsqu'il l'a sincèrement exprimée. Son scrupule, sur ce point, va jusqu'à la servilité : voilà pourquoi ses portraits crient la ressemblance.

Comme peintre, Édouard Manet est un coloriste délicat et charmant. Sa palette est retentissante et claire. Ses pastels sont d'une fraîcheur et d'une fleur de ton qui évoque le souvenir des belles œuvres des artistes du XVIIIᵉ siècle. Dans la série des œuvres exposées à la *Vie Moderne*, les portraits de Mᵐᵉ Zola, de Mᵐᵉ du Paty, de Mˡˡᵉ Lemonnier, — M. Manet sait choisir ses modèles, — sont de vraies merveilles de finesse et de grâce ; celui de M. Ghys et celui de M. Moore ont la belle tournure des pastels de la grande école anglaise.

Et tous ces gens-là vivent, respirent et palpitent ; ils sont de chair et d'os ; chacun est de sa race, de son temps et de son milieu ; les femmes du monde sont de vraies femmes du monde, les filles de vraies filles, les voyous de vrais voyous, et Nana est vraiment Nana !

Vous verrez qu'on s'apercevra un jour que ce Parisien, que l'on a tant blagué, est un vrai peintre et qu'il a conté son Paris avec l'esprit, le talent et l'originalité d'un grand artiste.

Gustave GŒTSCHY.

LE CHATEAU DES CŒURS

HUITIÈME TABLEAU

LA FORÊT PÉRILLEUSE

SCÈNE PREMIÈRE

DOMINIQUE, seul.

Il arrive par la droite, à petits pas, en regardant de tous les côtés.

Perdu ! pour avoir quitté mon maître une minute ! Où est-il donc ? (*Il crie.*) Monsieur ! Monsieur ! Absent ! Eh, c'est sa faute... Quelle diable d'idée a-t-il avec ses gnomes et son château des Cœurs ! Cherchons-le cependant ! Monsieur ! Ah bien oui ! cours après. Mais des yeux brillent dans les feuilles... Eh non ! c'est le soleil sur la mousse ! Il y a de ces effets-là dans les bois ! Continuons !... On marche ! Un oiseau qui s'envole. Suis-je bête ! Il n'en faudrait pas moins sortir d'ici ! Essayons ! (*Une branche le cingle.*) Ah ! (*Il se détourne.*) Personne. Dieu soit loué ! Scélérates d'épines, va ! Gueuses de branches ! plus j'avance, plus je m'empêtre ! (*Les arbres le frappent avec leurs branches.*) Mais... Mais... J'ai toute la forêt sur les épaules ! Aïe ! N'importe ! je passerai ! Quand je vous dis que je passerai ! (*Il empoigne vigoureusement un arbre de chaque main, et il les écarte d'un seul mouvement. Aussitôt toute la forêt se divise devant lui, comme une toile que l'on déchire, et forme une belle allée de verdure, avec deux rangs d'arbres symétriques.*

Au fond, et détaché en noir sur le ciel rose que fait le soleil couchant, se dresse le château des Cœurs, tel qu'il a été vu dans la mansarde ; ses trois tourelles sont reliées par des courtines percées de petites ouvertures d'où s'échappe une lumière rouge.) Dominique reste longtemps immobile et muet de surprise.

Un château ! Le château des Cœurs ! C'est donc vrai ! Le voilà exactement comme d'après ses paroles. Eh non ! je rêve ! impossible. (*Il se palpe.*) Cependant... je ne dors pas !... ce toit noir, ces lumières rouges, on dirait un monstre qui vous regarde. Voyons ! voyons ! calmons-nous ! J'ai de raison d'avoir peur ! au

contraire, c'est une fière chance ! Je l'ai découvert le premier tout de même ! Quelle joie ce sera pour Monsieur !

Mais !... puisque je suis le premier ici... c'est à moi que revient la gloire ! Et pourquoi pas ? (*Il est pris d'un rire frénétique.*) La récompense, la dame, la belle femme ! La maison paraît seigneuriale, et les terres à l'entour vous composent un domaine... La forêt en dépend sans doute ? Comme je vais la couper rasibus ! C'est par là que je commence ! Quel abatis feront mes gens ! car j'ai des gens. (*Il se promène de droite et de gauche, enthousiasmé.*) Je ne suis plus domestique ! Allons donc ! Ah ! mais oui ! une valetaille de Sardanapale ! une livrée rouge et or, avec des bas tirés, sapristi ! des plumets au chapeau, des boutons larges comme des assiettes, et dans le vestibule, au bas de l'escalier, toutes sortes de jeux de cartes et de dominos ; c'est grand genre !... et s'ils ne charrient pas droit... (*Il fait le geste de donner des coups de pied.*)

Eh bien ! pas de bourgeois ? Ma foi, tant pis ! J'ai fait tout ce que j'ai pu !... Cependant, une dernière complaisance. (*Il crie, mais très faiblement.*) Monsieur ! Monsieur !... Il ne pourra pas dire que je ne l'ai pas appelé ! Je suis quitte !... car enfin... puisqu'il se cache... je voudrais même qu'il y eût ici des témoins pour affirmer que je l'ai bien appelé. (*Tous les arbres du côté où il a crié à voix basse s'inclinent, tandis que ceux de l'autre côté secouent leur feuillage en signe de dénégation.*) Ah ! voilà qui est drôle ! Ils remuent, sans qu'il y ait du vent, d'eux-mêmes, comme des personnes ! Vous ne me comprenez pas cependant ! (*Tous les arbres des deux côtés s'inclinent à la fois, en manière d'assentiment.*) Horreur ! Ma moelle se glace dans mes os, je deviens fou ! Si j'allais mourir ! Il y a des choses au-dessus de notre intelligence, décidément, et j'avais bien tort de nier !... (*Il s'assoit par terre, près de défaillir.*) Je voudrais que Monsieur fût

arrivé maintenant. Attendons-le! Ce n'était pas très délicat ce que j'allais faire! lui dérober sa gloire, pauvre garçon! après tant de travers! Il est vrai que je les ai subis comme lui! Jusqu'à présent je m'en suis tiré. Pourquoi la suite serait-elle pire? Tout à l'heure, c'est un petit étourdissement que j'ai eu, rien de plus! (Il regarde le château) et ce château-là ressemble à bien d'autres châteaux, parbleu! seulement un peu rébarbatif de loin, mais d'un chic!... Il n'est pas désert, toujours. On s'y remue. La fumée des cuisines m'arrive; j'entends de grands bruits de vaisselle. Sans doute, on attend le maître? Mais c'est moi le maître. (Il regarde les arbres avec indécision.) Non immobiles. Du courage, Domi-

nique! en avant! on n'a rien sans toupet! (Il s'élance, mais ses jambes se trouvent vivement prises dans l'écorce qui monte le long de son corps.) Ah! Ah! (Parvenue à la hauteur des bras, l'écorce se déploie en branches chargées de feuilles, la tête reste intacte.) Mon maître! à moi, mon bon maître, je... (Il est complètement métamorphosé en arbre.)

SCÈNE II

DOMINIQUE, LES ARBRES.

TOUS LES ARBRES à la fois.

Il est pris!... Encore un! encore un!...

DOMINIQUE DANS LA FORÊT. — Dessin par Eugène COURBOIN.

DOMINIQUE, changé en prunier.

Au secours! à mon secours!

LES ARBRES.

Impossible.

DOMINIQUE.

Qui a parlé?

LES ARBRES.

Un chêne, — un orme, — un tilleul, — un sapin, — des ébéniers.

DOMINIQUE.

Quelle plaisanterie!...

UN CHÊNE.

Tu parles bien toi-même. Nous étions tous des hommes autrefois!

LES ARBRES.

Tous! Tous!

UN TILLEUL.

Nous avons subi ton aventure. Notre seule distraction est de causer entre nous. Mais quand arrive quelqu'un d'un ordre supérieur, nous devenons muets comme les arbres ordinaires.

DOMINIQUE.

Qu'est-ce qui me parle à présent?

UN TILLEUL.

Un tilleul!

DOMINIQUE.

Et moi, que suis-je donc?

LE TILLEUL.

Tu te trouves trop loin... Nous t'apercevons confusément...

DOMINIQUE.

Je me sens... stupide... Je ne serais pas surpris d'être un prunier.

LES ARBRES.

Oui, en effet... un prunier.

DOMINIQUE.

Et dire que me voilà tout seul, à l'écart... comme un proscrit, sans pouvoir seulement vous donner une poignée de branche...

UN ORME.

Imite-nous! Résigne-toi!

DOMINIQUE.

Mais je vais m'ennuyer à périr, moi qui venais pour épouser. Au printemps, quand j'aurai des nids, ça me mettra dans une position affreuse. Ce sera un nid de Tantale! Vous n'auriez pas quelque plante grimpante qui pourrait venir jusqu'à moi?

LES ARBRES.

Non!

DOMINIQUE.

Pas un petit liseron? pas une vigne? une vigne folle? Ça ferait mon affaire. Voyons! Je vous la rendrai.

LES ARBRES.

Prunier, vous êtes obscène! Silence! Ah! voilà la brise, heureusement, qui va chanter dans nos feuilles!

CHŒUR DES BRISES DANS LES ARBRES

Réveillez-vous, arbres des bois;
Tressaillez toutes à la fois,
    Forêts profondes,
Et, loin des rayons embrasés,
A la fraîcheur de nos baisers
    Mêlez vos ondes.

    Aimez-nous,
    Chantez tous,
    Pins et houx,
        Fougères!
    Nous passons,
    Nous glissons,
    Nous valsons
        Légères!

Oh! comme avec un bruit joyeux
Nos ailes battent sous les cieux
    Grandes ouvertes!
Oh! le délire et la douceur
De se rouler dans l'épaisseur
    De feuilles vertes!

.   .   .   .
.   .   .   .

    Quels doux sons
    Les chansons
    Des pinsons,
        Des merles!
    Bois bénis,
    Tous vos nids
    Sont garnis
        De perles!

    Quand nous aurons quelques instants
    Joué sous les berceaux flottants
        De vos ramures,
    Nous reviendrons dans les cités
    Mêler un peu de vos gaîtés
        A leurs murmures.

        Ouvrez-vous
        Devant nous,
        Pins et houx,
            Fougères!
        Nous passons,
        Nous glissons,
        Nous valsons,
            Légères!

A la fin, LES ARBRES baissent de plus en plus la voix et, se penchant les uns vers les autres, s'avertissent.

Un homme! Un homme! Un homme!

DOMINIQUE.

C'est mon maître, mes amis, c'est mon...

Paul paraît par la gauche.

GRANDS DIEUX! — Dessin d'Eug. Courboin.

SCÈNE III

LES ARBRES, DOMINIQUE, PAUL.

PAUL, accablé.

Je ne le trouverai donc jamais, cet infernal château des Gnomes! et Dominique disparu! On n'est pas idiot comme ce garçon! J'ai beau lui prescrire de ne pas me quitter d'une semelle, depuis plus de deux heures il faut que je perde mon temps... (Il est arrivé au milieu de l'allée, et s'arrête stupéfait.) Ah! Enfin!... (Dominique secoue ses branches, pour attirer l'attention de son maître.) Me voilà donc au terme de toutes mes recherches et de toutes mes fatigues! Merci, bonne fée, d'avoir soutenu mon cœur à travers des périls où tant d'autres avant moi se sont perdus! (Un éclat de rire part de l'intérieur du château.) On dirait un éclat de rire venant du château. Cependant toutes ses fenêtres sont fermées : qu'est-ce encore? Allons! c'est bien la peine d'être arrivé jusqu'ici pour m'effrayer, comme une femme, du cri de quelque oiseau ou d'une bête fauve? Mais où est donc Dominique? (Dominique s'agite.) J'ai fait plus que mon devoir en le cherchant derrière tous les arbres de cette forêt… M'a-t-il assez ennuyé, du reste, pendant le voyage! et je suis bon de tant l'aimer, vraiment! Il sera tombé sans doute dans quelque embûche, où, malgré mes recommandations, sa curiosité ou sa sottise l'aura conduit. (Dominique s'agite de plus en plus.) En avant! Dans une entreprise pareille, l'existence d'un seul homme n'est rien, puisqu'il s'agit de tous les autres.

Alors retentit un immense éclat de rire, un bruit de foule. Toutes les fenêtres et toutes les portes du château s'ouvrent avec violence. Il y a douze fenêtres ; à chacune d'elles paraît un Gnome. Sur le balcon du milieu se tient le Roi avec une couronne en tête et le sceptre à la main. De chaque porte s'élance un Gnome (garde du corps ou laquais), riant, criant, sautant autour de Paul, à quelque distance. Tous les arbres s'inclinent avec un grand frémissement. Paul, ébloui, reste debout en face du château.

SCÈNE IV

LES PRÉCÉDENTS, LE ROI DES GNOMES.

LE ROI DES GNOMES, à son balcon, d'une voix haute et ironique.

Ah! maître sensible! Ah! cœur exempt de souillures! Toi qui abandonnes ton serviteur et qui te crois appelé à sauver le genre humain, tu as failli deux fois en deux minutes, par égoïsme et par orgueil! Tu es à nous, maintenant.

PAUL, dédaigneusement.

Moi?

LE ROI DES GNOMES.

Contemple cet arbre, c'est ton domestique lui-même.

PAUL.

Grands dieux!

LE ROI DES GNOMES.

Sous l'écorce où le voilà caché, il conserve le sentiment et la mémoire. Tu vas être comme lui.

PAUL, d'un ton terrible, aux Gnomes qui se sont resserrés autour de lui.

Pas encore, tant que cette épée…

LE ROI DES GNOMES.

Tire-la donc!

Paul, déjà la main sur la garde de son épée, est paralysé tout à coup. Ses bras et ses jambes conservent l'attitude qu'il avait prise dans ce mouvement. Il devient rigide et blanc comme une statue, pendant que le Roi, du haut de son balcon, prend son sceptre d'or. La bague reluit à sa main de marbre.

PAS ENCORE, TANT QUE CETTE ÉPÉE… — Dessin d'Eug. COURBOIN

LE ROI DES GNOMES.

Nous t'avons fait des épaules assez solides pour porter les destinées du monde. Qu'en dis-tu ? Garde comme un remords le souvenir du passé. Demeure perpétuellement dans l'impuissance de ta menace. Tes yeux sans prunelles auront le don de nous voir et les oreilles celui de nous entendre, quand tu seras transporté dans la salle de nos festins ; car sous ton apparence insensible tu vivras, pour souffrir ton supplice éternel.

Tous les Gnomes, se prenant par la main avec des éclats de rire et aux sons d'une musique infernale, font une grande ronde autour de la statue immobile.

FIN DU HUITIÈME TABLEAU.

G. FLAUBERT, L. BOUILHET, Ch. D'OSMOY.

(A suivre.)

DURANTY

Un de nos collaborateurs, pour qui nous éprouvions tous une profonde admiration en même temps qu'une affection grande, Duranty, est mort cette semaine, emporté en trois jours par une épouvantable maladie. Ses amis ignoraient pour la plupart le danger qui le menaçait. Seul, Émile Zola, prévenu discrètement par une carte de visite, put arriver à temps pour lui serrer la main et lui offrir ses soins.

Nous avons appris tout à la fois, — avec quelle douloureuse surprise! — sa maladie et sa mort. Le matin même du jour où il succomba, notre directeur lui avait écrit pour le prier de fixer la date de la publication d'une série d'articles sur l'Exposition des arts décoratifs et sur les collections privées. Quatre jours avant, il nous avait apporté en personne une étude sur la collection de M. Cernuschi, que nous publierons dans notre prochain numéro. Rien ne faisait pressentir alors la fin terrible qui l'attendait.

Ce n'est pas seulement le collaborateur et l'ami que nous pleurons, c'est encore l'écrivain de talent, le romancier des *Malheurs d'Henriette Gérard* et des *Six Barons de Septfontaines*, le critique délicat et courageux qui dès 1856 prêchait l'avènement d'une littérature nationale puisant sa force dans l'étude directe et désintéressée de la nature, qui soutenait que l'art doit s'inspirer des choses vivantes, s'approprier aux institutions et aux milieux actuels et marcher avec la société, sous peine d'être livré à la stérilité des formules, au vide des conventions. On relira avec intérêt ses courageuses études sur Ribot, Vollon, Fantin-Latour et Manet, et l'on admirera la netteté et la sûreté de ses jugements.

Dans une étude sur les romanciers contemporains, qui fit grand bruit et que l'on n'a pas oubliée, notre collaborateur Émile Zola a indiqué la place qui appartient à Duranty dans la littérature contemporaine. C'est encore lui qui a dit, au lendemain de la mort de notre pauvre ami, les meilleures choses. Nous ne pouvons mieux faire que de reproduire la note émue qu'il a publiée dans le *Voltaire* :

« Les lettres modernes viennent de perdre un romancier de grand talent. Edmond Duranty est mort hier à la maison Dubois, dans sa quarante-septième année, emporté par un véritable coup de foudre.

« Il a connu toutes les souffrances. Ses livres, si pénétrants et si personnels, n'allaient pas à la foule. Après des débuts presque bruyants, il a vécu dans une lutte de chaque jour contre la gêne et l'indifférence. Je l'ai rencontré, il y a quinze ans déjà, dans ce combat acharné qu'il livrait à la vie, et je l'ai aimé pour son courage et pour ses rares qualités littéraires. Il était le plus original de nous, celui dont le talent devait le moins à nos devanciers; et il était aussi le plus méconnu, celui qui souffrait le plus de l'injustice publique. Quand on se bat au milieu des fanfares, les blessures sont glorieuses. Mais imaginez ces efforts continuels qui n'ont pas de galerie pour huer ou applaudir, ce silence écrasant où tombent les œuvres que personne ne veut lire.

« Duranty aura sa revanche, car il laisse un chef-d'œuvre d'analyse : les *Malheurs d'Henriette Gérard*. Seulement, il ne sera plus là pour avoir enfin raison. C'est un soldat qui succombe, en emportant le doute terrible de sa victoire. Je l'ai vu mourir, navré de tristesse, et j'écris ces quelques lignes dans l'angoisse du spectacle de cet homme qui s'en va avant son heure, et lorsqu'il n'avait pu encore imposer sa supériorité à la bêtise humaine.

« ÉMILE ZOLA. »

LES COLLECTIONS PRIVÉES

PAYSAGE DE COROT. — COLLECTION DE M. CLAPISSON. — DESSIN DE TONY FAIVRE.

LE SOIR D'UN BEAU JOUR

A LÉON CLAPISSON

C'est le soir d'un beau jour. — Vous l'avez bien nommé.
C'est le soir d'un beau jour au temps des Bucoliques.
Alors, sans que les cœurs fussent mélancoliques,
Les bois s'enténébraient sous le grand ciel calmé.

Le soir venait, repos des corps et paix des âmes ;
Et, sûr des lendemains, sans nul triste soupir,
L'homme innocent voyait décliner et mourir
Le noble astre couché dans ses suprêmes flammes.

Soirs parfumés ! — La nuit, sous les rameaux légers
Des antiques forêts, jetait ses ombres douces,
Et les nymphes dansaient leurs rondes sur les mousses,
Dès qu'au loin se taisait la flûte des bergers.

Sur l'horizon teinté d'un or pur et limpide
Se découpait l'élan des couples aux refrains
Rythmés par le son âpre et vif des tambourins.
Les ruisseaux reflétaient leur passage rapide.

Et dans son antre obscur, au bruit harmonieux
De leurs pas cadencés et de leur chant de fête,
Quelque faune endormi déjà levait la tête
Et redressait l'oreille, un rire vague aux yeux.

Soirs d'été, soirs charmants, ô soirs de Théocrite,
De Virgile et d'Horace, ô soirs qu'ils ont chantés,
Le poète Corot retrouva vos beautés :
Votre grâce immortelle en sa toile est écrite.

ERNEST D'HERVILLY.

Au souper. — *Un monsieur qui parle en mangeant.* — Les poissons du lac Balaton sont d'une grosseur insensée; mon fils qui va souvent en Hongrie nous en a envoyé un une fois...

Le timide et l'ingénue. — Après le souper, Mademoiselle, pourrons-nous danser le boston? — Peut-être, dans le dernier petit salon... mais tâchez que mon amie Geneviève ne nous voie pas, elle le dirait à maman.

Une dame trop serrée. — J'ai eu tort, Gabrielle, de te laisser rester pour le souper... — Oh! maman! — Tu manges! tu manges! tu vas te faire mal. — Oh! maman! — Tu vois bien que moi je ne mange rien. — Mais, maman...

Un vieux monsieur trop élégant. — Le livre de Dumas est très fort certainement, mais il manque peut-être de ce sel attique... — *Une jolie femme.* — Vous voulez dire soporifique.

La dame clair de lune, le diplomate. — Je n'ai pas faim. — Oh! c'est si gentil, une femme qui a un peu faim! Qu'est-ce que vous cherchez des yeux? — Mon mari. — Êtes-vous mauvaise! — Il n'est pas à notre table? — Mais non, j'ai eu bien soin de l'égarer en route... — Je vais vous arranger vos huîtres, ce sera très bon. — C'est excellent. — Buvez au moins. — Vous allez me griser. — Oh! quel bonheur!

De quatre à cinq heures. — Ouf! je n'en puis plus! — Mon mari ne veut pas s'en aller. — Ma femme ne veut pas partir. — Laissez-les ensemble. Comme c'est simple! — Mais ma femme serait furieuse. — Et mon mari ne serait pas content. — André a de la chance! Elle est très jolie et je crois qu'on n'en disait rien. — Il est venu au bon moment. Il y a une heure dans la vie des femmes où le fruit défendu est mûr; il suffit d'être là et de tendre les mains, le fruit y tombe comme une poire en septembre. — Avant, c'est trop tôt; après, c'est trop tard! on ne la cueille plus, on la ramasse.

De cinq à six heures. — *Au vestiaire.* — Diable de vent coulis! Je vais rattraper mon rhumatisme. — Qu'il faisait chaud! — Me suis-je ennuyé! — Ma fille, mets ton capuchon, tu vas t'enrhumer.

Une amie. — Sais-tu s'il est riche? — Crois-tu que je lui aie plu? — Avec la fortune, je me méfierais d'un pauvre. — Oh! ma chère, penses-tu qu'on ne peut m'épouser que pour ma dot?

Le diplomate. — Que vous êtes gentille d'être restée! Qu'est-ce que c'est que ce monsieur qui vous a parlé après le souper? — Jaloux! vous! c'est invraisemblable! — Voilà votre mari, daignez prendre mon bras; merci pour cette soirée, elle m'a ravi. — Oui, on ne devrait s'aimer que comme cela. — Ah! Madame, c'est comme si vous disiez: « Quel bon poisson! Ne me donnez que de la sauce! » — Ils donnent un bal après Pâques. — Vous irez? — C'est assommant! — Irez-vous? — Hélas! oui.

Vte de LÉTORIÈRE.

LE MONDE DES ARTS

Deuxième exposition de la Société d'aquarellistes français
(Suite et fin.)

M. Roger Jourdain mérite une page honorable dans ce court catalogue. Sa qualité dominante est une grande fraîcheur de ton, et, avec un peu plus de liberté dans l'exécution, ce serait un aquarelliste exquis. J'aime beaucoup les jeunes femmes que deux canotiers escortent jusqu'à une yole que domine la poupe d'un énorme chaland. C'est une jolie impression des bords de la Seine, aux jours riants de l'été. Même impression dans son éventail, qui nous montre deux jolies filles en canot, prêtes à quitter la rive. L'eau clapote gaiement, le ciel est d'un bleu tendre. La traversée sera douce et je prévois, à la Grenouillère, une escale où quelques biscuits tremperont dans un malaga d'Argenteuil. Comme paysage marin, la *Falaise* doit être aussi citée. Dans une prairie verdoyante, un jeune homme en chapeau mou accompagne une demoiselle en tartan bleu. Derrière eux la mer trace une ligne jaune et grise d'un ton mixte et très fin. Dans un autre ordre d'idées, l'*Attente* nous fait voir une jeune femme en caraco vert bouteille, assise auprès d'un rideau de fenêtre gris qu'un bull impatient soulève de son large museau. Mais à toutes ces compositions je préfère beaucoup quatre études toutes petites, d'une plus grande sincérité et d'une couleur fraîche à ravir. M. Worms opère dans une tonalité infiniment moins aérienne. Voici d'abord le *Bon Gîte*, une vieille réconfortant un jeune soldat, avec ces vers de M. Paul Déroulède :

EXPOSITION DES AQUARELLISTES
Étude de Comédiens. — Dessin de Gustave Jacquet
d'après ses aquarelles.

O chère hôtesse, ô bonne vieille,
Pourquoi tant de bontés? pourquoi?
Et la bonne vieille de dire,
Moitié larmes, moitié sourire :
J'ai mon fils soldat comme toi.

La peinture vaut la poésie. C'est ingénieux et d'un sentiment tout à fait agréable. A côté, la *Torera* développe de la main gauche un drapeau rouge tandis que la droite tend une courte et large épée. Beaucoup de crânerie dans l'allure. Très amusante la scène de la *Première Cigarette*, nous montrant, dans une grange espagnole, un moutard malade pour avoir fumé, et que contemple d'un air moqueur tout à fait compris un camarade plus aguerri que lui. Charmante encore la scène du muletier qui fait boire sa bête tout en causant avec une belle fille en jupe jaune, qui était venue remplir sa cruche à la fontaine. Mais ici je préfère encore à ces petites comédies ingénieuses une série d'études plus sincères empruntées aux paysages de Grenade, d'Avila et de Salamanque. Je me résume : M. Worms pousse ses travaux au delà de ce que me paraît comporter l'aquarelle, mais on n'en saurait méconnaître le caractère spirituel et la saveur vraiment espagnole.

L'exposition de M. Heilbuth ne comprend que quatre numéros, mais tous sont également intéressants.

Le plus important est les *Fouilles romaines*. Dans un coin de paysage italien que fouillent les ouvriers, un vieil archéologue décrit à des dames groupées derrière lui les merveilles qu'on s'attend à découvrir. L'exécution de ce morceau est d'une adresse au-dessus de tous les éloges. Il n'en mérite d'ailleurs pas d'autres que celui-là. C'est charmant et froid tout ensemble. Je préfère, pour mon goût personnel, ne fût-ce que pour l'originalité de la pose, cette jeune femme à mi-ventre sur l'herbe haute, dont la tête et le buste se détachent sur la verdure en avant, sur la mer céruléenne en arrière, et dont un jeune chien épie, en jouant, les mouvements. Mentionnons encore la jeune femme à l'ombrelle rouge, rêvant au bord de l'eau, et la jeune mère en capuche blanche causant avec sa petite fille sur un bout de rivage printanier. C'est un art extrêmement habile et qui n'a qu'un défaut, celui de ne conclure à rien.

Les envois de M. Maurice Leloir sont nombreux et intéressants par leur degré de fini. Voici d'abord un joli éventail (n° 3) sur lequel deux petits porteurs Louis XV, en redingote rouge, se rafraîchissent, pendant que la noble dame qu'ils transportaient s'évente dans sa chaise. Le tableau ne manque pas de grâce. Plus loin, un incroyable (n° 5) retient en vain, sur sa tête, son chapeau que balaie un coup de vent. A côté, un hussard galant approche de la rive, avec le bout d'une ombrelle, une fleur de nénuphar qu'une jeune femme en robe bleue décolletée paraît désirer vivement (n° 1). Le ton général manque de justesse, mais les détails sont jolis et d'une exécution très poussée. Je citerai encore deux jeunes femmes (n° 4) dans une barque de plaisance, s'accrochant à la rive par un tronc de chêne émergeant de l'eau. Mais à tout cela je préfère le peintre décorateur (n° 6) copiant sur un écusson une magnifique paire de bottes. Le petit intérieur est charmant. Mais tout cela est bien loin de la liberté d'exécution de la véritable aquarelle et tient plutôt de la miniature.

Il y a plus de fantaisie et plus d'air dans les différents envois de M. Louis Leloir. Je ne dis pas cela pour sa *Tentation de saint Antoine dans l'arbre de Robinson*, fantaisie amusante, mais un peu maniérée. Un ermite voit s'enrouler devant lui, à travers les branches, des femmes dans le déshabillé le plus galant, dont les unes lui offrent des vins délicats et les autres une tiare. Je ne suis pas fou non plus des deux promeneurs sentimentaux qui portent le n° 2. Mais je trouve charmantes les trois petites figures qui nous montrent un *Cuisinier de reîtres* (n° 3), un *Guitariste italien sur un grand*

chemin (n° 5), et un *Porte-Étendard en pleine campagne* (n° 6). C'est de l'art très délicat et très ingénieux d'arrangement. J'aime moins le beau mignon qui, un bouquet de roses à la main, attend sous un balcon (n° 4). Au résumé, une jolie exposition dans le catalogue de laquelle je ne trouve pas une fantaisie tout à fait souriante : une jeune femme blonde, en jupon de velours noir, assise sur un nuage et effeuillant des roses, ce qui ne se voit pas tous les jours, mais ce qui est fort agréable à supposer.

Dans l'exposition de M. Jacquet, je donne la préférence à ses six études de comédiens qui rappellent les beaux dessins du xviii° siècle de la collection de Goncourt. C'est très largement traité et plein d'indications spirituelles. Joli de ton, l'éventail qui nous montre, d'un côté, des villageois fuyant l'averse sous un chêne et, de l'autre, des bergers dansant en rond dans une éclaircie noyée de soleil.

Rien de nouveau à dire de l'art de M. Eugène Lambert. Son éventail sur lequel s'étagent des frimousses de chats au-dessus d'un ruban bleu est traité avec une légèreté de main charmante. Ici la cage d'une pie est envahie par de jeunes matous. Là une nichée de chatons joue dans le miroitement d'une batterie de cuisine. Voici encore une chatte gravement assise auprès de ses deux petits. Tout cela est spirituel, très observé, vu très finement, mais il ne reste vraiment plus rien à en dire.

M. Lami est demeuré aussi dans ses propres traditions et je ne lui en fais pas un reproche. Ce sont des illustrations ingénieuses et charmantes que ses petites scènes tirées des *Femmes savantes*, du *Bourgeois gentilhomme*, de *Tartufe*, de l'*Avare*, de l'*Amour médecin* et de la *Jeune Veuve* de La Fontaine. Je les préfère, pour ma part, à sa *Cour de Fontainebleau* qu'emplit le brouhaha des équipages (n° 2), à sa *Charge de cuirassiers* (n° 8), et à son *Embarquement de gondoles à Venise* (n° 1), bien qu'un grand talent soit dépensé dans tout cela. Mais le ton général manque un peu de fraîcheur.

Je ne citerai dans les envois de M. Gustave Doré que ses *Mendiants sur un pont de Londres* qui forment une scène d'un saisissant aspect, un joli petit paysage non catalogué avec des roches grises et des bouquets de verdure éclatante, et sa singulière composition d'une chouette dont le lourd plumage s'ouvre pour laisser passer les ailes d'un papillon.

Que dire aussi des envois de M. Baron ? Celui des trois qui me

semble le moins lourd et le plus franc de ton représente une joueuse de violon venant charmer un souper de gentilshommes italiens sous une tonnelle dont la mer baigne les pieds. C'est de l'art bien voulu et dont la saveur est bien contestable. Ces œuvres se recommandent toutefois par de sérieuses qualités d'exécution.

Je terminerai par M. Isabey qui n'est guère moins immuable que le Père Éternel. Il y a un bel effet décoratif dans ses *Duellistes sous le pilier des Halles*, une vraie scène du théâtre de l'Ambigu (n° 4). Les armures éclatent, comme de beaux vers de Hérédia, dans son aquarelle de l'*Armurier montrant ses trésors à de nobles gentilshommes* (n° 3). Beaucoup de couleur dans la *Descente de l'escalier d'une cathédrale* (n° 1) et dans la *Visite au tombeau d'un évêque* (n° 2). S'il me fallait faire un choix, je choisirais cependant la plus légère de ses aquarelles, celle qui nous montre, sous le n° 5, des *Cavaliers faisant halte au bord de la mer*.

Et maintenant, s'il faut conclure, je répéterai, après ma dernière visite aux aquarellistes français, ce que j'ai écrit après la première. C'est charmant, mais ce n'est pas ainsi, M. Jacquemart et Mme Lemaire exceptés, que les maîtres de l'aquarelle avaient compris leur art. Ce qu'on nous montre là est quelque chose de plus que l'aquarelle, — de plus ou de moins, suivant qu'on prise, avec plus ou moins de faveur, ce procédé libre et sommaire de reproduction des choses.

ARMAND SILVESTRE.

LA FOIRE AU PAIN D'ÉPICE

LA LUTTEUSE. — Dessin de E. Courboin.

Éblouir et assourdir, tels paraissent être, à la foire au pain d'épice, les moyens en faveur d'attirer la clientèle. Dans le déchaînement de la musique enragée, rythmée par les grosses caisses et les cloches, rayonnent, affolés, les jets de lumière électrique, à travers les effusions vertes et rouges des feux de Bengale qui s'en vont teinter au loin la figure pensive de Marseille jeune, accoudé sur ses tréteaux dans la posture du Laurent de Médicis de Michel-Ange. Les machines Gramme répandent sur le cours de Vincennes des splendeurs d'apothéose; des myriades de becs de gaz et de quinquets, les uns fixes, les autres entraînés par les mouvements rapides des chevaux de bois et des gondoles, figurent, dans l'atmosphère embrasée, des grimoires de feu pareils à des vols de mouches luisantes. Nous nous arrêtons, saisis d'une terreur vertigineuse, au bord de cette mer tumultueuse, éclatante, aboyante, hurlante. Cependant, encouragés par la sérénité de deux amoureux baignés de rayons de lune, oubliés dans l'espace par un entrepreneur de mouvement circulaire vertical, nous pénétrons dans la cohue. Quel spectacle! et qui aurait dit, en contemplant sur les routes solitaires le lent voyage des maisons roulantes, avec les hommes qui poussent à la montée et les fillettes cueilleuses de marguerites, qu'elles allaient déverser sur la place du Trône ces torrents de bruit et de lumière! Les gens des villages, éclairés à la chandelle, regardent encore avec défiance

La tribu prophétique aux prunelles ardentes,

qui, profitant des découvertes les plus récentes, vient allumer des soleils dans Paris.

L'époque est scientifique, comme le proclame Zola, mais la science est morose. C'est la science qui a fait apparaître dans les fêtes foraines les cliniques *pathologiques*, les musées tératologiques, les musées des découvertes, les musées géologiques avec *l'intérieur du cratère*; c'est elle qui a éteint la gaieté des pitres et leur a donné le sentiment de leur dignité à ce point qu'ils ne se laissent plus gifler que par des femmes; c'est encore elle qui leur a enseigné à jouer du flageolet avec un soufflet.

Les femmes colosses, de leur voix flûtée, avec leurs grâces mignardes, invoquent aussi la science en faisant tâter leur « petit mollet », et la toile extérieure les représente entourées de tous les docteurs de la Faculté, décorés et ébahis.

Est-ce bien pour nous instruire que nous sommes à la foire au pain d'épice? Dans ce cas, si nous allions consulter Mlle Prudence, l'une des nombreuses somnambules qu'on voit là-bas, l'œil perdu dans le vague, interrogeant l'avenir en robe semée d'étoiles et le bâton magique à la main!

Mais place à l'histoire! Voici le vicomte de Turenne, entouré de baladines en jupe pailletée, devant le cirque Becker. La lumière électrique ruisselle sur ce groupe héroïque et galant. Des détachements des régiments de Picardie et de Champagne occupent les tréteaux, et l'on est étonné de voir sortir d'un tuyau une épaisse fumée qui, passant par-dessus la baraque, doit simuler à l'intérieur la fumée des batailles. Une dizaine de musiciens, alignés derrière une planche inclinée à la hauteur de leur menton, soufflent l'héroïsme par les pavillons trépidants de leurs cuivres, mais nuisent à l'illusion avec leurs casquettes, leurs blouses ou leurs paletots. On voit qu'ils ne sont pas à la pièce et que leur grand souci est de paraître déchiffrer les doubles croches qu'ils ont sous les yeux. Emportés d'ailleurs par une noble émulation, ils luttent avantageusement de vacarme avec les orchestres du voisinage.

Toute la troupe du cirque Corvi est à la parade; les femmes et les hommes exécutent une danse de salon, pendant que deux généraux singes, à cheval sur des poneys, regardent gravement le public du coin de l'œil. Les dames ont dans les cheveux des roses de papier cueillies sur des jambons de Reims, et, autour du cou, de nombreux rangs de perles fausses.

Soudain le son lugubre d'une plaque de tôle vient nous glacer d'effroi. Nous nous approchons, et sous un portique de flammes aux chapiteaux grimaçants et fantastiques, nous apercevons un diable richement mis qui d'abord regarde le public, puis se penche sur un trou placé derrière lui. C'est probablement la bouche de l'enfer, l'entrée de ses domaines :

Per me si va nella città dolente.

Ce personnage est muet et se borne à frapper de temps en temps sur la plaque de tôle.

D'autres exhibitions du genre triste répandent un voile de deuil sur la foire au pain d'épice. Voici le *Travail des bagnes*, avec sa façade grise aux murailles en bossages diamantés, flanquées de tours; voici le musée pathologique, œuvre philanthropique patronnée par de nombreux docteurs sans

L'ENTRÉE DE LA BARAQUE. — Dessin de E. Courboin.

orthographe, et sur laquelle nous n'insistons pas; voici enfin les musées des actualités. L'actualité paraît uniquement composée de catastrophes et d'exécutions capitales : le pont de la Tay, Clichy-Levallois, la mort de Prévost, etc.; rien de plus pessimiste et de plus désespérant.

Chassons ces idées noires et allons voir cette demoiselle en jupe verte qui boxe avec un pierrot. Mlle Godin est la personne de la foire qui a le plus de verve et, si on veut l'en croire, le plus de talents. Agée d'environ dix-huit ans, assez jolie, elle provoque les spectateurs à la pointe, à la contre-pointe et au bâton brisé. Son aplomb s'explique par l'habitude de vivre parmi les gens en caleçon qui forment, avec elle, le personnel athlétique de M. Godin, son père. Nous avons vu défiler l'amateur de pointe, un homme aux mains tatouées, à la toque en poil de lapin ; l'amateur de contre-pointe, un médaillé militaire de haute taille, coiffé d'une casquette américaine. Pour le bâton brisé, cet exercice n'étant pratiqué que dans l'Inde et aucun Bengalais ne se trouvant dans l'assistance, Mlle Godin a dû se contenter d'un adversaire imaginaire.

Suivons le monde. On se bouscule devant le Grand Théâtre Arabe dirigé par le terrible colosse du désert de l'Afrique centrale. Quelques nègres, vêtus de calicot blanc à raies rouges, brandissent des sagaies et poussent des cris rauques. Ils sont tout ce qu'on voudra, même Zoulous. L'impresario décrit à la porte les exubérances et les merveilles de la nature tropicale. Nous entrons, et pendant que les mots de « champs de cannes à sucre » et de « baobab » nous arrivent encore aux oreilles, nous nous asseyons tristement près d'un piano en palissandre. La toile se lève, et, sur une petite scène, deux nègres, qui paraissent avoir des grelots plein leurs pantalons, se battent à coups de bâtons. D'autres nègres, vêtus à l'européenne, acteurs inoccupés sans doute, sont assis sur les bancs des spectateurs et font de l'esprit à leur manière. L'un a emprunté les cannes de ses voisins et les a passées dans les trous de ses oreilles. Malgré cette diversion, les mots « d'oiseaux de paradis et de villages d'ivoire », prononcés à l'extérieur, font sentir tout le désenchantement du lieu.

Au musée des « Deux Extrêmes », on voit un nain de quarante centimètres et une fille de deux mètres. Le nain est vif, s'exprime bien et déclare avec un certain amour-propre qu'il est le plus petit homme connu. Son sévère costume noir, sa belle barbe, ses cheveux abondants et sa face tournée vers le ciel donnent à sa personne un air d'inquiétante majesté. Il dit en montrant la grande fille : « Voilà ma petite sœur. » Celle-ci, malgré sa masse, n'a rien d'imposant et doit être le souffre-douleur de cet affreux petit être qu'elle pourrait loger dans son mollet.

Si Frédéric-Guillaume Ier était de ce monde, il la marierait certainement avec Eugène, le colosse nonchalant et débonnaire qui lutte dans la baraque de Marseille jeune ; mais Eugène couve de son regard hébété une blonde délicate et distinguée qui le paye de retour. Rien n'égale l'exaltation de la frêle créature lorsqu'elle voit ce géant, vêtu d'un maillot saumon, les chevilles cerclées de fourrure, véritable montagne de chair, foulé aux pieds par une bande de gamins, comme dans les *Voyages de Gulliver*, et mugissant comme le Minotaure. Alors, transportée d'admiration, elle s'écrie : « Ah ! comme il est grand ! »

Jetons en passant un regard à la Ménagerie Africaine, aux brillantes parades de Marchetti, de Cochéric, de Legois, et donnons un regret à l'opérette de Mlle Jeanne May, intitulée *la Fille de Mme Favart*, que nous n'avons pas le temps d'entendre.

C'est sur les chevaux de bois que nous finirons la soirée, dans ce tourbillon de paillon, de clinquant, de boules panoramiques et de miroirs, aux sons puissants des orgues qui rivalisent de barbarie. Nous nous donnerons le vertige, comme des derviches ou comme les femmes qui vont à la foire exprès, et, munis d'un casque en papier au cimier duquel nous aurons suspendu un lampion, nous irons goûter la paix du logis.

DES RÉAUX.

LA TÊTE DE TURC. — Dessin d'après nature, par Eugène COURBOIN.

ÉDOUARD MANET

Dans Paris, la ville insoucieuse, il est dix individus, — dix, pas un de plus, — qui jouissent de ce très rare et très glorieux privilège d'arrêter d'un signe la curiosité qui flâne ou qui passe, de faire, quand il leur plaît, s'égayer, s'émouvoir, s'enthousiasmer, s'indigner, courir et jaser les Parisiens.

Édouard Manet est l'un de ces dix-là. Voilà tantôt vingt ans que ce peintre, de qui les bourgeois aiment à rire, tient en émoi l'attention du public, des artistes et des gazetiers. Dès que la foule voit, en quelque endroit, son nom apparaître, elle accourt et fait grand tapage. L'œuvre est amenée au grand jour, épluchée, discutée, acclamée, conspuée. Les uns tiennent pour elle, les autres l'attaquent avec violence, les gens graves affectent de la dédaigner, d'autres consentent tout juste à en sourire : chacun, en somme, a son mot à placer et la bataille recommence. C'est de tout cela qu'est faite la renommée.

L'exposition des vingt-six œuvres nouvelles d'Édouard Manet, que la *Vie Moderne* vient d'organiser dans sa galerie du boulevard des Italiens, a ranimé de vieilles querelles. Cette exposition est, à coup sûr, l'événement important de ces jours derniers. Au ciel changeant de l'actualité, l'astre de Manet a fait pâlir celui de Marie Bière, cette Ariane en colère qu'un jury trop galant vient d'absoudre.

**

Édouard Manet, qui est l'un de nos artistes les plus connus, est un des hommes que l'on connaît le moins. Dans le cycle uniforme de la vie de Paris, il est deux cents visages d'hommes ou de femmes qu'on voit, à tout moment, passer et repasser. Les trois quarts de ces gens-là sortent pour qu'on les rencontre. Ils composent cet étrange assemblage que l'on est convenu d'appeler le « tout Paris ». Les provinciaux eux-mêmes ont appris à les distinguer et se les désignent du doigt. J'avais dix ans à peine lorsqu'on me montra pour la première fois, aux fauteuils de l'Opéra-Comique, feu Garnier-Pagès endormi dans son faux-col. Plus tard j'appris à signaler : Barrière, Siraudin, Carjat, Monselet, Delenge, et, avec eux, toutes ces gloires de l'asphalte qui comptent par milliers des amis dont ils n'ont jamais su les noms. J'ai vu, depuis ce temps, s'épanouir par centaines aux vitrines des marchands de photographies, des musiciens, des poètes, des dentistes, des académiciens, des peintres, des comédiennes en maillot et des généraux en uniforme, mais nulle part je n'avais contemplé les traits d'Édouard Manet. Ce tapageur a l'horreur du tapage; cette célébrité bruyante redoute le bruit et la foule, et se garde avec soin des journalistes et des photographes. Manet vit dans son atelier, entouré de quelques amis, tout à son œuvre, à l'abri des rumeurs et des curiosités de la ville. J'en serais à le connaître encore sans un heureux hasard qui me le fit rencontrer l'an dernier.

Longtemps la légende s'est plu à le représenter comme un rapin farouche, à barbe en broussaille, à longs cheveux, excentriquement vêtu, coiffé d'un chapeau pointu à larges ailes, un de ces chapeaux qui ont fait la révolution de 1830. L'auteur d'*Olympia*, le chef de l'*impressionnisme*, habillé comme M. Dubufe ou comme M. Cabanel! on n'imaginait pas cela!

Cette absurde légende a fait son temps. On sait aujourd'hui que Édouard Manet porte la barbe courte et bien taillée, que ses cheveux sont d'une longueur raisonnable, qu'il s'habille comme M. Tout

le Monde chez le tailleur d'à côté, et, chose plus rare, que c'est un homme d'éducation parfaite, d'excellentes manières, d'esprit cultivé et de caractère aimable. C'est un Parisien de race, aimant à causer et à rire, cordial et bon enfant, avec une figure ouverte et franche dont parfois la bonhomie s'avive d'une teinte de fine raillerie.

On a dit de lui que c'était un poseur, et on l'a écrit; d'autres ont ajouté, avec ce petit clignement d'œil des gens à qui *il ne faut pas la faire* : « C'est un malin. » — Poseur? J'affirme qu'il n'est pas à Paris un artiste plus modeste, plus sincère et plus convaincu que lui. Tout le bruit qui s'est fait autour de ses œuvres n'a jamais étonné personne autant que lui-même. — Malin? Belle malice qui lui a coûté sa fortune, son temps, ses veilles, et ne lui a rapporté qu'amers déboires et désillusions cruelles : les dédains des jurys et les plaisanteries des sots. On se souvient de l'exposition qu'il fit en 1867 de ses œuvres dans une baraque qu'il avait fait construire à ses frais, tout près du palais de l'Industrie, à côté de celle où Courbet, — un malin aussi, paraît-il, — avait installé ses toiles. Cette exposition lui coûta vingt-cinq mille francs et ne lui rapporta pas un sou. D'honneur, on n'est pas plus malin!

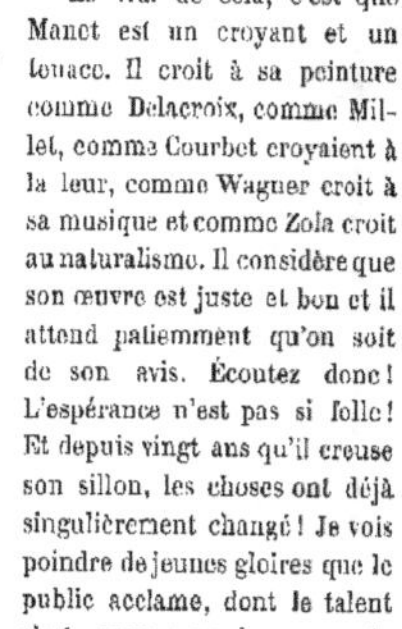

Le vrai de cela, c'est que Manet est un croyant et un tenace. Il croit à sa peinture comme Delacroix, comme Millet, comme Courbet croyaient à la leur, comme Wagner croit à sa musique et comme Zola croit au naturalisme. Il considère que son œuvre est juste et bon et il attend patiemment qu'on soit de son avis. Écoutez donc! L'espérance n'est pas si folle! Et depuis vingt ans qu'il creuse son sillon, les choses ont déjà singulièrement changé! Je vois poindre de jeunes gloires que le public acclame, dont le talent s'est, pour une bonne part,

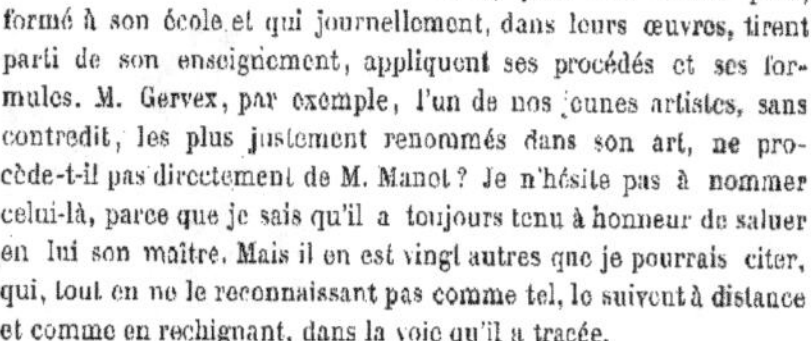

Croquis par Édouard Manet.

formé à son école et qui journellement, dans leurs œuvres, tirent parti de son enseignement, appliquent ses procédés et ses formules. M. Gervex, par exemple, l'un de nos jeunes artistes, sans contredit, les plus justement renommés dans son art, ne procède-t-il pas directement de M. Manet? Je n'hésite pas à nommer celui-là, parce que je sais qu'il a toujours tenu à honneur de saluer en lui son maître. Mais il en est vingt autres que je pourrais citer, qui, tout en ne le reconnaissant pas comme tel, le suivent à distance et comme en rechignant, dans la voie qu'il a tracée.

**

Pour du talent, on commence à convenir assez communément qu'Édouard Manet en a. Les gens qui s'esclaffaient jadis devant ses toiles et qui se surprennent aujourd'hui à les regarder sans rire, prétendent qu'en vieillissant l'artiste s'est assagi. N'est-ce pas plutôt qu'eux-mêmes sont devenus plus sages? C'est l'histoire éternelle. Depuis que la terre roule entraînant l'humanité avec elle, jamais évolution n'a été tentée soit en art, soit en littérature, — je ne parle ni de la science ni de la politique, — sans que la foule n'ait crié d'abord sus au révolté, quitte à proclamer plus tard sa révolte légitime et bienfaisante. Jean Bonhomme est d'humeur routinière. Comme le héron de la fable, il vit de régime. Quand il a réglé sa vie, ses goûts, ses habitudes, ses idées et ses croyances, il n'aime pas qu'un monsieur, le premier venu, s'avise de lui proposer brusquement de rompre avec tout cela. Voyez-vous ce barbouilleur qui s'est ingéré de trouver, en peinture, une formule nouvelle!

ÉDOUARD MANET, par FANTIN-LATOUR.

LE CHATEAU DES CŒURS. — 9e TABLEAU : Fin de la première Scène. — Décor par CARPEZAT.

LE CHATEAU DES CŒURS

NEUVIÈME TABLEAU

LE GRAND BANQUET

Une salle à manger monumentale. Des lampes brillent, tenues à de très longues cordes, comme dans les églises. Sur les deux côtés, de distance en distance, il y a des colonnes de fer à chapiteau corinthien reliées entre elles par de grosses chaînes où sont suspendus des cœurs tout rouges. Au fond et occupant la largeur entière de la scène, un escalier à marches noires monte vers une galerie où se répète le même alignement de colonnes; mais celles-là sans chaînes ni cœurs, avec des palmettes d'améthyste dans leurs chapiteaux et laissant voir la nuit par les intervalles de l'une à l'autre. Au milieu, à une table couverte de vaisselle d'or, et dont la nappe est de pourpre à franges d'or, siègent douze Gnomes de premier rang, six d'un côté, six de l'autre, tous portant au front des couronnes d'or. Le Roi, sur un trône plus élevé et faisant face au spectateur, est au haut bout de la table, avec une couronne plus haute et ornée tout autour de petits cœurs en diamants. — Sur le premier plan, à gauche, Paul, changé en statue de marbre blanc et dans le costume qu'il portait à l'avant-dernier tableau, garde son attitude immobile.

CHŒUR DES GNOMES célébrant leur victoire.

Pendant qu'ils chantent, les marmitons circulent dans la galerie du fond pour apporter les plats et descendent quelques marches de l'escalier où les valets servant les Gnomes viennent prendre les plats pour les poser sur la table. En passant devant la statue, chaque valet lui fait une salutation ironique.

SCÈNE PREMIÈRE

LES GNOMES, LE ROI DES GNOMES, PAUL en statue.

PREMIER GNOME à la droite du Roi, regardant la statue.

Eh bien, héroïque nigaud, comment trouves-tu ta position ?

DEUXIÈME GNOME.

Te voilà maintenant au-dessus de nous.

TROISIÈME GNOME.

Et méprisant toujours les petits gnomes.

TOUS, riant à la fois.

Ha ! ha ! ha ! ha !

QUATRIÈME GNOME.

Tu voulais changer le monde, toi !

CINQUIÈME GNOME.

Change donc d'attitude.

TOUS, riant à la fois.

Ha ! ha ! ha ! ha !

SIXIÈME GNOME.

Insulte-nous, pour te venger.

SEPTIÈME GNOME.

Pour nous faire rire.

TOUS, riant à la fois.

Ha ! ha ! ha ! ha !

LE ROI DES GNOMES.

Bien ! amusez-vous, Gnomes, mes sujets. Fêtons royalement notre victoire sur les hommes. Leurs cœurs à présent nous appartiennent et il n'est pas besoin de ménager la marchandise. Les caveaux, les murailles, notre palais, tout en regorge. Contemplez ! Et chaque partie du monde nous en procure : il y en a de Tombouctou et il y en a de Paris. Des cœurs de nègres et des cœurs de duchesses ! les uns qui ont palpité pour de l'opium sous la grande muraille en Chine, et d'autres un peu rancis déjà par trop de séjour au fond d'un comptoir, dans Londres !

Une longue branche d'arbre paraît à droite et s'étend contre la statue.

LES SIX GNOMES, en face, à gauche.

Tiens ! regardez donc !

LE ROI.

Eh ! c'est cet imbécile changé en prunier contre le mur du château.

Une seconde branche paraît.

UN GNOME.

Mais voilà deux branches; elles l'entourent, elles vont l'embrasser.

LE ROI.

Du sentiment ! Ça m'ennuie. Coupez-les !

Un valet, avec un couteau, abat d'un seul coup deux branches d'arbre. — On entend deux cris terribles. Les rameaux saignent contre le piédestal.

UN GNOME.

Délicat comme une sensitive. Pour un prunier, c'est comique !

TOUS LES GNOMES, riant.

Ha ! ha ! ha !

PREMIER GNOME, regardant la statue.

Il ne s'en émeut pas, le misérable !

DEUXIÈME GNOME.

Défends-le donc ! Anime-toi !

TROISIÈME GNOME.

Veux-tu prendre, avec nous, ta petite portion de cœurs ?

QUATRIÈME GNOME.

Faut-il qu'on t'en serve ?

CINQUIÈME GNOME.

J'ai envie de t'en barbouiller le visage !

SIXIÈME GNOME.

Moi, de te les faire manger tous !

LE ROI.

Tiens, bois leur sang !

Il lui jette le couteau de la coupe. Le liquide rouge l'éclabousse, et reste figé çà et là par plaques inégales sur sa face et ses vêtements.

SEPTIÈME GNOME.

Réponds-nous donc, lâche !

HUITIÈME GNOME.

Entends-tu, nous bafouons ta sottise, tes illusions, ton courage !

NEUVIÈME GNOME.

Et ce cœur immaculé, où est-il ?

DIXIÈME GNOME.

Tu en as rencontré de jolis cependant.

ONZIÈME GNOME.

Et qui t'aimaient.

DOUZIÈME GNOME.

Depuis des reines jusqu'à des femmes de banquier.

PAUL, toujours immobile, répète trois fois lentement :

Jeanne ! Jeanne ! Jeanne !

Tous les Gnomes épouvantés se lèvent sur leurs sièges.

LE ROI.

Ah ! malédiction !

A ce moment, Jeanne, en laitière, se trouve debout sur le piédestal, dans les bras de Paul et l'étreignant étroitement.

LES GNOMES.

Regardez ! regardez !

LE ROI.

A moi, mes valets, mes soldats, mes bourreaux! tout le monde! à moi, au secours!

Une foule de Gnomes apparaît de tous côtés, se précipitant dans la salle. La statue, peu à peu, a changé de couleur et le piédestal s'est abaissé, si bien que le groupe est maintenant au niveau du plancher.

PAUL, *tenant Jeanne sur son bras gauche, tire son épée.*

Vous êtes vaincus, misérables!

Un large éclair sillonne le ciel au fond; et dans un éclat de tonnerre, avec un cri immense de la foule, la table et les Gnomes, tout s'abîme sous le sol et disparaît. Les lampes s'éteignent. Les coupes suspendues se mettent à flamboyer, les colonnes du fond s'écroulent à demi, et l'escalier ne fait plus qu'un monceau de ruines.

VOUS ÊTES VAINCUS, MISÉRABLES! — Dessin d'Eug. Courboin.

SCÈNE II

PAUL, JEANNE.

PAUL.

C'est toi? c'est bien toi? M'as-tu pardonné?

JEANNE.

Monsieur Paul...

PAUL.

Oh! plus de ces mots-là! Lève la tête! toi qui as secouru ma détresse autrefois et qui maintenant me délivres, chère providence de ma vie, pauvre amour méconnu! Et j'ai pu en chercher d'autres! Ah! comme j'étais ingrat pour le passé, aveugle pour l'avenir! Je me suis laissé prendre tout le long de ma route par des illusions funestes, d'autant plus irrésistibles que je retrouvais dans chacun de ces monstres survenant pour me perdre quelque chose de toi, ton image! — Et tu étais, au contraire, si loin!

JEANNE.

Oh! pas si loin!

PAUL.

Comment?

JEANNE.

Moi aussi, j'étais aveugle!

PAUL.

Que veux-tu dire?

JEANNE.

Vous rappelez-vous cette coquette Parisienne qui vous étourdissait avec son embarras de bagages et de sottises?

PAUL, *riant.*

Oui! oui!

JEANNE, *naïvement.*

C'était moi!

PAUL.

Mais...

JEANNE.

Vous rappelez-vous cette lourde petite bourgeoise, dans cette contrée hideuse?

PAUL.

Ah! ne me parle pas de cette imbécile!

JEANNE, *piteusement.*

C'était moi!

PAUL.

Impossible!

JEANNE.

Et cette reine aux splendeurs infinies qui d'un geste faisait mourir les hommes...

PAUL.

Assez! N'achève pas!

JEANNE, *se cachant la tête dans les mains.*

C'était moi.

PAUL *recule d'un pas.*

Vous!

JEANNE, *lui sautant au cou.*

Oui, moi! Pour te retrouver, pour te plaire, pour que tu m'aimes! J'ose te le dire maintenant. Mon amour était si fort que j'ai traversé, afin de venir jusqu'à toi, toutes les démences et toutes les cruautés du monde. Et comme tu ne l'as pas compris, cet amour, comme tu ne l'as pas même aperçu, — il redoublait pourtant à chacun de tes dédains, — aujourd'hui, pour te sauver, je descends du ciel.

PAUL.

Du ciel?

JEANNE.

Ah! tu ne sais pas, écoute! J'étais morte; les Gnomes me trompaient. Les Fées m'ont rendue à la vie! Tu vas me suivre! l'heure a sonné. Viens! viens!

PAUL.

Oh! oui, oui, je te crois! Je savais bien quelle destinée m'était promise. Malgré tous les obstacles, je n'en ai jamais douté... Et tout à l'heure, sous le marbre qui m'enfermait, j'en avais l'espoir, l'impatience et l'angoisse! Partons! Emmène-moi! Les Gnomes sont vaincus, laissons la terre!

JEANNE.

Je vais te conduire dans un pays tout bleu, où les fleurs comme les amours sont éternelles et démesurées. Là, mon bien-aimé, les orages ne soufflent pas; l'immensité tiendra dans nos cœurs, et nos yeux, toujours se contemplant, auront la lumière et la durée des étoiles!

PAUL, *étreignant Jeanne.*

Ah! délices de mon âme, elle commence déjà l'éternité de notre ivresse.

SCÈNE III

PAUL, JEANNE, LA REINE DES FÉES.

LA REINE DES FÉES, *qui depuis le milieu de la scène précédente est descendue lentement du fond, survenant entre eux deux.*

Non! pas encore!

PAUL, *indigné.*

Toi, la Reine des Fées! Mais tu m'avais promis...

LA REINE.

As-tu donc oublié notre convention ? Tu n'as accompli que la moitié de ton devoir. La seconde est plus difficile peut-être. (Montrant Jeanne.) Avant d'obtenir la félicité de votre union perpétuelle, il faut remettre aux hommes ces cœurs délivrés par ta bravoure !

NON! PAS ENCORE ! — Dessin d'Eug. Courboin.

PAUL.

Comment pourrai-je, à moi seul... ?

LA REINE, souriant.

Oh ! nous sommes là : les Fées t'aideront ! Tu n'as à t'occuper que de ceux exclusivement qui te sont connus ! Tâche de les convaincre ! qu'ils reprennent leur cœur ! Pour devenir immortel, exécute d'abord l'œuvre d'un dieu !

Paul baisse la tête dans ses mains. On entend au dehors un chœur de voix joyeuses.

PAUL, levant son visage baigné de larmes.

Ces voix ?...

LA REINE.

Ce sont les arbres de la forêt, les hommes délivrés qui s'en retournent !

SCÈNE IV

Les Précédents, DOMINIQUE entre par le côté droit, avec un nid sur la tête ; en guise de bras, il a deux rameaux chargés de fruits qu'il tient horizontalement.

JEANNE, émue.

Mon frère ! Comme le voilà !

DOMINIQUE, pleurant.

Mon pauvre maître ! Enfin je vous retrouve. Les larmes m'en coulent comme la pluie le long du tronc, du corps c'est-à-dire. Je ne peux vous serrer dans mes bras. On a beau me couper les rameaux, ça repousse. Je voudrais tant vous embrasser ! Maudite gourmandise. c'est elle qui a tout fait ! (En baissant le menton, il mange une prune sur son épaule, et se remet à pleurer.) Ah ! mon Dieu, mon Dieu !

PAUL et JEANNE, ensemble.

Grâce pour lui, bonne Fée !

LA REINE, à Paul.

Puisque tu l'aimes, soit !

Aussitôt les deux branches disparaissent. Dominique a des bras. Dans le mouvement de sa chevelure qui frissonne, le nid tombe de sa tête, des œufs s'écrasent par terre et un oiseau s'envole.

LA REINE DES FÉES, à Dominique.

Mais tu iras...

DOMINIQUE.

Oh ! partout. Depuis que j'ai pris racine, je ne demande qu'à me dégourdir.

LA REINE, montrant les colonnes.

Tu iras avec ton maître, pour donner ces cœurs à tous ceux qui en manquent.

DOMINIQUE.

Volontiers ! (Il considère les cœurs suspendus et se gratte l'oreille.) Mais... vu la quantité, nous allons avoir une cargaison d'une lourdeur... !

LA REINE.

Non ! regarde. (Les cœurs se rapetissent à la dimension d'une noix. Une surface dorée les enveloppe.)

DOMINIQUE.

Oh ! que c'est drôle ! comme c'est drôle ! Pas de paresse ! grimpons-y ! (Il va pour monter à la colonne de gauche au premier plan.)

LA REINE.

Non ! baisse-toi ! (Le chapiteau de la colonne à gauche et celui de la colonne à droite, s'entr'ouvrant, laissent tomber une pluie de cœurs.)

DOMINIQUE, les ramassant.

On dirait, vraiment, des bonbons de sucre !

LA REINE.

Ils n'en seront que plus faciles à prendre. (A Paul, qui reste immobile au pied de la colonne de droite.) Que fais-tu donc ? Tu restes là !

PAUL, à part, murmurant.

Et je la perds au moment de ma victoire, quand tout semblait fini et que je croyais enfin la tenir !

JEANNE, suppliant.

Oh ! ne sois pas désespéré... Va-t'en, si tu m'aimes. Tu ne connais pas le destin. Fais ce qu'elle ordonne, tout de suite, tout de suite !

ENTRÉE DE DOMINIQUE. — Dessin d'Eug. Courboin.

DOMINIQUE.

Allons ! mon pauvre maître, encore un petit voyage, le dernier !

Paul étend son manteau, et reçoit des cœurs pendant que Dominique en bourre ses poches.

LA REINE, montrant l'horizon.

Va ! maintenant.

PAUL, se tournant vers Jeanne pour l'embrasser.

Jeanne !

LA REINE, l'écartant d'un geste.

Non ! à ton devoir ! le sien est accompli sur la terre. Je la transporte dans des régions où elle attendra, pour vous retrouver, que ta vertu t'ait fait digne de son amour.

Paul et Dominique remontent vers le fond et gravissent l'escalier en ruines en trébuchant parmi les pierres.

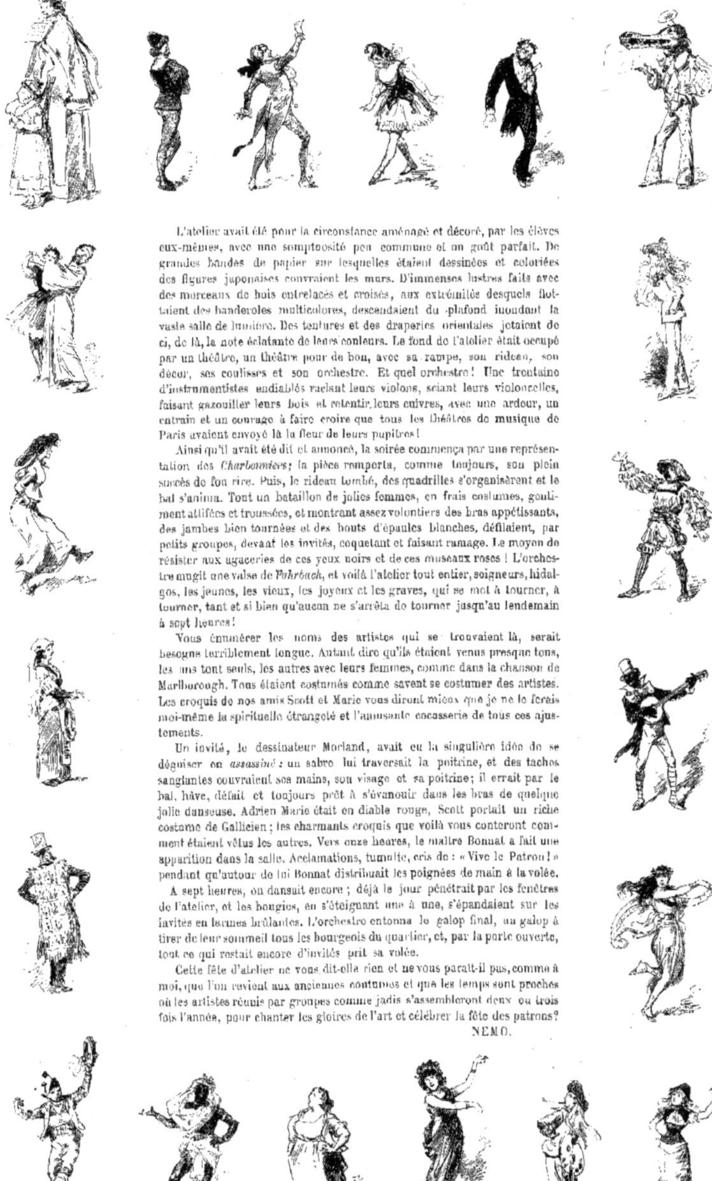

L'atelier avait été pour la circonstance aménagé et décoré, par les élèves eux-mêmes, avec une somptuosité peu commune et un goût parfait. De grandes bandes de papier sur lesquelles étaient dessinées et coloriées des figures japonaises couvraient les murs. D'immenses lustres faits avec des morceaux de bois entrelacés et croisés, aux extrémités desquels flottaient des banderoles multicolores, descendaient du plafond inondant la vaste salle de lumière. Des tentures et des draperies orientales jetaient de ci, de là, la note éclatante de leurs couleurs. Le fond de l'atelier était occupé par un théâtre, un théâtre pour de bon, avec sa rampe, son rideau, son décor, ses coulisses et son orchestre. Et quel orchestre ! Une trentaine d'instrumentistes endiablés raclant leurs violons, sciant leurs violoncelles, faisant gazouiller leurs bois et retentir leurs cuivres, avec une ardeur, un entrain et un courage à faire croire que tous les théâtres de musique de Paris avaient envoyé là la fleur de leurs pupitres !

Ainsi qu'il avait été dit et annoncé, la soirée commença par une représentation des *Charbonniers*; la pièce remporta, comme toujours, son plein succès de fou rire. Puis, le rideau tombé, des quadrilles s'organisèrent et le bal s'anima. Tout un bataillon de jolies femmes, en frais costumes, gentiment attifées et troussées, et montrant assez volontiers des bras appétissants, des jambes bien tournées et des bouts d'épaules blanches, défilaient, par petits groupes, devant les invités, coquetant et faisant ramage. Le moyen de résister aux agaceries de ces yeux noirs et de ces museaux roses ! L'orchestre mugit une valse de *Fahrbach*, et voilà l'atelier tout entier, seigneurs, hidalgos, les jeunes, les vieux, les joyeux et les graves, qui se met à tourner, à tourner, tant et si bien qu'aucun ne s'arrêta de tourner jusqu'au lendemain à sept heures !

Vous énumérer les noms des artistes qui se trouvaient là, serait besogne terriblement longue. Autant dire qu'ils étaient venus presque tous, les uns tout seuls, les autres avec leurs femmes, comme dans la chanson de Marlborough. Tous étaient costumés comme savent se costumer des artistes. Les croquis de nos amis Scott et Marie vous diront mieux que je ne le ferais moi-même la spirituelle étrangeté et l'amusante cocasserie de tous ces ajustements.

Un invité, le dessinateur Morland, avait eu la singulière idée de se déguiser en *assassiné* : un sabre lui traversait la poitrine, et des taches sanglantes couvraient ses mains, son visage et sa poitrine; il errait par le bal, hâve, défait et toujours prêt à s'évanouir dans les bras de quelque jolie danseuse. Adrien Marie était en diable rouge, Scott portait un riche costume de Gallicien ; les charmants croquis que voilà vous conteront comment étaient vêtus les autres. Vers onze heures, le maître Bonnat a fait une apparition dans la salle. Acclamations, tumulte, cris de : « Vive le Patron ! » pendant qu'autour de lui Bonnat distribuait les poignées de main à la volée.

A sept heures, on dansait encore ; déjà le jour pénétrait par les fenêtres de l'atelier, et les bougies, en s'éteignant une à une, s'épandaient sur les invités en larmes brûlantes. L'orchestre entonna le galop final, un galop à tirer de leur sommeil tous les bourgeois du quartier, et, par la porte ouverte, tout ce qui restait encore d'invités prit sa volée.

Cette fête d'atelier ne vous dit-elle rien et ne vous paraît-il pas, comme à moi, que l'on revient aux anciennes coutumes et que les temps sont proches où les artistes réunis par groupes comme jadis s'assembleront deux ou trois fois l'année, pour chanter les gloires de l'art et célébrer la fête des patrons?

NEMO.

Dessins d'Adrien MARIE.

LE MONDE DES ARTS

EXPOSITIONS — MUSÉES — GALERIES — ATELIERS — VENTES CÉLÈBRES — DÉCOUVERTES ARTISTIQUES

Exposition de la rue des Pyramides (premier article)

Le groupe d'artistes qui a porté longtemps le nom d'*impressionnistes* a ouvert sa cinquième exposition à l'entresol d'une maison de construction récente, au coin de la rue des Pyramides et de la rue Saint-Honoré. Ils sont actuellement dix-huit qui se livrent à cette manifestation indépendante, mais parmi lesquels plusieurs s'y rattachent plutôt par goût que par foi artistique, car on chercherait vainement dans leurs envois une trace des recherches très particulières qui ont valu à cette petite école une place dans l'art de ces dernières années. Moins d'éclectisme me paraîtrait d'une meilleure politique et il ne suffit pas vraiment, pour ceux du moins qui rendent justice à cette tradition nouvelle, de faire des tableaux, qui seraient certainement refusés au Salon, pour être réputé y prendre part.

Dessin de Raffaëlli.

Comme les années précédentes, M. Degas en demeure le maître incontestable et incontesté. Avec un sens vraiment admirable du mouvement dans le dessin et de l'harmonie dans la couleur, M. Degas ne pouvait manquer d'y tracer un sillon relativement définitif. Quelle merveille de grâce et de morbidesse que sa femme à sa toilette renversant sa tête blonde sur ses deux bras relevés en arrière ! Son esprit est dans la justesse absolue des poses. Voyez plutôt, à l'examen de danse, ses petites filles tendant leurs jambes encore grêles, et plus loin, dans un foyer, ces ballerines assises sur un canapé et tendant leurs bras jusqu'à leurs chevilles. Voici, sous le n° 42, un admirable portrait de femme d'une exécution sommaire pleine de *maestria*. C'est un pastel merveilleux que cette étude de loge dans laquelle un profil de femme émerge du rebord doré d'une avant-scène de premier étage. Tout cela est si intéressant qu'on ne sait vraiment comment en refaire l'éloge à nouveau sans retomber dans des redites. C'est également puissant de voulu et de personnalité.

Je citerai immédiatement après lui Mlle Mary Cassatt, qui en procède très directement. Son *Portrait de Mme J...* en robe noire, assise sur des coussins à ramage, est un morceau plein de saveur. J'aime aussi beaucoup la femme lisant sur un balcon, dont les arbustes encadrent de pivoines sa tête blonde, — un véritable échantillon d'art japonais par l'absence des plans et le ragoût heureux de couleurs dans une gamme tout à fait riante. La femme en robe jaune sur un fauteuil de velours rouge fait, de loin, l'illusion d'un Degas ; mais, en l'étudiant de plus près, on voit tout ce qui manque à l'élève pour atteindre la sécurité d'exécution et l'intensité d'impression du maître. Cette réserve faite, il n'est pas un seul des quinze envois de Mlle Cassatt qui ne se recommande par quelque bonheur de mouvement ou d'harmonie.

L'exposition de Mlle Morisot est plus attrayante encore et beaucoup plus personnelle. J'avoue que, ayant pris mon parti de ne voir dans cet art qu'un principe et non une fin, ses envois me ravissent absolument. Ils me semblent réaliser à merveille l'idéal de ce genre de recherches. Sa femme à sa toilette, vue de dos et dont les chairs enlèvent leur blancheur ambrée sur un fond presque aussi clair, me paraît un des meilleurs. Mais j'aime beaucoup aussi l'*Été*, avec la jeune femme dont la main nonchalante tient un chapeau de paille, et l'*Hiver*, avec sa figure si vaillamment moderne de Parisienne bravant le froid sous ses fourrures. Un peu trop violacé, peut-être, l'effet

de neige du bois de Boulogne ; mais le portrait de jeune fille gantée de blanc est d'un ton absolument exquis, et j'aime beaucoup encore cette scène de jardin qui nous montre une châtelaine assise et montrant un bouquet de fleurs à son amie debout. Ses aquarelles se recommandent par les mêmes qualités. Au résumé, Mlle Morisot demeure une des plus vaillantes dans cette petite phalange et des plus fidèles à son esprit.

Dans une gamme plus claire encore, Mme Marie Bracquemond arrive à des effets très harmonieux dans lesquels des fonds de tapisserie semblent éclairés par des lumières d'apothéose. Cet art, au fond, est plus inspiré des paysages de Boucher que des aspects vrais de la nature. Mais il est si aimable que je n'ai pas le courage de lui en vouloir. Je citerai donc l'*Étude d'après nature* qui est d'une adorable finesse de ton et le portrait de femme blonde en robe blanche dont l'aspect *général* est fort réjouissant pour les yeux.

M. Caillebotte qui abuse toujours des tons violacés demeure profondément personnel. Ce que j'aime le mieux de son exposition, c'est son *Portrait de M. G. C...* debout et coiffé d'un chapeau. Sa tête rappelle, par le modelé, les manières de Fantin-Latour et la figure tout entière est bien traitée, avec indépendance et vigueur tout à la fois. C'est, de beaucoup, son meilleur morceau. Son intérieur (n° 10) contient une figure de femme assez bien peinte et dans un joli ton. Mais l'homme couché sur un canapé au fond de la pièce est sensiblement trop petit pour la perspective et donne l'impression d'une pièce aussi longue que la galerie d'Apollon. Il n'en est pas moins vrai que, sans avoir fait de concessions, M. Caillebotte me semble en progrès. Il s'humanise et consent à ne plus voir la nature tout entière à travers une améthyste.

Il y a des qualités dans l'exposition de M. Gauguin, et son *Effet de neige* (n° 57) est d'une grande justesse. Mais cette exécution gratinée est affreusement lourde. C'est bien le contraire de la manière si indépendante et si résolue de M. Degas. Il semble que le mur étouffe sous de trop lourdes tapisseries. M. Guillaumin n'enveloppe vraiment pas assez ses monuments et ses figures d'atmosphère. Il les montre sous je ne sais quel récipient de machine pneumatique. Qu'aurait pensé Corot de cet art-là ? Les couleurs sont d'une crudité blessante. Il y a cependant des relations de tons d'une justesse saisissante dans le *Pour Marie* (n° 80). Mais le *Portrait de M. G...* (n° 72) est tout simplement monstrueux par la brutalité de ses modelés dans une gamme allant aux deux extrêmes. Quand Henner peint une figure, il la peint d'un seul ton et M. Degas aussi. Et tous deux ont raison, car les vrais maîtres se reconnaissent tous à cela.

Du trio Pissarro, Monet, Sisley, M. Pissarro reste seul sur la brèche. Son envoi est considérable. Il est intéressant comme les années précédentes. Singulière fraternité d'esprit ! M. Pissarro semble osciller entre Millet et M. Jundt. Mais il rencontre quelquefois la sincérité du premier, comme dans son éventail qui est vraiment très beau, tandis qu'il ne dépasse pas toujours l'exécution irrésolue du second comme dans sa *Récolte de petits pois*. Ses eaux-fortes sont remarquables. Je veux encore citer son *Chemin sous bois en automne*, qui est d'une grande vérité d'impression. Cet artiste, au moins, est bien resté dans l'ordre de sensations

Dessin de Raffaëlli.

qui me semble être la seule raison d'être plausible de l'art impressionniste.

Armand SILVESTRE.

(A suivre.)

JEANNE.

Adieu !

PAUL, de loin.

Adieu !

Dominique se retourne pour envoyer un baiser. Tous les chapiteaux de toutes les colonnes s'entr'ouvrent et laissent tomber un ruisseau de cœurs d'or. En même temps, des deux côtés, les Fées envahissent la scène en tourbillonnant et recueillent les cœurs dans le pan de leurs robes. — Au premier plan, Jeanne, émue, est restée avec la Reine qui lui tient la main. · On aperçoit Paul et Dominique à l'extrême horizon.

FIN DU NEUVIÈME TABLEAU.

G. FLAUBERT, L. BOUILHET, Ch. D'OSMOY.

(A suivre.)

CHATELET. — BALLET DES *PILULES DU DIABLE* : LA MOUCHE D'OR

Composition D'ADRIEN MARIE.

LE THÉATRE

COMÉDIE-FRANÇAISE. Reprise de l'*Aventurière*, comédie en quatre actes en vers de M. Émile Augier, avec Mlle Sarah Bernhardt dans le rôle de dona Clorinde. — CHATELET. *Les Pilules du Diable*, féerie en cinq actes et trente tableaux, par MM. Anicet Bourgeois et Ferdinand Laloue. — VAUDEVILLE. Reprise de *la Vie de bohème*, comédie en cinq actes de Murger et Barrière. — CHATEAU-D'EAU. *Le Puits des quatre chemins*, drame en cinq actes et sept tableaux par M. Maxime Daurits. — THÉATRE CLUNY. *Le Marchand de son honneur*, drame en quatre actes de M. Jules Duval.

C'est une merveilleuse artiste que Mlle Sarah Bernhardt; disons mieux, c'est une maîtresse figure du temps présent. Elle fait rayonner de tout côté sa toute-puissance incroyable; elle est organisée pour tout comprendre, tout sentir, tout rendre et pour dominer partout où il lui plaît de paraître. Quand on l'aperçoit, on ne peut se défendre de quelque surprise. Maigre, lente, comme brûlée par la flamme intérieure, elle s'avance avec une grâce de fleur coupée. Son abord est élégiaque, presque douloureux. Où puise-t-elle la vigueur de vivre? Ses nerfs ne vont-ils pas se briser? Le spectateur se sent envahi d'un léger trouble. Mais l'artiste impose, dès sa première parole, son impérieuse sécurité. Elle charme le public; elle le gouverne de la voix, du regard et du geste. Tous les arts se sont réunis en elle; elle porte sculpturalement les costumes les plus divers; elle donne de l'éclat aux couleurs par la façon dont elle les accorde; elle prête à la poésie l'intensité de ses impressions intimes. Qu'elle soit dona Sol, Phèdre, Dalila ou dona Clorinde, il semble que ce qu'elle dit s'échappe spontanément des profondeurs de son être et qu'elle vit sa propre vie sur la scène au lieu d'y jouer un rôle préparé à l'avance. Sa popularité, largement épandue, n'a pas rencontré un détracteur : les Anglais l'ont acclamée, les Hollandais lui ont décerné des triomphes, les Américains l'appellent à grands cris. Cette célébrité universelle, cette admiration unanime, cette obsession d'un type féminin qui hallucine les romanciers, qui hante les dramaturges, qui passionne les critiques, est un des traits saillants de notre époque. Mlle Sarah Bernhardt résume essentiellement les qualités et les manières d'être de la femme moderne, si forte de sa séduction, si bien défendue par son expérience, si finement armée de ses curiosités. Elle est plus qu'une personnalité capitale : elle est, — qu'elle le sache ou non, — une sorte d'expression sociale éblouissante.

La Comédie-Française reprend aujourd'hui pour elle l'*Aventurière* de M. Émile Augier. Elle y incarne le personnage de dona Clorinde, la courtisane rassasiée de passagères amours, la comédienne lassée de vains succès, qui rêve de devenir l'honnête femme d'un honnête homme, qui jette son dévolu sur un vieillard et qui finit par tomber dans le piège d'un jeune cavalier. Mme Arnould-Plessy avait fait de ce rôle un de ses meilleurs, mais elle brillait surtout par l'ingéniosité et j'estime que Mlle Sarah Bernhardt a trouvé une interprétation plus juste et plus saisissante. Elle a commencé par changer le costume de l'héroïne; elle l'a revêtue d'une ample et opulente robe à la vénitienne; elle a inondé ses épaules du flot superbe de ses cheveux roux, que la coiffure d'or est impuissante à contenir. Cette innovation est déjà une affirmation de caractère : elle masque la courtisane sous la grande dame et je ne suis pas de ceux qui se récrient. Pour le fond, Mlle Sarah Bernhardt se montre une Clorinde achevée, d'une ardeur frémissante, d'un idéal abandon, nature débridée qui ne connaît pas de règle et que sa fantaisie mène au hasard. Les vers prennent sur ses lèvres les inflexions les plus différentes : tantôt elle les hache et en précipite les rythmes, tantôt elle les caresse et en veloute les cadences de sa voix étonnamment musicale. Il est impossible de prodiguer plus habilement les contrastes absolus, de moduler avec plus de perfection dans la violence et dans la tendresse. L'actrice n'existe plus; elle s'est fondue dans la réalité du personnage. Certains critiques, attachés aux traditions, ont affecté de ne point goûter cette interprétation neuve et audacieuse; je crois, cependant, qu'ils ne tarderont guère à revenir de leur préjugé. D'ailleurs le public a donné raison à la courageuse tragédienne en l'honorant d'ovations sans nombre, auxquelles se sont associés les plus excellents connaisseurs.

.·.

Le hasard seul, — je vous le jure, — me conduit à rapprocher la reprise des *Pilules du Diable* de la restitution de *Robert Macaire*. Ne croyez pas néanmoins que ce rapprochement fortuit ait rien qui me choque. La farce satirique et la féerie sont, pour moi, les deux pôles de la fantaisie théâtrale et je tiendrai pour un très grand artiste quiconque parviendra, à force d'habileté ou de génie, à planter solidement son drapeau sur l'un ou sur l'autre. Si le lyrisme échevelé, la poésie visionnaire, l'amour de l'impossible, la poursuite du merveilleux, la chasse aux flamboyantes chimères, la véhémence caricaturale des parodies ne sont plus de mise dans les comédies de mœurs, rien ne les empêche de se donner carrière en des œuvres spéciales, plaisantes ou tragiques, resplendissantes comme des ballets, pompeuses comme des opéras, variées comme des romans ou cyniques et provocatrices comme des tabarinades éhontées. Cela est si vrai que MM. Louis Bouilhet, Gustave Flaubert et Charles d'Osmoy ont composé leur féerie du *Château des Cœurs*, tout exprès pour s'égayer aux dépens de la bêtise humaine à l'aide d'une baguette d'enchanteur, et qu'un des hommes les plus remarquables de notre littérature, M. Edmond de Goncourt, a écrit les lignes suivantes dans la fière préface de son volume de Théâtre :

«..... Nous cherchions notre théâtre, à nous, exclusivement dans des bouffonneries satiriques et dans des féeries. Nous rêvions une suite de larges et violentes comédies, semblables à des fresques de maître, faites sur le mode aristophanesque, et fouettant toute une société avec de l'esprit descendant de Beaumarchais, et parlant une langue ailée, une *langue littéraire parlée*, que je trouve, hélas! manquer aux meilleurs de l'heure présente; des comédies enfin où une myope Thalie ne serait plus cantonnée à regarder dans un petit coin avec une loupe. Parmi ces comédies, nous avions commencé à en chercher une dans la maladie endémique de la France de ce temps, une comédie-satire qui devait s'appeler *la Blague*, et dont nous avions déjà écrit quelques scènes.

« Mais ce qui nous paraissait surtout tentant à bouleverser, à renouveler au théâtre, c'était la féerie, ce domaine de la fantaisie, ce cadre de toutes les imaginations, ce tremplin pour l'envolement dans l'idéalité. Et pense-t-on ce que pourrait être une scène balayée de la prose du boulevard et des conceptions des dramaturges du cirque, et livrée à un vrai poète au service de la poésie duquel on mettrait des machinistes, des trucs, et toutes les splendeurs et toutes les magies d'un Grand Opéra? Et songe-t-on à quelque chose comme un *Beau Pécopin* représenté dans ces conditions?... Il est vrai qu'on n'y a jamais songé et qu'on ne songera jamais qu'aux *Sept Châteaux du Diable*. »

Hélas! que dirai-je à présent des *Pilules du Diable*, cette antiquaille qui n'a sur les *Sept Châteaux* que le mérite de l'antériorité? La direction du Châtelet a jeté l'or à poignées pour rajeunir la vénérable pantalounade. Les acteurs se pourchassent au milieu de palais de pierres précieuses qui s'érigent tout d'un coup de jardins enchantés peuplés d'oiseaux fantastiques habillés par le dessinateur Grévin, de paysages transformés sans cesse et de réduits pleins de surprises. On voit mainte drôlerie çà et là; des tables chargées de mets succulents s'amusent à paraître, à disparaître, à se dédoubler et à exécuter mille singularités. On recolle les membres d'un homme coupé en morceaux et il se met à marcher et à revivre; une maison de santé se retourne sens dessus dessous, et les malades se prennent à courir sur les mains, la tête en bas. Par surcroît et pour comble de réjouissance, les acteurs ont émaillé leur dialogue de couplets délicieux, du genre de celui-ci :

> Charmante Isabelle,
> Voici votre appartement.
> Une demoiselle
> Doit dormir sans son amant.

Le théâtre n'a reculé devant la cherté d'aucune attraction : il a commandé aux décorateurs Poisson et Floury une trentaine de décors; il a fait dessiner par Grévin un millier de costumes affriolants, déshabillants, sensuels, dans le goût paradoxal propre à cet artiste en feuille de vigne, qui pourrait dire, comme la femme de chambre de la Du Barry : « Il n'y a que le nu qui habille! » Ce n'est pas tout encore : M. Rochard, directeur du Châtelet, a emprunté aux Bouffes-Parisiens l'acteur Scipion, l'homme le plus long et le plus maigre de France, lequel s'enveloppe de vingt-quatre gilets sans arriver à dépasser la grosseur d'une épingle; appelé de Londres miss Œnoa, danseuse aérienne qui s'enlève jusqu'aux frises au bout d'un fil invisible et qui danse entre ciel et terre; et poussé l'amour de la musique au point de faire chanter Mlle Blanche Ghinassi, travestie pour la circonstance en ingénue blonde. Voilà bien des curiosités, me direz-vous, et l'on ne manquera pas d'aller en foule avaler ces pilules où le diable n'a rien à voir; mais la féerie ne s'élève pas plus qu'autrefois au-dessus d'un divertissement de marmousets, quand il lui serait permis de devenir un passe-temps exquis de grandes personnes. En vérité, M. Edmond de Goncourt a prononcé une sage parole : Qu'on nous fasse des *Beaux Pécopins* et qu'on nous les mette en scène avec l'éclat voulu !

.·.

Une des comédies les plus fameuses, les plus fréquemment représentées du répertoire contemporain est, incontestablement, la *Vie de bohème*. Elle sert de pièce de réouverture aux théâtres de province; on la reprend à Paris, tantôt sur une scène, tantôt sur une autre, et elle ne manque jamais d'attirer la foule. Nous l'avons vue naguère à l'Odéon, nous la voyons aujourd'hui au Vaudeville, peut-être la reverrons-nous demain à l'Ambigu, au Gymnase, aux Variétés ou même à la Gaîté, ce drame bizarre ayant des traditions inouïes de déplacement. Est-il très admiré? Je ne le crois pas. Est-il très admirable? Je ne le crois pas davantage. Je suis donc en droit de chercher les raisons de sa popularité persistante et d'en tirer telle morale qu'il me conviendra.

LA MAISON

UNE RÉPÉTITION GÉNÉRALE DE ROBES

Dessin d'Ad. Marie.

NE soirée tout à fait originale, la première de son genre inattendu, a été donnée dernièrement par des femmes d'un goût fin autant que hardi dans sa grâce absolument parisienne.

Dans le salon où nous avions l'honneur de nous trouver, il ne fut point entendu, — ô joie sans mélange! — de ces *morceaux* à trente-quatre mains qu'on impose entre deux gobelets de grenadine astringente, cette ciguë du Socrate solitaire de l'estomac ; mais des dames certainement aussi intelligentes que belles et des messieurs chez qui, je l'avoue, la beauté le cédait sans façon à l'intelligence, furent admis, pendant un grand nombre de douces minutes faites de silence et de bonheur, à feuilleter de l'œil une magistrale collection de robes et de costumes, ville et théâtre, — des épreuves avant la lettre !

Il ne s'agit point ici d'aquarelles internées dans un misérable album ! Non ! — Il s'agit de robes et de costumes *vivants !*

Ces robes et ces costumes, pour la création raisonnée desquels l'Art avait résolument rectifié la Mode, résumaient, en les réalisant, les recherches, les tentatives, les mariages ingénieux de nuances, les trouvailles de coupe, les fantaisies de garnitures, enfin toutes les inventions délicates et séduisantes des maîtresses de la maison.

Qu'on me permette de les saluer ici, un bouquet d'éloges à la main, comme les Nordenskiold du passage Nord-Est de la toilette féminine !

Elles ont découvert des harmonies de lignes, des juxtapositions de tons, des greffes d'étoffes qui feront faire des pas de géant, un géant distingué, au progrès de l'art de la mode, et qui sont déjà de véritables bienfaits, de divines aumônes de jouissances oculaires, pour cette triste portion de l'humanité, les hommes, qu'on voit, accablés sous le poids des disgrâces de leur uniforme mortuaire, errer, tels des radis noirs désolés, dans les salons dorés et dans les orchestres des théâtres.

Je le répète, pendant deux heures fertiles en satisfactions artistiques, fleuries de réflexions poétiques, nous avons vu défiler sous nos yeux rêveurs, avec son port spécial, son allure voulue, sa tenue particulière, ses accessoires, chacune des dernières créations d'un groupe, parfaitement sympathique, de « bonnes faiseuses » de ces *écrins de femme* que les magistrats réactionnaires eux-mêmes, tous

émus, ont cessé de ranger dédaigneusement sous la rubrique ancienne et vague de... *jupes.*

C'était à une véritable répétition générale de Robes que nous assistions. Leur *première* devait avoir lieu, à quelque temps de là, dans divers pays du globe, sur les épaules et sur les hanches de clientes étrangères qui avaient demandé à avoir tout d'abord l'opinion d'un public parisien sur la valeur de la pièce qu'elles se préparaient à faire jouer à leurs robes sous des cieux moins cléments.

J'insiste. Ces robes ne nous étaient donc point présentées longues et inertes dans leur carton de voyage, comme les dépouilles mortelles des femmes de Barbe-Bleue dans le cabinet de ce collectionneur d'éponses ; elles nous apparaissaient, — radieuses ou d'une calme distinction, étincelantes ou plus reposées, mais toutes douées de la vie qui devait en faire ressortir le brio ou le charme, la noblesse ou l'audace, — endossées par les fées qui, d'un coup de leur baguette, les avaient tirées du néant des étoffes.

La répétition générale, menée de cette façon inédite encore, marcha à ravir. A peine deux ou trois coupures furent-elles indiquées. Mais comme la finesse, la gaieté, les intentions des rôles destinés à ces robes du monde furent compris de chacun et unanimement applaudis de tous !

On répétait avec attendrissement à son voisin, qui vous serrait la main avec effusion, les *mots* si délicieusement soulignés et si bien lancés par ces robes d'esprit !

On se sépara, certains d'un grand succès.

Quelle excellente soirée! il faut que j'en remercie avec force les auteurs. Ici, courte digression :

Personne n'hésite à proclamer le nom d'un pianiste né dans l'Harmonie Australe, débarqué à Paris avec environ soixante-quinze pour cent de ses poumons détruits par le lamentable climat de son pays, et qui vous a tailladé les oreilles à coups de piano pendant trois heures.

Nommer ce tueur de repos et de causerie, qui, au nom de l'Art, fait tant de tort à l'Art en général et à la Musique en particulier, ce n'est point lui faire une réclame. C'est admis. Mais murmurer le nom d'une couturière de génie, c'est défendu.

Eh bien ! je m'insurge, je demande qu'on admette également l'impression intégrale du nom des précieuses femmes d'art, des ardentes prêtresses de la déesse Robe, chez lesquelles, moi trentième, j'ai goûté de vifs plaisirs par les yeux et par la pensée, et d'où je suis sorti l'ouïe intacte, les oreilles non tailladées par une sonate sans bornes.

Donc, mesdames Duluc, celui que vos costumes ont charmé a l'honneur de vous envoyer ses saluts reconnaissants et respectueux, 76, rue de Richelieu.   ERNEST D'HERVILLY.

NOTES DIVERSES

La nécessité de faire une chose abolit presque le besoin d'en parler. Aussi que de paroles superflues ! Le parler est une soupape dans la difficulté extrême ou l'impossibilité de faire ce que l'on rêve.

.

En voyage, à l'étranger, la rencontre d'un convoi funèbre nous donne comme la sensation de l'universelle patrie. Un mort est notre concitoyen partout. Nu et silencieux... il n'est plus séparé de nous par des différences d'habit et de langage.

.

Il y a un ridicule dont le propre est d'exagérer ou de supprimer l'importance des choses, et cela en vue de plaire aux gens ou de réussir dans une affaire. On échappe à ce ridicule, et à presque tous les autres, en jugeant les choses en elles-mêmes et par soi-même.

.

Toute pose, toute affectation, — aussi bien dans la littérature que dans la vie, — est un signe de bassesse native, de dépendance intellectuelle et morale, pour tout dire d'*imitation.*

.

Au fond de ce que nous appelons des noms de *passion, ivresse, délire...* il y a bien moins souvent fougue du naturel et transport de l'âme qu'entraînement de l'ennui et peur de nous-même dans la solitude.

                                        LOUIS DÉPRET.

EXPOSITION DES IMPRESSIONNISTES. — *ETUDE DE FEMME.* — Dessin par Mme BRACQUEMOND.

VERNISSAGE

Le vernissage proprement dit comprend deux opérations parfaitement distinctes, qui sont : la première, un déjeuner plantureux chez Ledoyen ou au Moulin Rouge égayé par la présence de quelques milliers d'artistes et très convenablement arrosé ; la seconde, une promenade à travers les galeries du palais des Beaux-Arts en la société d'une centaine de jolies Parisiennes, les plus jolies et les plus parisiennes qui soient à Paris.

Cette cérémonie de printemps serait absolument agréable et charmante sans la présence au palais, ce jour-là, d'une bande de vernisseurs, qui encombrent les salles de grandes échelles doubles qu'ils traînent avec un bruit d'enfer, et sans une vilaine odeur de vernis qui s'exhale des toiles et vous prend à la gorge. L'administration dont M. Turquet est le chef médiocrement vénéré, finira certainement par comprendre combien la vue de ces travailleurs est peu faite pour réjouir les jolis yeux qui visitent le Salon en ce jour, et elle épargnera désormais à tous ces adorables nez roses le désagrément de respirer, durant des heures, un parfum d'atelier auxquels ils ne sont pas habitués.

L'entrée du palais des Champs-Élysées étant rigoureusement interdite, le jour où l'on vernit les toiles, à tous ceux qui ne justifient pas de leur qualité d'exposant, il s'ensuit qu'une foule de visiteurs et de visiteuses qui sont tout ce qu'on voudra, excepté peintres ou sculpteurs, envahit dès onze heures du matin les salles d'exposition. Notez qu'il ne se délivre pas de cartes de vernissage ! La présence de tous ces curieux ne saurait donc s'expliquer de façon plausible. D'où vient cependant que *tout Paris* se donne rendez-vous là chaque année et qu'on serait fort étonné de ne l'y point rencontrer ? Voilà la logique des choses ! O mes amis, quelle belle ville que ce Paris, et comme on y raisonne bien !

LE JOUR DU VERNISSAGE. — Dessin de JEANNIOT.

voisin-là m'a été donné pour me nuire... — S'il est possible de vous exposer dans un jour pareil !... » Ceux-ci sont les jeunes. Les vieux hochent mélancoliquement la tête et prennent des airs amers : « Je m'y attendais. — Rien ne me surprend plus. — Voilà vingt ans qu'on me place comme cela... Encore bien heureux qu'on ne vous ait pas crevé votre toile... »

La première émotion passée, on jette un coup d'œil autour de soi et l'on examine si les amis ont été un peu mieux traités. On les trouve tous, généralement, en bonne place. « Mes compliments, cher ami ! — Vous n'êtes pas difficile. — Que diriez-vous alors si vous étiez là où je suis ? — Vous, ce n'est pas la même chose... »

Les conversations s'engagent ; on parcourt les salles, par petits groupes. La visite est fiévreuse, rapide, sommaire, décisive. Les œuvres sont discutées, jugées, épluchées, hachées menu comme chair à pâté. En moins d'une heure on a tout vu. On a décerné les récompenses et adjugé la médaille d'honneur.

L'heure du déjeuner sonne : on gagne la sortie en traversant le jardin de sculpture, où les praticiens sont occupés à enlever les soutiens des statues, à débarbouiller les Vénus, à poncer les Nymphes et à mettre la dernière main à la toilette des bustes d'hommes illustres.

.·.

Le restaurant Ledoyen s'emplit de monde. Sous son immense véranda, l'assaut des tables a commencé. Les interpellations et les exclamations se croisent. Ce n'est que chapeaux qui se lèvent et mains qui se tendent. Ici, tout le monde se connaît. — Au travers de l'allée qu'on a réservée entre les déjeuneurs les garçons passent et repassent, poussant devant eux les voitures où fument d'énormes rosbifs et des saumons monstrueux. Rosbif à l'anglaise et saumon sauce verte : voilà la carte traditionnelle du jour. Ne demandez pas autre chose : c'est de rigueur.

Vers dix heures du matin, l'intérieur du palais des Champs-Élysées offre un étrange et curieux aspect. Les artistes sillonnent les salles à grands pas en quête de leurs tableaux. Ils s'en vont, muets, soucieux, fouillant les rangs épais des toiles, interrogeant les cymaises ; c'est à peine si l'on songe, en passant, à serrer la main d'un ami. Chacun n'a souci que de son œuvre. Où l'a-t-on placée ? Dans quel jour ? A quelle hauteur ? En quel voisinage ? On cherche, inquiet, le regard troublé. On la découvre enfin. La voilà, là-bas, perdue dans la foule, flanquée à ses quatre coins de grands cadres qui l'écrasent, bornée au nord, au sud, à l'est, à l'ouest par un océan de peinture, plus petite au moins d'un bon tiers qu'elle n'est en réalité ! Et l'on reste pensif devant elle, se demandant avec une sombre inquiétude ce qu'il adviendra d'elle, et si, comme on l'avait espéré, au temps où elle occupait la place d'honneur dans l'atelier, *c'est bien pour cette année*. Dame ! elle est si mal placée, si petite, si confondue dans la masse des œuvres ! D'autres s'indignent, se récrient, font tapage. « C'est scandaleux ! On ne place pas à des hauteurs pareilles un tableau fini comme celui-là... — Ce

D'instant en instant, le flot des arrivants monte et grossit. Déjà l'on circule à peine ; pourtant la foule continue à s'entasser autour des tables. — Des dialogues s'engagent à tous les coins de l'immense salle, et de tous les côtés à la fois des interpellations partent en fusées. La rumeur monte, grandit, devient tapage, puis tumulte. — Vers midi, on peut hurler sans incommoder personne ; c'est un fracas, un tonnerre, un déchaînement de tempêtes.

Pendant ce temps, les visiteurs continuent à s'entasser à la porte du palais ; ils s'étagent sur les marches du grand escalier et commencent la visite des salles. Alors, devant *tout Paris* assemblé a lieu la répétition générale du Salon.

C'est ce jour-là que se fait la renommée et que, dans le cercle des amis, on prélude à la gloire des célébrités naissantes.

NEMO.

MUSÉE DES ARTS DÉCORATIFS. — *LA SEINE ET LE TIBRE.* — Dessin de PRUD'HON pour le bas-relief du berceau du roi de Rome.
Appartient à M. Eudoxe MARCILLE.

LE MUSÉE DES ARTS DÉCORATIFS

C'est ici une exposition d'un caractère spécial, d'une disposition originale, d'un attrait fécond. Elle a pour but d'acclimater chez nous le principe et l'institution de ces musées des arts décoratifs qui exercent une si heureuse influence sur les industries d'Angleterre et d'Allemagne. Voici brièvement l'histoire du nouveau musée installé d'abord dans le pavillon de Flore aux Tuileries, puis transporté au palais de l'Industrie, où il attendra, en se développant, qu'on lui assigne un local définitif. Il y a trois ou quatre ans, un groupe de collectionneurs et d'amateurs éclairés tels que le duc de Chaulnes, le duc de Sabran, le marquis de Chennevières, le vicomte de Ganay, M. Éphrussi et M. Dreyfus, tous parfaitement au courant des entreprises et des succès de l'étranger, se communiquèrent leurs craintes touchant nos arts industriels. Notre supériorité nationale, autrefois incontestable, allait s'amoindrissant; la pureté de la production s'altérait; des modèles de pacotille se substituaient aux types sans reproche; bref, il importait de remédier au plus vite à cette visible décadence.

D'où venait le mal? On pouvait l'attribuer à des causes très diverses : les unes générales, — par exemple, le système d'éducation publique usité jusqu'à ce jour; — les autres particulières, — par exemple, l'absence d'une galerie où seraient rapprochées les créations décoratives de tous les styles et de tous les temps, dignes d'être proposées à l'émulation des artistes. Il n'appartient pas à l'initiative privée de répondre aux causes générales, mais il lui est permis, du moins, de s'attaquer aux secondaires. Parmi les mesures à prendre sans retard, la plus urgente parut être l'établissement d'un musée des arts appliqués à l'industrie et à la décoration sous toutes ses formes : musée non théorique, mais pratique, où la beauté même fût envisagée par ses côtés utiles et où les fabricants pussent venir à toute heure chercher des termes de comparaison et des contrôles.

Toutefois un projet semblable ne se pouvait réaliser sans d'énormes dépenses. A qui demandera-t-on les ressources nécessaires? On comptait, il est vrai, sur le concours de l'État et sur la générosité de certains collectionneurs; mais les apports spontanés seraient insuffisants. Pour le principal, il fut résolu qu'on s'adresserait directe-

ment au public par voie d'exposition successives. M. Tout le Monde est loin d'avoir autant d'esprit que Voltaire; cependant rendons-lui cette justice qu'il donne assez volontiers son argent lorsqu'on le convie à s'émerveiller devant des œuvres classiques, c'est-à-dire consacrées par de traditionnelles admirations. On réunit donc au pavillon de Flore un magnifique ensemble de toiles de maîtres et le minime droit d'entrée qu'on requit à la porte constitua, pour le musée, un premier pécule d'achat.

Une épreuve si bien couronnée était bonne à reprendre; il ne s'agissait que de découvrir une autre veine d'exposition. Cette veine s'est trouvée justement dans le propre champ de l'art décoratif, en telle sorte que le comité a pu l'exploiter sur-le-champ sans s'éloigner aucunement des termes de son programme. C'est ainsi qu'il nous est donné de rencontrer au palais de l'Industrie la plus riche, la plus instructive et curieuse variété d'objets ayant tous une valeur documentale et se rapportant aux mille branches de la décoration.

N'ayez garde, à ce propos, d'attribuer au grand mot que je viens d'écrire une signification étroite ou basse. Tout ce qui orne, tout ce qui ajoute une élégance ou perfectionne une grâce, est marqué foncièrement du signe décoratif et doit prendre place en cette galerie, où sont venues se fondre une multitude de collections précieuses. Un ébéniste, un serrurier, un tapissier, un orfèvre, une couturière, un jardinier, un tisserand, ne cessent d'être des ouvriers que s'ils savent devenir des décorateurs. Une brillante tapisserie met de l'harmonie dans un bel appartement. Un beau meuble convenablement placé repose l'œil, une belle serrure rehausse un beau meuble ou complète une belle porte, un parc bien dessiné double l'agrément d'une habitation noblement construite; une gemme sertie avec finesse, une étoffe chatoyante, une toilette artistement combinée avivent délicieusement les charmes d'une femme et dissimulent ses défauts. On voit par là qu'il n'est point de métier qui n'ait à gagner à l'institution du musée des arts décoratifs. Ne servirait-elle qu'à faire éclater cette évidence, la présente exposition serait amplement justifiée.

Et, de fait, je ne sais pas quel genre de document on y cherche-

rait en vain. Il s'y trouve d'incomparables tentures à personnages de
Flandres, d'Allemagne et de France; des velours, des satins, des
tissus de toute nature et de toute provenance, brodés, brochés,
lamés, mats, rutilants ou de nuances changeantes; d'exquises dentelles, légères à miracle; des chefs-d'œuvre de céramique, de cristal-
lerie, d'ébénisterie, de serrurerie, de sculpture d'ornement, en un
mot, des échantillons caractéristiques des grands et des petits accessoires du confort et du
luxe. On reste en extase
devant les porcelaines et
les faïences composant la
collection de M. Gasnaud,
aujourd'hui cédée au mu-
sée de Limoges : un ob-
servateur sagace déduirait
une théorie en règle du
goût des peuples et de
leurs habitudes, rien que
de la diversité des tasses
décorées qui la meublent.
Que dirai-je des vitrines
où s'arrondissent les éventails ouverts, pareils à des
paons qui font la roue?
Quelques-unes de ces mi-
gnonnes feuilles peintes à
ravir et montées en joyaux
ont dû cacher
bien des pu-
deurs aimables
et dérober de
malins souri-
res. Voici, d'au-
tre part, les meu-
bles en bois
sculpté, bahuts,
dressoirs, crédences, ca-
binets amenuisés, mar-
quetés, plaqués de nacre,
d'écaille ou de métal. Et
voilà plus loin des pièces
d'argenterie exemplaires,
des surtouts, des plats, des
aiguières, des flambeaux.
Ailleurs ce sont des sta-
tuettes d'ornementation,
des figurines de support
coulées en bronze, des
guirlandes, des mascarons
et des frises de meuble.
Ailleurs encore se remar-
quent des planches de costumes anciens et jusqu'à
des suites de boutons d'habit. Il semble que les an-

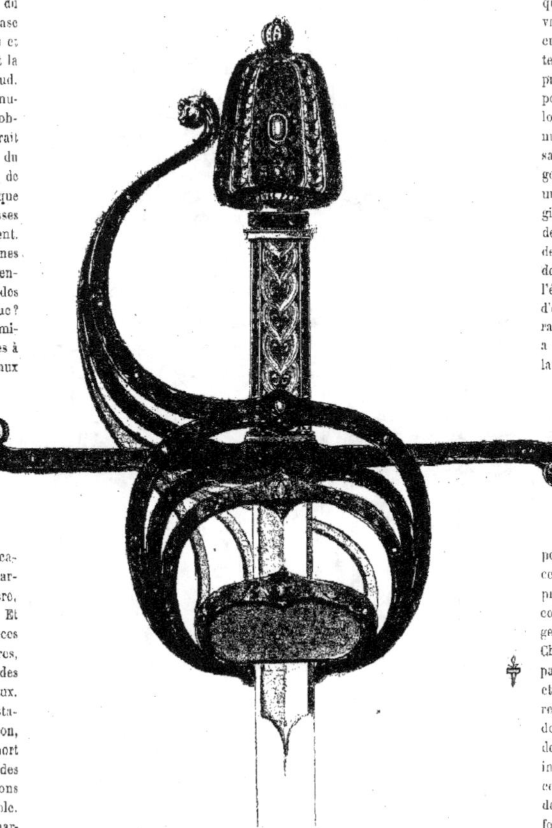

MUSÉE DES ARTS DÉCORATIFS. — POIGNÉE D'ÉPÉE D'ÉTIENNE DELAUNE
Appartient à M. le duc d'AUMALE.

la Renaissance. Tous les trésors se sont ouverts. Le duc d'Aumale,
M. Galiceaux, M. Edmond de Goncourt, M. de Chennevières, M. E.
Marcille, M. Albert Lenoir, M. Destailleurs, M. Lesonfacher, M. A.
Dumas fils et maints autres possesseurs de raretés ont livré libé-
ralement les clefs de leurs cabinets et les secrets de leurs porte-
feuilles à MM. Éphrussi et Dreyfus. Pour la première fois, on a vu
ces croquis inestimables et ces projets raffinés ou sommaires desquels tant de chefs-d'œu-
vre sont sortis. On a mis
en regard un projet d'os-
tensoir de Murillo, un
projet de plafond de Tie-
polo, un projet de médail-
lon d'orfèvrerie de Benve-
nuto Cellini, un projet de
salière et un projet de
gourde de Jules Romain,
un fond d'aiguière de Virgile Solis, des arabesques
de Nicoletto de Modène,
des projets de décoration
de fête de Panini. Mais
l'école française prend
d'elle-même le premier
rang parmi les écoles. Elle
a pour soutiens les De-
laune, les Germain Pilon,
les Jean Cousin,
les Woeiriot, les
Poussin, les
Claude Audran,
les Claude Gil-
lot, les Watteau,
les Prud'hon,
inventeurs iné-
puisables qui
poussent à perfection tout
ce qu'il leur plaît d'entreprendre. Et c'est plaisir de
constater, — suivant le jugement de M. le marquis de
Chennevières, — que « le
pays des Boulle, des Briot
et des Goulhières, sait
recueillir et goûter, à l'égal
des sévères compositions
de sujets historiques, les
ingénieuses et savantes
combinaisons de formes,
de lignes et de figures qui
font d'un meuble, d'un
vase ou d'un tapis un mo-
nument exquis; charme
des yeux, régal de l'es-
prit et richesse des fa-

nales de l'industrie et de l'art se déroulent devant nous à l'état vivant.
Pas un modèle susceptible d'aiguillonner la verve des producteurs et
d'épurer leur goût ne se laisse désirer. Un millionnaire qui voudra
désormais se bâtir un hôtel ne sera plus excusable d'y souffrir un
seul détail médiocre, car les plus pures créations seront à sa portée,
et l'industriel qui mettra en circulation un objet vulgaire n'aura
plus droit à l'indulgence. Cette exposition temporaire et ce musée
définitif fourniront le moyen de contrôler tous les types et d'assurer
le niveau des arts appliqués.

Mais, pour qu'il ne revienne à la fantaisie de personne de faire
fond sur cette légendaire sottise que « la décoration est un art de
petits artistes », les organisateurs de l'œuvre ont rassemblé plus de
sept cents dessins décoratifs dus aux maîtres les plus célèbres depuis

milles qui le conservent avec respect ». C'est pourquoi, ne pouvant
m'appesantir sur les innombrables curiosités d'une exhibition si
diverse, je me bornerai, après cet aperçu d'ensemble, à parcourir la
collection des dessins français. Et, pour procéder avec ordre, je dis-
tribuerai mon examen sous trois rubriques. Tout d'abord il sera
parlé des artistes du XVIe siècle; nous passerons ensuite au siècle de
Louis XIV, à ses pompes et à ses œuvres; enfin nous arriverons aux
galanteries poudrées, musquées, enrubannées et provocantes du siècle
du Régent et de Mme de Pompadour. Les mœurs très différentes de ces
trois périodes ont imposé à l'art des caractères très différents. On peut
suivre, à travers ces transformations, la marche même de l'évolution
sociale.   FOURCAUD.

(A suivre.)

MUSÉE DES ARTS DÉCORATIFS. — *GRILLE EN FER FORGÉ.* — Dessin de BÉRAIN. — Appartenant à M. BÉRARD.

ÉTUDES DE PARIS. — *LE PONT NEUF.* — Dessin par E. DUFEU.

LE CHATEAU DES CŒURS

DIXIÈME TABLEAU

LA FÊTE DU PAYS

Un beau parc dans les environs de Paris, chez le banquier Kloekher. Des deux côtés de la scène il y a de grands arbres. — Au fond un petit mur soutenant une terrasse, avec un escalier de pierre au milieu. Sur chaque marche de l'escalier, aux deux bouts, un vase de fleurs. D'autres vases sont alignés sur la dalle du mur. Au delà, on aperçoit la campagne avec Paris dans l'éloignement. Le milieu de la scène se trouve occupé par une pelouse de gazon.

SCÈNE PREMIÈRE

M. et Mme KLOEKHER, LETOURNEUR, ALFRED DE CISY, ONÉSIME DUBOIS, MACARET, COLOMBEL, BOUVIGNARD, Invités, Messieurs et Dames, tous en élégants costumes d'été.

C'est le soir. Au lever du rideau les invités arrivent par la gauche et se répandent sur la scène. Mme Kloekher donnant le bras à Alfred. Bouvignard se précipite à droite, seul, à l'écart, et tire de sa poche une petite cruche de faïence, enveloppée dans son mouchoir, qu'il découvre et se met à contempler.

Mme KLOEKHER, respirant largement.

Enfin, ici, on respire ! car cette fête du pays, avec ses trompettes et sa grosse caisse, nous a ennuyé si fort durant le dîner...

M. KLOEKHER.

Ah ! voilà ! Le jour qu'on choisit pour recevoir ses amis, Messieurs les gens du peuple s'amusent !

LETOURNEUR.

Si au moins dans leurs divertissements ils respectaient la morale !

MACARET.

Puis, ils viendront crier misère à la porte de notre usine...

COLOMBEL.

Et il faudra les recevoir dans les hôpitaux, où l'on perd à les soigner un temps...

Il sort.

LETOURNEUR, gaiement.

Et dire que de vieux camarades comme nous ont été sur le point de se fâcher, mon pauvre Kloekher !

KLOEKHER.

Comment sur le point ? Nous étions furieux ! (Il rit.) Ha ! ha !

LETOURNEUR, riant.

A propos de quoi, je vous le demande ? Pour ce petit M. Paul.

KLOEKHER, avec une colère concentrée.

L'intrigant !

ALFRED, haussant les épaules.

Un fou !...

Mme KLOEKHER.

Un véritable drôle ! (Elle s'assoit sur le banc à gauche. Alfred se met près d'elle.)

KLOEKHER.

Sait-on au moins ce qu'il est devenu ?

ALFRED.

Non ! Sombré.

Mme KLOEKHER.

Vous ne pleurez pas, Onésime, vous, son ami ?

ONÉSIME.

Moi, Madame ! jamais de la vie, je vous jure.

Mme KLOEKHER, riant.

C'eût été fort beau, cependant, que de le voir la semaine prochaine, à vos côtés, comme témoin de votre mariage.

KLOEKHER.

Eh ! mon Dieu, ne causons plus de ce misérable ! Si nous faisions quelques pas, Letourneux, hein, pour régler les bases de notre opération ?...

LETOURNEUR.

Avec plaisir !

Letourneur et Kloekher se mettent à se promener du haut en bas de la scène.

Mme KLOEKHER, à Onésime.

On la dit une excellente personne, votre fiancée ?

ONÉSIME.

Elle n'est point d'une beauté... extraordinaire. Mais... il y a d'autres avantages.

MACARET, à Onésime.

Qu'a-t-il donc, Bouvignard ? Il semble absorbé dans une contemplation...

Ils vont à lui.

BOUVIGNARD, à Onésime.

Vous qui êtes artiste, examinez-moi cela ! Quels filets ! quel émail ! (Onésime veut prendre le pot.) Prenez garde ! Non ! je vais vous le démontrer moi-même.

Bouvignard, Onésime et Macaret restent debout à examiner le pot que Bouvignard leur montre sur toutes les faces. Mme Kloekher est assise sur le banc à gauche avec Alfred. Letourneur et Kloekher se promènent de haut en bas.

BOUVIGNARD, ONÉSIME ET MACARET. — Dessin d'Eug. COURBOIN.

Mme KLOEKHER, à demi-voix.

Ainsi c'est convenu ? je recevrai pour samedi mon invitation chez Mme la comtesse de Trémanville ?

ALFRED.

Et pour tous ses autres samedis. (Kloekher et Letourneur passent en gesticulant.) Ma tante s'est fait prier, je vous l'avoue. La différence des mondes, des quartiers, je veux dire.... (A part.) Attrape, ma petite bourgeoise !

Mme KLOEKHER.

Oh ! merci ! et il ne faudra plus me faire des terreurs, comme l'autre jour.

ALFRED.

Non! non! bien sûr! C'est que j'avais perdu la tête, à propos de rien; tout s'est arrangé. Je vous adore, Ernestine! (Montrant Klœkher qui repasse.) Vous lui parlerez de moi, n'est-ce pas, comme d'un homme entièrement à lui, prêt à toutes les démarches, et auquel il pourrait, dans son intérêt même, confier ses affaires... les plus capitales.

VOUS LUI PARLEREZ DE MOI. — Dessin d'Eug. COURBOIN.

Mme KLŒKHER.

Sans doute, mon ami!

ALFRED, à part.

Si elle ne s'y met pas, dans huit jours la Belgique!

MACARET.

Et vous avez acheté cela...?

BOUVIGNARD.

Quatre-vingts francs! — pas un sou de plus, — ici dans un cabaret, à côté!

On entend un bruit de trompettes et de grosse caisse.

Mme KLŒKHER, se levant.

Encore! mais c'est intolérable, monsieur Klœkher; il faudrait se plaindre à l'autorité.

Le bruit redouble; il s'y mêle des cris d'enthousiasme et comme le brouhaha d'une foule.

SCÈNE II

Les Précédents, COLOMBEL rentrant.

COLOMBEL.

Savez-vous qu'il y a là sur la place, au milieu des boutiques, quelque chose de fort original, d'extraordinaire, une chose très amusante, ma parole! J'ai vu bien des saltimbanques, mais aucun de pareil à celui-là. Un homme qui vend des cœurs pour un sou!

ALFRED.

Ce n'est pas cher!

UNE DAME.

Oh! non, mais curieux.

UN INVITÉ.

On ferait peut-être bien de voir... Qui sait?

UN AUTRE.

Quand ce ne serait que pour entendre le boniment.

MACARET.

Ces gaillards-là, quelquefois, vous ont une verve!...

Les invités entourent Mme Klœkher.

Mme KLŒKHER.

Je ne sais si je dois?... Est-ce un homme que l'on puisse faire venir, docteur?

COLOMBEL.

Oh! pour vous, certainement non, belle dame; il n'en est nul besoin. Mais, quant à nous autres, à qui vous avez pris tous nos cœurs...

KLŒKHER, se disposant à sortir.

Bah!... à la campagne!... Je vais l'appeler!

LES INVITÉS.

Bien!... Bravo!... c'est une idée!

COLOMBEL remonte de quelques pas, en faisant un signe à droite.

Entrez! — Je me suis permis, en qualité de médecin, de vous donner cette petite surprise, Mesdames.

SCÈNE III

Les Précédents, PAUL, avec de longs cheveux blancs, une barbe blanche et une vaste robe de velours noir qui l'enveloppe complètement. DOMINIQUE le suit, habillé en Chinois, et portant sur son dos une grosse caisse et un sac de peau rouge, à la main un petit pliant.

Ils s'arrêtent, au milieu, sur le gazon. — Dominique place le sac sur le pliant.

LES DAMES.

Oh! ça va être gentil! Ça m'amuse déjà, moi; j'aime les escamoteurs.

Mme KLŒKHER.

Vous faut-il une table pour exécuter vos tours?

PAUL.

Merci, Madame. je ne fais pas de tours. Ma mission est plus haute. C'est votre amélioration morale, votre salut que je demande. Je suis chargé par les Fées de vous remettre vos cœurs.

LES INVITÉS.

Comment, nos cœurs?

ALFRED.

Il est poli, le Nostradamus!

PAUL.

Eh! il ne s'agit pas de politesse; je parle sérieusement, croyez-moi.

LES INVITÉS, riant.

Très drôle! très drôle!

COLOMBEL, à Mme Klœkher.

Quand je vous disais qu'il est parfait!

DOMINIQUE, après avoir vidé sur le pliant le sac plein de bonbons dorés.

Eh bien! Messieurs, qui vous empêche...? Voyons, Mesdames, un peu de courage!... C'est joli, sucré, hygiénique!

COLOMBEL.

Il s'exprime en bons termes, ce Chinois, qui vient de Paris.

DOMINIQUE.

Non, Monsieur, nous arrivons de Pipempohé... (Caressant sa moustache) où la sultane nous a fait les offres les plus avantageuses!

LES INVITÉS, riant.

Pipempohé!... la sultane!...

PAUL.

Oui! et c'est ensuite que je les ai conquis moi-même dans la forteresse des Gnomes.

LES INVITÉS.

Les Gnomes!... Il est d'un sérieux!...

ONÉSIME.

Laissez-le donc continuer.

PAUL.

Mais j'ai fini!... Je vous répète encore une fois que je dois, d'après l'ordre des Fées, vous remettre vos cœurs!

DOMINIQUE, tapant sur la grosse caisse à tour de bras.

Des cœurs! des cœurs! des cœurs! prenez des cœurs!

PAUL, l'arrêtant.

Tais-toi! (Joignant les mains d'un air suppliant.) Ah! c'est dans votre intérêt, je vous le jure. Prenez! Hâtez-vous!

UNE DAME, s'avançant.

Cela se mange?

Mᵐᵉ KLOEKHER.

N'y touchez pas! Quelque drogue, sans doute.

ONÉSIME.

Tant pis! Je me risque!... Allons, père Bouvignard, je vous en paye un! — Faites comme moi!

Il donne une pièce de monnaie et se met à croquer un bonbon, comme Bouvignard.

UNE DAME, à demi-voix.

Ces artistes!... toujours singuliers!

COLOMBEL, tout en payant et prenant un cœur.

Il faut bien que je donne l'exemple aussi, moi qui l'ai amené, ce farceur-là.

ONÉSIME, se frappant le front.

Malheureux! Où est-elle?

Mᵐᵉ KLOEKHER.

Qui donc?

ONÉSIME.

Clémence!

Mᵐᵉ KLOEKHER, bas.

Y pensez-vous? devant le monde!... Votre mariage!...

ONÉSIME.

Plus de mariage! (Il sort en criant.) Clémence! Clémence!...

IL JETTE SON POT, QUI SE BRISE PAR TERRE.
Dessin d'Eng. Courboin.

BOUVIGNARD, élevant la voix.

Mais quelle stupidité que de prodiguer son argent à de pareils bibelots! (Il jette son pot, qui se brise par terre.) Ah! ça soulage!... et je vais vendre toute ma collection pour doter ma pauvre fille!

G. FLAUBERT, L. BOUILHET, Ca. D'OSMOY.

(A suivre.)

SPORT HIPPIQUE

Arriver en retard est toujours fâcheux, en toute occurrence comme en toute matière; mais quand il s'agit de sport, il y a double dommage à se laisser distancer, puisque là il ne suffit pas d'être à temps, il faut être en avance pour mériter le prix.

Et cependant nous voici au 1ᵉʳ mai, c'est dire que depuis six semaines la campagne hippique est officiellement ouverte, — nous parlons des courses plates, bien entendu, car pour les steeple-chases il n'y a de chômage que celui qu'imposent, en hiver, les gelées et les neiges.

Pauvres chevaux d'obstacles! quelle destinée cruelle leur est réservée! Véritables Juifs errants du turf, ils courent, ils courent toujours, sans répit, sans trêve, jusqu'à extinction, et beaucoup succombent sur la brèche, tombant d'épuisement à une haie cent fois franchie sans encombre, se brisant un membre à une claie inoffensive jusque-là, dans une chute qu'on dirait volontaire, et trouvant enfin le repos dans une mort qui est presque un suicide!

** **

Pour être juste, cependant, il convient de remarquer que cette année les steeple-chasers ont eu plus de deux mois de vacances, et les intempéries rigoureuses que nous avons traversées ont dû faire annuler les réunions annoncées sous nos latitudes pour décembre et janvier: ce n'est qu'à la mi-février que la Société des steeple-chases de France a repris la série de ses meetings sur l'hippodrome d'Auteuil.

A peine le signal donné par leur grande aînée, les petites réunions se sont empressées d'ouvrir à leur tour, et depuis lors, régulièrement, les sportsmen sont assurés, trois fois par semaine, de leur plaisir favori: — *numero, Deus impare gaudet.*

** **

Il nous faudrait aggraver notre tort et revenir en arrière de trois mois et plus, pour mentionner les belles journées de Nice et de Pau, heureuses cités dont le climat plus doux permet, en plein janvier, aux fêtes du sport de se produire dans tout leur éclat.

La victoire de *Cap* dans la « Coupe de Monaco » est aujourd'hui presque aussi oubliée que celles de *Maubourguet* dans le « Grand prix de Pau » et dans celui de Nice, et rappeler les succès de *Rose-de-Mai* dans le prix de Monte-Carlo semblerait faire œuvre d'antiquaire.

** **

Aussi bien, puisque nous faisons un retour sur un passé, très proche si l'on ne songe qu'au temps écoulé, mais fort éloigné si l'on tient compte du train dont vont les choses en notre matière, nos lecteurs nous permettront de replacer rapidement sous leurs yeux, de rappeler un instant à leur mémoire les noms des plus récents vainqueurs et l'ensemble de leurs performances.

** **

A Auteuil, et dans les réunions suburbaines qui se partagent ses restes, la fortune n'a pas été également prodigue de ses faveurs entre les diverses écuries de la spécialité. Tandis qu'elle comblait MM. Balensi, Camille Blanc et le baron Finot, — modestement caché aujourd'hui sous le pseudonyme d'Édouard Childs, — elle tenait rigueur à d'autres propriétaires habitués à voir triompher leurs couleurs, et c'est à peine si le marquis de Saint-Sauveur, M. Edmond Blanc ou le baron Raymond Seillière, si heureux naguère, sont parvenus à enlever, à la force du poignet... de leurs jockeys, quelque selling-stakes ou quelque handicap sans valeur.

** **

Les pensionnaires de Wigginton se sont tout particulièrement distingués, et, dès le début de la campagne, ils ont affirmé une supériorité incontestable sur la plupart de leurs concurrents. La forme excellente montrée par eux fait le plus grand honneur à leur jeune entraîneur, qui d'ailleurs a été à bonne école pour bien apprendre lorsqu'il était head-lad chez le comte F. de Lagrange. Il y a là, entre parenthèses, une singulière anomalie: le « young Tom », comme on l'appelle à Chantilly, réussit aussi peu avec ses élèves en plat qu'il est habile à les dresser sur les obstacles, lesquels étaient pour lui lettre close quand il faisait son éducation à Dangu. Nous verrons peut-être prochainement, par compensation, le vieux Harper, qui n'a jamais soigné que les steeple-chasers du baron Finot, changer tout à coup de voie et éclipser les Pratt, les Wheeler, les Jennings et *tutti quanti*, comme « trainer » de chevaux de courses plates!

** **

En attendant, les principaux évents disputés depuis le commencement de l'année ont été l'apanage des trois écuries que nous venons de citer.

Passedix, Rose-de-Mai déjà nommée, *le Nageur*, qui a trouvé à Auteuil l'occasion d'une triple revanche de sa défaite glorieuse de Nice, ont brillamment porté les couleurs de M. Balensi.

Cap, Blaviette, Basque et surtout *Beaurepaire* ont remis au premier rang la casaque marron et la toque rouge, jadis invincible, au temps des *Persano*, des *Valentino* et des *Astrolabe*.

M. Camille Blanc a obtenu de beaux et lucratifs succès avec deux excellents poulains de quatre ans, *Rob-Roy* et *Gibert*, dont l'un s'est acquis une réputation méritée dans les steeple-chases, tandis que le premier cueillait avec

Deuxième Année. — N° 14. — Samedi 3 Avril 1880.

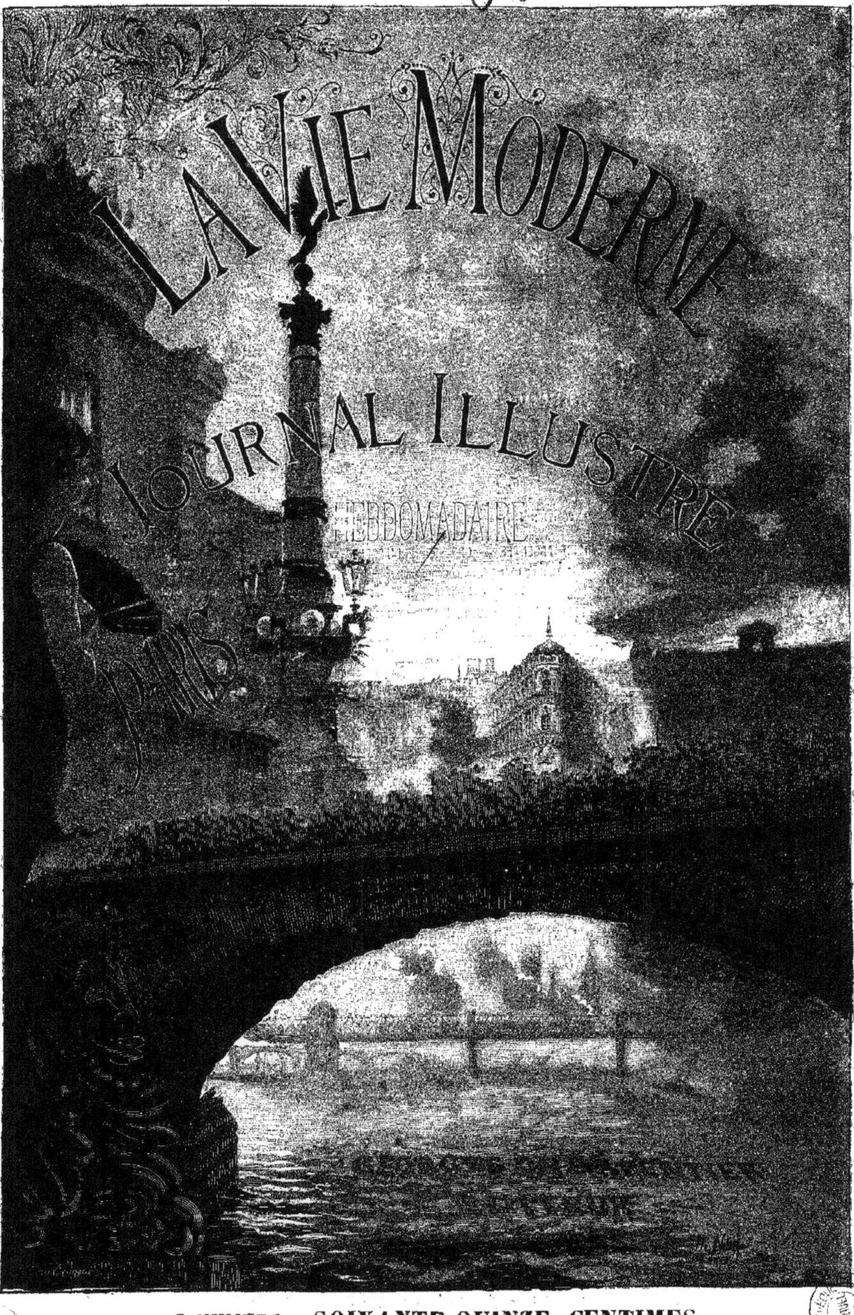

LE NUMERO : **SOIXANTE-QUINZE CENTIMES**

ABONNEMENTS : Trois mois, **9 fr.** — Six mois, **18 fr.** — Un an, **36 fr.**
POUR L'ÉTRANGER, LE PORT EN SUS

ON S'ABONNE : à la librairie CHARPENTIER, 13, rue de Grenelle-St-Germain, et aux Bureaux de la Rédaction, 7, boulevard des Italiens.
LONDRES, A. MAURICE, agent spécial, 13, Tavistock-row-Covent-Garden.

ORFÈVRERIE
CHRISTOFLE & CIE

56, rue de Bondy, 56

EXPOSITION 1878 — CLASSE 24 — GRAND PRIX

ORFÈVRERIE ARGENTÉE — ORFÈVRERIE D'ARGENT — OBJETS D'ART

PRIX DE COURSES, DE CONCOURS AGRICOLES ET AUTRES

Émaux cloisonnés — Incrustations

REPRODUCTION D'OBJETS D'ART ANCIENS ET MODERNES

AVIS TRÈS IMPORTANT

En vertu d'un décret rendu en exécution de l'article 9 de la loi du 7 avril 1879, le service des postes est autorisé à recevoir dans tous les bureaux de poste de France, moyennant un droit de 3 p. 100, les abonnements aux journaux.

La VIE MODERNE prend à sa charge le droit de 3 p. 100 spécifié ci-dessus.

Nos abonnés des départements n'auront à verser au bureau de poste que le montant du prix ordinaire de l'abonnement, sans avoir à tenir aucun compte du droit prélevé par la poste.

Donc, les abonnements à la *VIE MODERNE* sont reçus dans tous les bureaux de poste de France.

Les frais d'envoi restant à notre charge, il suffit de verser :

9 francs pour l'abonnement de trois mois.
18 francs — — six mois.
36 francs — — un an.

LE CHATEAU DES CŒURS, 7e tableau : LA COUR DE PIPEMPOHÉ. — Dessin par EUGÈNE COURBOIN.

M. Féry d'Esclands a tiré à la fin de la séance, en a été singulièrement ébranlé. Toutefois la lutte a été bien soutenue de part et d'autre. M. Alfonso de Aldama a, en outre, affronté un des amateurs les plus redoutables de Paris, M. Polonini.

Mérignac, bien que ne figurant pas sur le programme, n'a pu résister à la fascination de l'exemple, et nous avons eu le plaisir de le voir tirer contre M. Saucède, le président de la séance. Nul jeu n'a été plus charmant et partant plus applaudi.

Nous devons citer avec éloges les noms connus de MM. d'Ariste et Roulez, qui se sont montrés dignes de leur réputation en tirant le premier contre Ruzé aîné, le second contre Hottelet, professeur à la Faisanderie; et nous allons terminer ce dénombrement homérique par la pléiade de la salle Mimiague.

Cette salle fameuse, cette pépinière de tireurs, était représentée par huit de ses membres; il suffit de les nommer sans commentaires. Certes, MM. Chabrol et Tony Girard sont des adversaires dignes de maîtres militaires aussi renommés que Rouleau et Bergès; nous avons parlé de MM. Guignard et Derué, et nous n'apprendrons rien à personne en parlant de la parade de quarte de M. de Villeneuve, de la *ficelle* de M. Sarlin, de la *furia* de M. Devillers, et de la souplesse et de la régularité de M. Gomez.

Aux professeurs dont les noms figurent au cours de ces notes, il faut joindre avec éloges MM. Désiré Robert, Michel, Collin, Boulanger, Ruzé cadet, Destrée, Mérignac cadet.

Nous regrettons de n'avoir pas eu l'occasion d'admirer le jeu de Ruc, professeur gaucher dont on entendra bientôt parler.

Il s'est passé dernièrement un événement qui nous ramène aux époques chevaleresques : Katzenfort, professeur à Bordeaux, ayant entendu parler, dans sa ville lointaine, des prouesses de Mérignac, est arrivé à Paris pour acquérir *los et renom*. La rencontre a eu lieu à la salle Crémorne, à la suite d'une séance d'escrime organisée par des professeurs. L'expérience a montré que Katzenfort n'était pas présomptueux en venant au-devant de son terrible adversaire. L'assaut a été balancé dans la première partie; puis Mérignac a fait un coupé dessous en riposte, suivi d'un dégagement et d'une riposte de quarte qui lui ont assuré l'avantage.

FLANCONADE.

LE CHATEAU DES CŒURS

SEPTIÈME TABLEAU

LES ÉTATS DE PIPEMPOHÉ

Le théâtre représente une vaste salle d'une architecture indo-moresque, ayant dans le fond une galerie (praticable) à doubles arcs correspondants, soutenus par des colonnettes géminées. Il y en a trois, et celui du milieu, faisant porte, s'ouvre sur l'escalier à trois marches par où l'on descend dans la salle.

Le plafond a des poutrelles or et bleu, successivement. Les colonnettes sont en ébène avec des incrustations de nacre, et les arcades du côté extérieur de la galerie closes par des stores en petits bambous dorés.

Sur la plinthe qui supporte la galerie, comme sur toutes les murailles, des losanges vermillon et azur alternent dans la couleur noire.

A droite, une grande portière de cachemire. A gauche, sur un trône flanqué de chimères, à fond d'or mat et que surmonte un baldaquin de plumes blanches, Jeanne, en costume royal et éblouissante de pierreries, est assise dans une attitude impérieuse.

Près d'elle, debout, se tient son premier ministre (le Roi des Gnomes). Par derrière, des négresses agitent des éventails en plumes de paon; et devant elle, des nains barbus, habillés de rouge et accroupis sur leurs talons, occupent symétriquement tous les degrés du trône. Les deux derniers, en bas, soufflent à pleine poitrine sur deux cassolettes un peu plus hautes qu'eux.

Au milieu de la scène danse un groupe de bayadères, — tandis qu'au fond, devant chaque arcade et tranchant ainsi sur la couleur dorée des stores, il y a un géant, habillé d'une longue robe noire, et qui reste immobile.

Une musique langoureuse bourdonne. Les tourbillons des parfums montent lentement; et la lumière du soleil, passant par les intervalles des roseaux, enveloppe tout d'une atmosphère ambrée.

SCÈNE PREMIÈRE

JEANNE, LE ROI DES GNOMES, en premier ministre,
LES NAINS, LES DANSEUSES.

LE ROI DES GNOMES, bas, à l'oreille de Jeanne.

Es-tu heureuse, maintenant?

JEANNE, souriant.

J'espère l'être bientôt !

Les bayadères, après un de leurs pas et avant d'en recommencer un autre, s'inclinent devant le trône.

LE ROI DES GNOMES.

Oui, c'est cela ! Tous te prennent pour la reine, morte la nuit passée, et l'erreur du peuple va durer. Tu n'as plus qu'à le retenir quand il viendra, mais sans te faire connaître, car n'oublie pas quelles conséquences terribles...

JEANNE.

Je sais ! Merci, bon génie, qui as eu pitié de ma tendresse, et puisque tu es mon premier ministre, ne me quitte plus.

LE ROI DES GNOMES.

Si parfois je m'écarte, ce sifflet d'or m'appellera. (Il lui donne un sifflet d'or, qu'il avait à son cou et qu'elle passe au sien.)

La portière de cachemire faisant face au trône s'entr'ouvre, et il entre un nain d'aspect farouche, avec une aigrette à son turban, de très longues moustaches, et un bâton d'ivoire à la main. Il conduit, marchant au pas et effroyablement armés, une escouade de six géants. Tandis qu'il s'avance jusqu'aux pieds du trône pour se prosterner, les géants s'alignent en haie contre la muraille et y restent immobiles.

LE ROI DES GNOMES EN PREMIER MINISTRE

Dessin d'Eug. Courboin.

SCÈNE II

LES MÊMES, LE NAIN, général des géants, puis UN OFFICIER,
puis LE CHANCELIER.

LE NAIN, après sa prosternation, se retourne vers les géants.

Plus haut, drôles ! plus haut ! Le menton levé ! Qu'est-ce

qu'une tenue pareille !... (Tous les géants tremblent d'effroi devant lui.) Place au messager des désirs de la souveraine ! (En gardant le dos toujours collé contre la muraille, ils s'écartent de droite et de gauche; et alors paraît un officier en turban rose, avec des pantalons de mousseline claire, une veste bleue et un large sabre suspendu contre sa hanche par un baudrier.)

UN OFFICIER. — Dessin d'Eug. Courboin.

L'OFFICIER, ayant fait un long salut.

D'après les ordres de Votre Majesté sublime, nous venons de hacher en petits morceaux les douze misérables qui ne se sont pas prosternés assez vite, hier, quand vous passiez dans le bazar des soieries sur votre éléphant blanc.

JEANNE.

D'après mes ordres... par morceaux... mon éléphant...?

L'OFFICIER, souriant.

Il ne s'agit pas de votre trois fois divin éléphant blanc, Majesté; ce ne sont que des hommes.

JEANNE, indignée.

Malheureux !

L'officier la regarde, ébahi.

LE ROI DES GNOMES, bas.

Tu te compromets par cette indignation. Pense donc à lui, à ton but, et récompense ce bon serviteur pour son exactitude.

JEANNE.

Jamais je ne pourrai !

LE ROI DES GNOMES.

Il le faut cependant !

JEANNE, d'une voix hésitante.

C'est bien, nous sommes contente, va ! (L'officier sort. — A part.) Ah ! mon Dieu ! qui m'aurait dit que j'aurais le courage... !

LE ROI, à part.

Allons ! elle commence bien !

Entre le Chancelier, vêtu d'une grande pelisse bordée de fourrures par-dessus sa robe verte, avec un bonnet d'astrakan, un encrier dans sa ceinture noire, et à la main gauche, entre les doigts, plusieurs longues bandes de papier.

LE CHANCELIER.

Je me hasarde sous vos puissants rayons, lumière des étoiles, pour vous faire observer qu'il manque à cette place votre auguste sceau !

JEANNE.

Qu'est-ce ?

LE CHANCELIER.

Votre Majesté, sans doute, se rappelle l'insolence de cet homme qui osa pleurer en sa présence, avant-hier, sous le prétexte qu'il mourait de faim ?

JEANNE.

Je... ne me souviens pas.

LE ROI, bas.

Tu te souviens, au contraire.

LE CHANCELIER.

C'est l'ordre pour son exécution immédiate !

JEANNE.

Horreur ! Retirez-moi cela !

LE ROI, au chancelier.

Donne, je m'en charge ! Sortez, vous tous !

JEANNE.

Oui, sortez !

Le nain sort, suivi des six géants, dont les têtes touchent aux voussures des arcades dans la galerie. Les bayadères s'en vont ensuite, et les nains, accroupis sur les marches du trône, sauf un seul qui demeure à demi caché.

LE ROI, désignant les deux géants du fond près des stores.

Ceux-là peuvent rester, étant muets !

SCÈNE III

LE ROI DES GNOMES, JEANNE.

JEANNE, descendant du trône.

Qu'as-tu donc pour exiger cette mort ?

LE ROI.

Moi ? Oh ! pas le moindre motif !

JEANNE.

Eh bien, comme j'ai le droit de pardonner...

LE ROI.

Pardonner ? Mais ils ne croiront jamais que tu sois la reine !

JEANNE.

Pour avoir pleuré ! quel crime ! Elle était donc bien cruelle, l'autre !...

LE ROI.

Elle était forte. Imite-la !

JEANNE.

Il m'est impossible cependant...

LE ROI.

Tu veux donc te perdre, et pour un scrupule indigne de ce pouvoir tant rêvé, quand il te le faudrait plus fort que jamais...

JEANNE.

Que dis-tu ?...

LE ROI.

Car bientôt, tout à l'heure peut-être, tu auras à tirer d'un péril mortel ton frère et ton amant.

JEANNE, après un long silence.

Et tu crois que ce papier...

LE ROI.

Il ne s'agit que de retourner dans tes mains ton sifflet d'or et d'en appuyer le pommeau sur cette cire rouge. (Il la lui présente.)

JEANNE.

Oh ! non ! c'est trop horrible !

LE ROI.

Mais si le peuple se révolte, s'il te chassait ? Je ne peux rien sur les multitudes, moi ! Il est accoutumé chaque jour à des supplices. Tu le prives de sa joie, il va douter de sa reine. (De grands cris s'élèvent au dehors.) L'entends-tu ?

JEANNE, prêtant l'oreille.

En effet !

VOIX LOINTAINES.

Vengeance ! La mort ! la mort !

LE ROI DES GNOMES, à un des géants près des stores.

Relève !

Le géant, sans monter sur les marches, allonge le bras et il relève d'un seul coup jusqu'en haut le store de bambous dorés qui ferme l'arcade extérieure du milieu de la galerie. On aperçoit une ville orientale, minarets, coupoles.

JEANNE gravit vivement les trois marches et se penche pour voir.

Quelle foule ! et avec des piques, des haches, des épées ! La voilà qui bat contre les portes du palais !

LE ROI.

Hâte-toi donc, malheureuse ! pour sauver ceux que tu aimes !

JEANNE.

Donne ! (Elle repousse le papier.) Non ! non !

LE ROI DES GNOMES.

Garde au moins le pouvoir quelque temps, ne fût-ce qu'un jour, une heure, et que ce supplice montre...

JEANNE, emportée.

Eh bien ! qu'il ait lieu quand je n'y serai plus !

LE ROI, servilement.

Demain, si tu veux, tes désirs sont des ordres, Majesté. Voilà !

JEANNE, apposant vite le cachet.

Oui, demain !

LE ROI remet le papier au nain resté près du trône.

Cours !

Le nain se précipite à droite par la portière, en riant à gorge déployée.

Eh ! eh ! il est d'humeur folâtre, ce bouffon !

JEANNE, se tordant les mains.

Miséricorde de Dieu ! si j'avais su tout cela... !

LE ROI DES GNOMES, à part.

Nous la tenons ! Elle a été coquette, puis stupide ; elle de-

vient cruelle ! C'est complet ! (Cris de joie et applaudissements au dehors.) Ton peuple te remercie, ô reine !

JEANNE.

Mais un grand bruit de pas se rapproche !...

LES VOIX, de plus près.

La mort ! la mort !

LE ROI, tout en remontant jusqu'au fond, au delà des trois marches, contre la grande baie du milieu.

C'est qu'il vient lui-même jusqu'ici, pour aider à tes bourreaux et jouir de ton aspect trois fois saint. Entrez !

Alors s'avance par la galerie d'abord le nain général, puis derrière lui des nègres portant sur leur épaule le bout d'une énorme chaîne qui attache Paul et Dominique. Un flot de peuple les accompagne.

Tout ce cortège, avec le nain en tête, descend les marches de l'escalier et se déploie au fond contre le petit mur de la galerie, laissant au premier plan Paul et Dominique en haillons, très pâles, les yeux hagards, tandis que le Roi des Gnomes reste sous l'arcade du milieu et que les géants en robe noire, dominant par derrière la multitude, se tiennent toujours immobiles devant les stores dorés

PAUL ET DOMINIQUE ENCHAÎNÉS. — Dessin d'Eug. COURBOIN.

SCÈNE IV

JEANNE, LE ROI DES GNOMES, PAUL, DOMINIQUE, LE NAIN GÉNÉRAL, Nègres, foule, etc.

JEANNE, apercevant Paul.

Lui !... (Puis elle s'est contenue, et quand il se trouve en face d'elle, au nain :) Enchaînés ! Pourquoi ?...

LE NAIN, GÉNÉRAL DES GÉANTS.

Ils ont franchi les limites de vos États, Majesté !

JEANNE.

Eh bien ?...

LE ROI DES GNOMES, descendant vers elle par le côté gauche.

N'est-ce pas le plus grand des crimes ? O lumière des étoiles !

JEANNE, comprenant.

Ah !... en effet... certainement !... Vous avez bien agi, général ! et vous aussi, les noirs !... et vous aussi, mon peuple !... Mais... en raison même de cet excès d'audace, nous désirons interroger les deux coupables, seule ! (Au Roi des Gnomes) sans notre premier ministre ! (Il s'incline.) S'il est besoin de vous... (lui montrant le sifflet) on vous appellera, vous savez ! (Il disparaît brusquement par une trappe, dans le trône.) Comment ? disparu déjà ?... Je ne l'ai pas vu sortir ! (A demi-voix.) Ah ! tant mieux, il nous importunerait !...

G. FLAUBERT, L. BOUILHET, Ch. D'OSMOY.

(A suivre.)

Les Annonces de *la Vie Moderne* sont reçues

A l'Administration du **GUIDE ANNUAIRE DE LA PUBLICITÉ EN FRANCE**, 10, rue Montholon,

tous les jours de 1 à 3 heures.

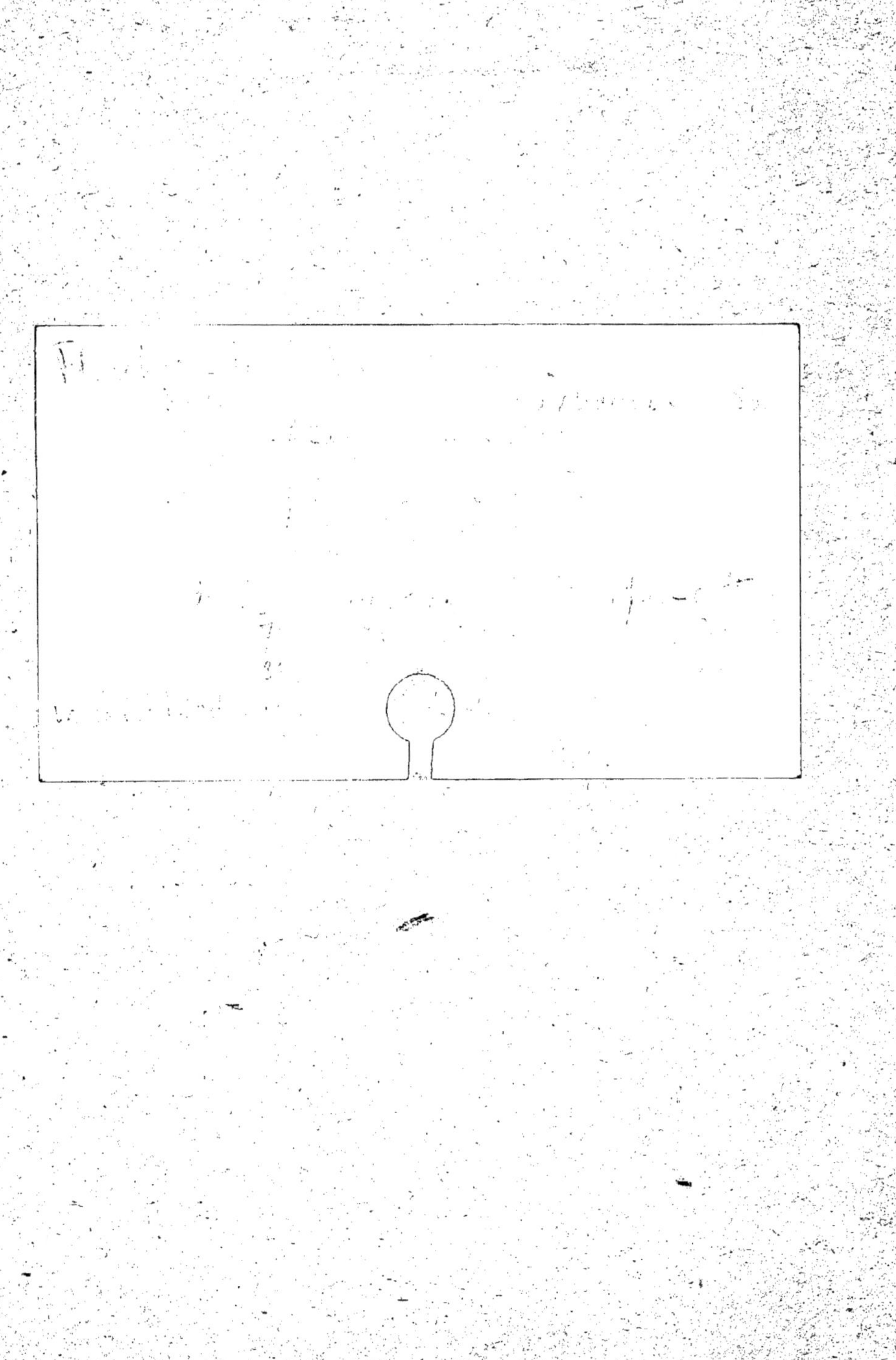